일대일로 다이제스트

일대일로 다이제스트

성균중국연구소 편저
이희옥·서정경 책임편집

다산출판사

서 문

　중국에서 유럽까지 육로와 해로로 연결하고 국경을 이웃한 연선(沿線) 국가들과 광범위한 협력체계를 구축하려는 중국의 거대한 구상이 현실에 뿌리내리고 있다. 이것을 '일대일로 이니셔티브(이하 일대일로)'라 부른다. 시진핑 정부의 강력한 정책드라이브 속에서 이미 60여 개국과의 다양한 일대일로 사업이 시작되었으며 동북지역을 중심으로 한국과의 협력도 심화되고 있다.

　중국의 일대일로는 '뉴노멀(新常態)' 시대를 맞아 국내 생산과잉을 해소한다는 경제전략의 차원을 넘어 새로운 지역 아키텍처를 만드는 국가대전략의 일환이다. 중국도 일대일로를 좀 더 손에 잡히는 전략구상으로 만들기 위해 아시아 인프라투자은행(AIIB)을 미국 등의 반대 속에서도 출범시켰고, 국제통화기금에 위안화를 특별인출권(SDR)으로 편입시키면서 인민폐 국제화에도 시동을 걸었다. 이 모든 일은 일대일로의 원대한 구상과 무관하지 않다. 일대일로는 머지않아 '두 개의 백년'을 준비하는 시진핑 시대의 브랜드로 자리 잡을 전망이다.

그동안 중국내외의 학계와 정책집단에서는 이를 둘러싼 다양한 토론이 전개되었고, 그 결과 정책, 전략, 구상, 프레임워크, 로드맵 등으로 다양하게 혼재되었던 용어도 이니셔티브(倡義)로 수렴되었다. 뿐만 아니라 모호한 전략구상이 실체를 드러내기 시작했고 투사범위도 동북지역을 포함해 넓게 확대되었다. 한국에서도 일대일로와 관련한 수많은 학술회의와 세미나가 개최되었고, 그 과정에서 한국에 대한 함의를 발견하기 위한 노력이 이어졌다. 한중 양국이 일대일로 이니셔티브와 유라시아 이니셔티브를 결합하면서 정책시너지를 내자는 데 합의하기도 했다. 한국에서도 일대일로는 중국연구의 매우 중요한 어젠다로 자리 잡았다.

성균중국연구소도 중국의 일대일로를 가장 빨리 포착하고 학문과 정책 수준에서 논의를 주도해 왔다. 실제로 중국의 저명학자를 초청해 순발력 있게 집중세미나를 개최했고, 한중국제학술회의를 조직해 비교연구의 지평도 확장했다. 이를 〈성균차이나브리프〉와 〈성균중국관찰(成均中國觀察)〉을 통해 한국과 중국의 독자들에게 신속하게 전달했고, 특히 지난 해 8월 〈성균차이나포커스〉 "중국 '일대일로' 전략 분석" 특별판을 발간해 독자들의 많은 호응을 얻기도 했다. 그러나 한국에는 일대일로의 열기에 비해 간명하고 권위 있는 해설서가 없었다. 그 결과 동어반복적 논의와 '내포의 공허'가 만연했으며, 중국 내 풍부한 논의를 과도하게 단순화하는 경향도 나타났다. 이러한 과정에서 연구와 정책영역 모두에서 생산성이 뒤떨어지는 현상을 목도하게 되었다.

본 책은 이러한 문제의식에 기반해 한중의 최고의 전문가들이 일대일로를 하나의 일목요연한 체계 속에서 집필할 수 있도록 기획되었다. 중국측에서 중국사회과학원 원로 교수이자 일대일로의 이론적 틀을 만들었던

장원링 교수, 중국 최고의 국가전략대가인 칭화대학 후안강 원장을 비롯해 중국의 떠오르는 신성들인 소장학자들도 대거 참여했다. 국내에서도 국제정치, 경제학의 관점에서 이 문제를 집중적으로 다루어온 대표적인 전문가들이 참여했다. 이들의 논의를 바탕으로 일대일로의 개념, 일대일로의 주요 쟁점, 그리고 한국에 대한 함의 등으로 분류하여 독자들이 알기 쉽게 이해하도록 했다.

본 책은 2015년 출간한 『북중관계 다이제스트』에 이어 다산출판사와 함께 만든 다이제스트 시리즈이다. 본 책의 발간을 실무적으로 총괄한 성균중국연구소 서정경 교수의 헌신적인 노력이 결정적이었다. 어려운 출판사정에도 불구하고 성균중국연구소의 연구결과를 아낌없이 지원해 주신 다산출판사의 강희일 사장을 비롯하여 세심한 배려를 해준 편집부에게 깊은 감사를 드린다. 본 책이 일대일로와 관련하여 학문적, 정책적 논의를 확산하고 중국연구의 소중한 지적 자산이 되기를 기대하면서 독자 여러분의 아낌없는 질정을 바란다.

필자를 대표해
성균중국연구소 소장 이희옥 배

차 례

총론 : '일대일로'를 어떻게 볼 것인가 / 이희옥 • 11

Ⅰ '일대일로'란 무엇인가

'일대일로'의 개념과 함의 / 장원링 • 25

'일대일로'와 경제지리 / 후안강 • 35

'일대일로'와 지역질서 / 페이성 • 51

'일대일로'와 중국외교 / 이동률 • 61

'일대일로'와 중국경제 / 한동훈 • 73

Ⅱ '일대일로'의 다양한 영역

'일대일로' 와 미중관계 / 서정경 • 97

'일대일로' 와 TPP / 성귀여우 • 109

'일대일로' 와 국제운송회랑 / 서종원 • 119

'일대일로' 와 에너지 협력 / 양철 • 141

'일대일로' 와 금융자본 / 서봉교 • 167

'일대일로' 와 서부지역 / 김수한 • 187

'일대일로' 와 동북지역 / 탄훙메이 · 우커량 • 203

Ⅲ '일대일로'와 한국의 대응

'일대일로' 와 '유라시아 이니셔티브' / 원동욱 • 229

'일대일로' 와 AIIB / 최필수 • 247

부록 : 실크로드 경제벨트 및 21세기 해상실크로드
　　　건설 비전과 행동계획 • 269

[총론]

'일대일로'를 어떻게 볼 것인가

이희옥 (李熙玉)

　　시진핑 시기 중국은 새로운 국가전략의 핵심을 '실크로드 경제벨트와 21세기 해상실크로드' 이니셔티브(이하 '일대일로')[1]에서 찾고 있다. 일대(一帶)는 여러 지역들이 통합된 하나의 지대이고, 구체적으로는 중국-중앙아시아-유럽을 연결하는 실크로드 경제벨트이며, 일로(一路)는 동남아-서남아-유럽-아프리카를 잇는 21세기 해상실크로드이다. 600여 년 전 명나라 정화(鄭和)가 남해 원정대를 개척했던 남중국해-동남아-남아시아-아프리카를 잇는 바닷길을 연상시키면서 시진핑 주석의 국가전략 브랜드로 정착되고 있다. 이런 점에서 '일대일로'는 국내 경제패러다임의 전환과 금융자본의 이익공간을 국외에서 만들고자 하는 중국의 새로

---

[1] 중국의 국가발전개혁위원회, 외교부, 상무부 등은 소위 '일대일로(一帶一路)'에 대한 표기를 통일했다. 대외적으로 완전한 명칭은 '실크로드 경제벨트와 21세기 해상실크로드(絲綢之路經濟帶和21世紀海上絲綢之路)'이고 영문은 'the Silk Road Economic Belt and the 21st-Century Maritime Silk Road'로 단일화했다. 그리고 그동안 'strategy', 'project', 'program', 'agenda' 등 다양하게 사용해 온 용어 대신 '이니셔티브(倡議: initiative)'로 통일했다. 다만 비공식적으로 'the Belt and Road Initiative' 또는 'the land and maritime Silk Road initiative'를 사용할 수 있도록 했고 '일대일로(一帶一路)'도 'the Belt and Road' 또는 'B&R'로 줄여 쓸 수 있도록 했다.

운 '대약진(great leap)'으로 볼 수 있다.[2] 좀 더 적극적으로 해석하면 19세기 말에서 제2차 세계대전까지 유럽열강이 각축했던 시기를 연상시키고 있다.

그러나 이러한 중국의 '일대일로'는 미국을 비롯한 글로벌 수준의 우려 섞인 시선과 주변국가들의 '중국위협론' 속에서 신중하게 접근하고 있다. 큰 맥락에서 보면 중국은 1930년대 공급과잉이 가져온 대공황이 세계대전을 불러왔던 경험을 깊이 받아들이면서 평화부상의 기조를 유지하고 있다. 그리고 비록 세력전이가 나타난다 해도 그것은 평화적으로 이루어질 것이라고 주장하고 있다. 이는 현 국제정치의 힘의 분포나 기존 질서에 대한 중국의 불만족도가 크지 않기 때문이다.[3]

사실 '일대일로'가 처음 제시됐을 때에도 명확한 설계와 전략 그리고 구체적인 로드맵을 갖추지 못했기 때문에 내포가 공허한 프레임워크, 전략적 비전으로 보는 경향이 있었다. 그러나 시간이 갈수록 중국정부가 정책의지를 분명히 하고 '일대일로' 건설소조를 만들면서 구체적으로 정책과 전략이 투사되기 시작했다. 실제로 모든 지방정부는 '일대일로' 프로그램을 도입하기 시작했을 뿐 아니라, 처음에 크게 염두에 두지 않았던 동북지역에서도 역내경제가 지속적으로 나빠지는 상황에서 본 구상을 적극 도입했다. 이로써 중국 전역에서 '일대일로' 열풍이 불기 시작했으며, 중국정부도 나아가 이 담론을 연선국가를 중심으로 국제적으로 확산시키고자 하였다. 중국이 아시아인프라투자은행(AIIB) 설립에 영국 등 서방국가를 포함한 57개국이나 불러모았고, 위안화의 IMF 특별인출권(SDR)을 확보해 기축통화의 하나로 만들고자 하는 시도도 이러한 '일대일로' 추

---

[2] Francois Godeman, "One belt, One Road: China's Great Leap Outward" *European Council on Foreign Relations* (June 2015).

[3] Zhiqun Zhu, *US-China Relations in the 21st Century: Power Transition and Peace* (Routledge, 2006), pp.167-185.

진동력을 강화하는 데에 결정적으로 중요한 의미를 지닌다. 무역과 금융 기반을 갖추지 못한 상태에서는 '일대일로'가 지속되기 어렵기 때문이다. 이처럼 '일대일로'는 복합적이고 다차원적 맥락을 지니고 있다. 다만 여기에는 정책과 비전, 이미지와 실체, 국내적 요소와 국제적 요소, 지경학적 요소와 지정학적 요소가 섞여 있고 '일대일로'가 투사되는 지역 또한 각국의 사정에 따라 서로 다르게 평가하고 있다.

1 중국이 '일대일로'를 착목한 배경

첫째, '일대일로'는 중화민족의 위대한 부흥이라는 장기적 포석의 일환이다. 시진핑 시기 중국은 '두 개의 백년(창당 100년과 건국 100년)'을 맞아 중국식 근대화의 성취를 입증해야 하는 정치적 과제에 직면했다. 특히 자신의 임기 중에 창당 100년을 맞이한다는 점에서 중국공산당 집권의 정당성을 강화하고 손에 잡히는 비전과 성취를 통해 보여주어야 했다. 이런 점에서 중국은 육상권력(land power)과 해상권력(sea power)을 동시에 결합하는 세계경제지리를 다시 재편하고자 했다. 사실 육상권력과 해상권력을 구분하는 것은 하나의 이념형에 불과할 뿐, 현실정치에서는 두 개의 권력을 결합해야만 지정학적 가치를 극대화할 수 있다. 이러한 지정학에 대한 중국의 현실인식은 아편전쟁 이후 강대국의 흥망성쇠에 관한 역사적 학습과정에서 배태된 것이다.

둘째, 지정학적 동기이다. 존 멕킨더가 심장지역(heart land)에서 제기한 세계 본섬(world land)에 따르면 아프리카, 유럽, 아시아의 수송로와 무역통합을 촉진하는 권력이 출현하는 것을 진정한 의미의 세계패권이라고 할 수 있다. 특히 미국은 아시아 재균형을 적극적으로 추진하는 가운데 '환태평양경제동반자협정(TPP)'이라는 또 하나의 메가FTA를 통해 중국을 본격적으로 관리하기 시작했다. 이런 점에서 중국도 중앙아시아를 통해 유럽으로 가는 육로를 개척하여 유럽지역에 대한 접근성을 높이고 이를 통해 미국의 압박을 우회하고자 했다. 그리고 일찍이 영국의 동인도회사가 주목하고 세운 싱가포르는 말라카 해협이라는 지전략적 요충지에 있다. 그러나 싱가포르는 미군에 군항을 개방하고 미군의 군사배치에 적극적으로 호응하고 있기 때문에 말라카 해협 바깥의 다른 해상라인을 확보하는 것은 중국으로서는 중요한 의미를 지닌다. 이런 점에서 중국은 미얀마, 파키스탄, 방글라데시, 스리랑카 등과 넓게 연계하면서 동남아시아와 인도양을 잇고자 하는 것이다.

셋째, 중국식의 새로운 지역을 구상하고자 했다. 시진핑 시기 중국외교는 주변외교를 강화하는 데 중점을 두었다. 중국 내에서 강대국외교의 합보다 주변외교의 합이 크다는 평가가 등장하기도 했다. 사실 중국의 주변지역전략은 아시아 공동체와 세계강국으로 가는 교두보이다. 더구나 미국이 모든 지역에서 승리하겠다는 전략을 사실상 포기하고 전선을 동아시아에 집중하면서 지역 헤게모니를 둘러싼 경쟁이 본격화되었다. 특히 미국은 일본 등을 활용해 동아시아의 전통적 갈등을 전략적으로 활용하는 한편 중국내부의 이익집단과의 결탁을 통해 미래중국의 발전정책에 영향력을 행사하고자 했다. 반면 중국중심적 지역건설에 대한 미국의 견제에 대응해 접경 국가를 중심으로 인프라 건설을 강화하여 역내 연계성을 실질적으로 높이고자 했다. 초기 지역투자의 초점을 중국의 서(남)부 지역과 동남아 및 중앙아시아 접경국을 연결하는 도로, 철도, 항만, 파이프라인 등의 인프라 구축에 집중한 이유도 여기에 있다. 이를 통해 중장기적으로는 지역 내 영향력 확대, 해외투자를 위한 진출공간의 창출, 에너지 등 안정적 수송로의 확보, '중국위협론' 완화와 같은 효과를 거둘 수 있었다.

넷째, 위안화 국제화 등 '일대일로'의 물적 토대를 강화하기 위한 포석이다. 서방의 자유주의 국제질서에 대해 중국은 복잡한 고민이 있다. 즉 제2차 대전 이후 '미국식' 자유주의 국제질서에 대해서는 비판적이지만 웨스트팔리아 체제 이후 오랫동안 유지해 온 자유주의 국제질서에 대해서는 '있는 그대로(what it is)' 수용했다.[4] 실제로 현재 중국이 글로벌 자본의 고부가가치형 이노베이션의 원천이 되기 전까지 위안화가 달러와 유로화에 도전하기에는 현실적 장벽이 높다. 따라서 중국은 이 질서를 급격하게 변경할 의지와 능력이 없으며, 오히려 브릭스개발은행, 아시아인프라투자은행, 실크로드 기금 등을 적절히 결합한 상하이협력기구은행 등을 건설해 중국식 글로벌 금융무역 시스템을 보완하고자 한다. 현재 위안화는 무역거래의 3%, 국제금융거래의 2.8%, 국제투자의 7%를 차지하고 있으며, 아프리카 등지에서는 이미 준비통화로 부상했다. 특히 '일대일로'를 본격적으로 구축하는 과정에서 위안화 거래가 대폭적으로 증가할 것이다. 좀 더 멀리 보면 중국의 취약한 국가의 속성이 상당히 해소되면 위안화가 중요한 국제통화의 하나가 될 가능성이 크다.

다섯째, 전면적 심화개혁을 통해 국내정책을 완성하고자 하는 의도와 목적이다. 중국은 이미 18기 3중전회에서 전면적 심화개혁 노선을 제시했으며 18기 4중전회에서는 이를 위한 법치를 강화하면서 특권과 독점 그리고 지대추구(rent-seeking)에 기초한 '사회주의 시장경제'의 왜곡을 바로잡고자 했다.[5] 적극적인 반부패 운동을 추진한 것도 정치적 동원이

---

[4] John Ikenberry, "The Rise of China, the United States, and the Future of the Liberal International Order," David Shambaugh ed., *Tangled Titans: The United and China* (Rowman and Littlefield Publisher, 2013), pp.60-63.

[5] 이희옥, "시진핑 시기 반부패운동의 정치논리: 시장, 법치, 거버넌스의 관계,"『중소연구』 39권 2호(2015), pp.17-32.

라기보다는 시장행위자를 늘려 중국식 시장경제의 정상화를 시도하기 위한 것이다. 또한 차이나 리스크를 극복하고 뉴노멀(新常態)시대 지속가능한 발전을 위해서는 지역균형, 잉여설비와 산업이전을 통한 개혁심화, 서부지역 개발, 자원의 효율적 배치, 서부 변경 소수민족지역 경제발전을 통한 변경 안정화 등을 추구해 나가야 한다. 비록 중국이 과거 투자와 수출중심모델에서 소비중심 성장모델이라는 바람직한 방향으로 전환하고 있지만, 문제는 그러한 전환이 일시에 이뤄지는 것이 아니라 일정한 과도기를 거친다는 것이다. 이러한 전환기의 공백을 메우고 연착륙하기 위해 철강, 시멘트, 조선, 부동산의 공급과잉을 국경지역의 인프라 건설 등을 통해 극복하고자 한 것이다.

2 '일대일로'에 놓인 과제들

중국이 '일대일로'를 적극적으로 추진하는 과정에서 비록 글로벌 수준에서의 미중 간 세력전이의 가능성은 낮지만, 국제질서와 국제규범과 관련한 미국과의 갈등가능성은 상존한다. 미중 양국은 전략적 협력을 달성하고 있음에도 불구하고 구체적인 쟁점(flash point)이 나타나면 갈등관계가 쉽게 표출되고 있다. 이런 점에서 미중관계도 일종의 거짓친구(superficial friend)라고 볼 수 있다.[6] 미국은 중국이 새로운 규범을 만들고 이를 위한 물질적 기반을 마련하기 위해 '일대일로'를 추진하는 것으로 이해하고 있다. 오바마 대통령의 "중국과 같은 국가에게 글로벌 경제의 규칙을 쓰게 할 수는 없다"[7]는 말은 이를 상징적으로 보여준다. 이런

---

[6] Yan Xuetong and Qi Haixia, "Football Game Rather than Boxing Match: China-US Intensifying Rivalry Does not Amount to Cold War," *The Chinese Journal of International Politics*, Vol. 5 (2012), pp.105-127.

[7] https://www.whitehouse.gov/the-press-office/2015/10/05/statement-president-

점에서 중국과 러시아가 유라시아 협력을 강화하는 과정에서 미국과 일본 등과의 대립구도를 초래할 가능성이 있다. 실제로 아시아와 유라시아를 대상으로 중국이 실용적인 경제협력을 추진하려는 일종의 규범경쟁이나 규범전이(norm transition) 양상이 나타나고 있다. 특히 중국의 정신적 가치나 유교 문화를 적극적으로 부각시킴으로써 서구와의 차별화를 시도하고 있다.

또한 TPP와 RCEP 그리고 AIIB와 ADB 간 다양한 '경쟁' 가능성이 복합적으로 전개될 가능성이 있다. 서방의 외곽에서 중국이 지역은행을 설립하는 등 새로운 금융질서를 시도하는 것은 실현가능성에 문제가 있었다. 이런 점에서 중국은 자본수출에 부응하는 초국가적 제도인 금융동맹을 핵심지역에서 구축하고자 했다. AIIB 창설과정에서 미국의 반대에도 불구하고 57개국이 참여한 것은 미국중심적 패권에 대한 피로가 나타나면서 영국과 스위스 등 일부 서방국가들도 이중보험을 들었고 그 전략적 틈새를 중국이 파고든 것이다. 미국의 동맹국인 한국과 호주의 참여도 이러한 맥락에서 이해할 수 있다. 자본과잉에 직면한 일본의 국내자본도 향후 인프라 건설과 관련된 산업의 진출을 바라고 있을 것이다. 이런 점에서 중국은 강대국화와 함께 적극적 외교(proactive diplomacy)를 본격화하고 있다고 평가할 수 있다.

그러나 중국은 국제적 인프라 구축을 통해 상호호혜적(win-win)인 결과의 창출을 강조하고 있다. 즉 역외로 유출되는 아시아 잉여자금을 아시아의 발전을 위해 투입하고 각종 인프라를 연계하여 아시아와 유라시아 경제통합을 촉진하고자 했다. 중국은 주변외교 핵심화두인 친·성·혜·용(親誠惠容)을 강조하고 있으며 정책소통과 민심교류, 아시아 운명공동체에 의미를 부여하고 있다. '일대일로'는 일종의 경제적 매력공세와 호혜

---

trans-pacific-partnership

적 성격을 동시에 가지고 있다. 그 결과 실제로 기대 이상의 참여국을 확보했다. 역내국가 간 교역과 투자의 증가, 실질적 경제통합 가능성이 진전되면 주변국의 호응을 유도하는 데 일정한 효과를 거둘 수 있을 것이다.

그러나 이러한 중국의 의도에도 불구하고 역사적 기억을 지닌 주변국가들의 중국에 대한 경계심은 여전히 남아 있다. 자국에 대한 중국의 영향력 증대 혹은 중국의 경제권에 흡수될 가능성을 우려하고 있으며 중장기적으로는 '일대일로'의 목적을 얼마나 달성할 수 있을지, 그 과정이 순탄할 것인가에 대한 의구심을 가지고 있다.

현재까지 '일대일로'의 이데올로기는 평화적 부상, 평화적 발전을 강조하고 있다. 이것은 중국이 '결코 패권을 추구하지 않겠다'는 것과 '일대일로'가 착실하게 진행되면 충돌과 갈등 대신 협력과 평화가 자리 잡을 것이라는 외교적 메시지이다. 사실 중국이 '평화'를 강조하는 것은 종합국력의 한계와 중국의 내부모순으로 인한 '취약한 강대국'의 특성이 투영되고 있기 때문에 자연스러운 것이다. 이런 점에서 중국이 주도하는 '일대일로'가 지향하는 구체적 가치가 기존의 것과 무엇이 어떻게 다른가 하는 회의론이 등장했다. 후안강 교수가 공영주의(win-winism)를 제시했지만[8] '서구화 = 글로벌 표준 = 미국적 가치'에 대한 대안담론으로 확장되지 않는 한 호소력이 강하지 않다. 즉 여러 개의 근대가 존재할 수는 있지만, 그 담론은 수출가능한 것이어야 한다. 그렇지 않을 경우 '일대일로'를 구체적으로 추진하는 과정에서 다양한 국가들의 다양한 문화적 충돌에 직면하게 될 것이고, 지역충돌을 만나게 되면 문명적 대화가 어려울 수 있다.

그리고 '일대일로'는 국내용이라는 측면이 있다. 중국이 지난 10년 동안 서부 대개발을 통해 지역균형발전을 제시했으나 뚜렷한 성과를 거두

---

[8] 후안강, "국강필패를 넘어 공영주의로," 『성균차이나브리프』 3권 4호(통권 37호), pp.22-30.

지 못했다. 물론 이 지역이 이전에 비해 보다 개방되고 발전되었으나 서부나 남부 지역에 위치한 지방정부의 상황은 크게 나아지지 않았다. 이런 점에서 '일대일로'가 국내 과잉투자를 해소하기 위해 '해외로 나가고(走出去)' 국내투자의 효율성을 제고하려는 것임을 간과하기 어렵다.

그리고 '일대일로' 이니셔티브는 일단 비전으로 제시된 후 전략적으로 추진되어야 하는데, 전략화 모색단계에서 주변지역과 국내의 요구가 함께 맞물리면서 전략적 비전이 조율되는 과정을 거치고 있다. 이는 중국이 '일대일로'를 통해 무엇을 할 것인가에 대한 판단의 문제가 누락된 데에 기인한다. 그리고 경제발전전략은 흔히 먼저 도시를 발전시킨 후 선진산업으로 접근하는 것이 일반적 경로이지만, 중국은 이와 달리 낙후된 지역에서 출발해 그곳에서 인프라를 구축하고 선진산업이 아닌 것을 먼저 추진했다. 그리고 해상루트보다 육상루트가 보다 경제적이라는 견해도 일종의 가설에 불과하며 육상루트도 관세나 통관절차 등 예민한 문제들을 간과해서는 안 된다. 실제로 대부분 중앙아시아 국가들이 관세를 높였고, 통관절차에도 시간이 더 많이 소요되고 있다. 이런 점에서 이 지역에 중국이 인프라를 구축할 수 있겠지만 물류혁신으로 더 큰 이익을 취하기 위해서는 새로운 대형투자가 필요할 수밖에 없다. 이처럼 '일대일로'가 경제적으로 최선의 선택은 아니라면, 영향력 확대라는 전략적 이익을 달성하기 위해 경제관계를 확대하려는 의도로 해석할 수 있다.

3 '일대일로'와 한국의 전략적 고민

한중정상은 '일대일로'와 유라시아 이니셔티브가 정책시너지를 낼 수 있다고 판단하고 협력을 강화하기로 했다. 여기에는 정책공조, 기반시설 연결, 무역·투자 확대, 금융 통합 및 제3국 시장 공동 개척, 양국 정보공유 플랫폼 구축, 투자 및 금융 지원, 공동 연구 및 시범사업 실시 등 포괄적인 내용을 담고 있다. 한국정부가 추진하는 유라시아 이니셔티브는 유럽과 아시아가 소통과 개방을 통해 평화롭게 교류하고 공동 번영하는 새로운 유라시아를 함께 건설하고자 한다는 점에서 중국의 '일대일로' 구상과 총론에서는 맥락을 같이하며 기존의 러시아 중심 구도가 풍부해진 측면도 있다. 그러나 두 개의 이니셔티브가 어떻게 결합되고 분리될 것인지에 대한 명확한 설계가 만들어진 것은 아니며, '일대일로'가 이미 실천단계에 접어들었지만 유라시아 이니셔티브는 구상단계를 크게 벗어나지 못하고 있다는 한계도 있다.

무엇보다 가장 큰 원인은 북한의 호응을 이끌어내지 못하고 있기 때문이다. 이러한 한계를 극복하기 위해서는 중국의 '일대일로'의 관심을 좀 더 동북지역으로 적극적으로 유도할 필요가 있다. 현재 중국은 북한과 같이 리스크가 큰 지역에 투자하기보다는 서부지역과 해상루트에 정책을 집중할 것으로 보인다. 따라서 한국이 움직이면서 중국의 전략적 시야를 확대할 필요가 있다. 그리고 이 부분에서 무엇인가 할 수 있다는 것을 구체적으로 보여주기 위해 훈춘지역에 제2의 개성공단과 같은 유사한 산업기지를 조성하여 중국과 함께 남북경협을 추진하는 등 새로운 방안을 모색해야 한다. 보다 근본적으로는 남북관계 개선을 통해 한중관계와 북중관계의 선순환 고리를 만들 수 있어야 할 것이다.

'일대일로'가 중국의 장기적 프로젝트라면 한국도 이에 대한 국가대전략으로 정교하게 설계하는 한편 '외교의 힘'을 구축해야 한다. 물론 유라시아 이니셔티브도 우리 외교에서 공식적으로 유라시아 대륙을 언급한 비전을 보였다는 점에서 의의가 있다. 그러나 유라시아의 신대륙주의를 이해하는 데 있어 유라시아 국가들의 경제체제의 발전, 국가주의적 요소,

민주주의 패턴 등 다양한 형태들이 비민주적 요소와 결합되어 있다는 점에서 대륙의 발전가능성만을 보고 전략을 투사하기에는 한계가 있다. 또한 과거 실크로드는 주로 네트워크형으로서 주체가 존재하지 않았지만 지금은 중국이 주도권을 가질 가능성이 크다. '일대일로', 특히 일대(一帶)가 본격화될수록 중장기적으로는 자본재 시장에서, 그리고 단기적으로는 건설, 철도 등의 분야에서 중국이 최대수혜국이 될 것이다. 중국이 단기적으로 이익을 회수하려 든다면 건설, 인프라 분야에서 경쟁하는 주변국가들에게 피해가 나타날 수도 있다. 즉 중국의 구조조정 결과가 한국에 긍정적인 것이 아니라 압력요인이 될 수도 있다

이런 점에서 유라시아 이니셔티브와 균형을 맞출 수 있는 해상전략을 동시에 추진할 필요가 있다. 그중 하나는 중국의 일로(一路)에 해당하는 동남아이다. 한국 건설 시장의 50%와 30%가 각각 중동과 아시아에 있다. 중앙아시아의 '일대' 시장은 중국이 한국보다 우위를 차지하는 반면, 동남아 시장은 한국과 중국이 약 13%로 비슷하게 점유율을 보이고 있다. 따라서 한국이 아세안 외교에 보다 깊은 관심을 기울인다면, 상대적으로 '일대'에서의 협력보다는 '일로'에서의 협력이 수월할 수 있을 것이다. 물론 남중국해라는 뜨거운 감자가 있는 이곳에서 미국과 중국의 핵심이익이 충돌하면서 한국의 입장을 강요당하는 딜레마가 있다. 그러나 이것은 이것대로 일종의 패키지딜(package deal)의 방법을 가지고 외교적으로 풀어가야 할 문제이다.

마지막으로 한국의 중국연구에서 보이는 '자료 발굴학'이나 '미시적 연구'로는 중국이 추구하는 '일대일로'와 같은 거대한 전략적 그림이 잘 보이지 않는다. 그리고 이러한 문제에 대면하는 한국 내 중국연구의 집단지성도 취약한 수준이다. 이런 점에서 중국이 '일대일로'를 보다 큰 전략적 시야에서 다루는 것은 우리에게도 시사하는 바가 크다.

I
'일대일로'란 무엇인가

'일대일로'의 개념과 함의 (장원링)

'일대일로'와 경제지리 (후안강)

'일대일로'와 지역질서 (페이성)

'일대일로'와 중국외교 (이동률)

'일대일로'와 중국경제 (한동훈)

'일대일로'의 개념과 함의

장윈링 (張蘊嶺)

시진핑 중국 국가주석은 2013년 9월 카자흐스탄 방문 시 '실크로드 경제벨트'를, 10월 아세안국가들 방문 시 '21세기 해상실크로드'를 함께 건설하자고 제안했다. '일대일로'는 하나의 완전체(整體)로서 중국이 국제사회에 제시한 중요한 의의를 지닌 이니셔티브일 뿐 아니라 새로운 시기 중국의 대외개방에 관한 커다란 전략이 되었다.

2015년 3월 중국정부는 '일대일로'의 비전과 액션플랜을 발표함으로써 '일대일로' 구축의 의의, 목표, 방식 등에 관해 상세히 설명했다. 오늘날 '일대일로' 이니셔티브는 이미 구체적인 실행단계에 접어들었고, 구체적인 성과들도 점차 나타나게 될 것이다.

'일대일로'의 추진은 중국이 대외개방을 확대하고 심화할 뿐 아니라 전방위적 개방이라는 새로운 틀을 구축했음을 의미한다. 세계경제체제에 심도 있게 융합하는 것일 뿐 아니라 외부와의 상호협력을 강화하려는 것이기도 하다. 이는 공동발전, 공동번영을 실현해야 한다는 시대적 요구에 부합한다. 개발도상과정에 있는 대국으로서 중국은 '일대일로' 추진을 통해 평화발전의 길을 걸을 뿐 아니라, 윈윈의 방식으로 더 많은 책임과 의무를 다함으로써 세계평화와 발전에 공헌하게 될 것이다. 중국이 '일대일로'를 추진하는 것은 기존의 국제체제를 전복시키기 위해서가 아니다. 이는 세계경제체제의 조정과 발전을 위해 새로운 메커니즘을 만들려는 것이다. 일종의 공헌을 더하게 될 것이라고 말할 수 있다.

1 '일대일로'는 큰 전략이다

지도를 보면 중국이 왜 '일대일로'를 추진하는지 알 수 있다. 중국과 지정학적으로 연결돼 있는 아시아대륙은 유라시아대륙과 붙어 있고, 연해지역은 아시아, 아프리카와 연접해 있다. 아울러 남지나해와 남태평양을 넘어 서로 이어져 있다. 이 지역을 왕래하는 육로와 해로를 더욱 넓게 만들고 역내발전을 추진함으로써 중국도 더 넓은 발전공간을 얻을 수 있다.

'일대일로'는 하나의 전체적인 대전략이다. 첫째, 두 개의 틀(실크로드 경제벨트와 해상실크로드)은 서로 보완적인 동시에 각자 중심이 다르다. 실크로드 경제벨트의 구축은 중국에게 중앙아시아, 서아시아, 남아시아 및 유라시아로 향하는 육상 통로의 대문을 활짝 열어준다. 또한 관련 국가들과 새로운 발전 동력을 생성함으로써 중국 동서남북의 균형적인 개방 및 발전에도 도움이 될 수 있다.

중국은 국토면적이 넓은데 연해도 있고 육지도 있다. 중국의 대외개방은 우선 연해지역에서 출발하였고, 연해지역의 개방과 발전에 중점을 두었다. 개방과 외자도입을 통해 국제분업에 참여하였고, 외향형 경제를 크게 발전시켜 수출을 확대함으로써 연해지역 경제는 빠르게 성장할 수 있었다. 비록 그 이후 우리 중국이 서부대개발 전략을 추진함으로써 서부지역의 개방과 발전을 이뤘지만 연해와 내륙지역의 개방 및 발전 환경은 여전히 차이가 크다. 내륙, 특히 서부 개방은 여전히 제약받고 있다. 실크로드 경제벨트를 통해 중서부지역으로 자원이 흘러들어가게 할 수 있으며 동시에 연선국가들과 협력하여 함께 계획하고 건설함으로써 새로운 개방 및 발전공간을 개척할 수 있다. "창조적인 전이(轉移)" 방식을 통해 우리 중국의 설비, 기초산업 및 기술 수출을 활성화시킴으로써 경제구조 조정 및 레벨업을 위한 새로운 공간을 제공해 줄 수 있다.

21세기 해상실크로드 건설은 중국 연해지역 개방을 심화시키고, 해로와 연접한 지역을 함께 발전시키기 위한 새로운 전략이다. 오늘날에 이르기까지 해로는 중국의 대외 경제교류의 주요한 통로이다. 화물의 수출입 및 자원과 에너지의 수입이 주로 해로를 통해 이뤄진다. 따라서 해로를 확충하고 안전을 보장하는 것은 우리 중국에게 매우 중요하다. 아울러 중국이 21세기 해상실크로드를 추진하는 데에는 더욱 심대한 의의가 있다. 여기에 '21세기'라는 말이 붙는 이유는 과거에 패권을 목표로 한 해양세력론과의 구별을 위한 것이다. 개방적이고 서로 공유하는 해양 신질서를 만들고, 발전을 중시하며, 협력하고 공영함으로써 해양 통로 건설과 발전을 긴밀하게 결합시키려는 것이다.

조금 더 심층적으로 보면 '일대일로'는 중국이 대국으로서 개방, 발전, 협력과 원원노선을 구체적으로 견지하는 것이다. 중국의 GDP 총량은 전 세계 2위로서 명실상부한 세계 대국으로 부상하였다. 중국은 전 세계를 대상으로 어떻게 평화적인 발전을 이룰 것인지의 문제에 답해야 한다. 중국은 과거 대국의 경우처럼 패권을 다투지 않을 것이며 평화적인 발전노선을 유지하겠다고 표명하였으나 수많은 국가들은 여전히 이를 신뢰하지 못하고 있다. 미국의 '아시아재균형' 정책 역시 다양한 방법으로 중국을 제어하기 위한 미국의 정책 중 하나이다. 중국이 실크로드라는 단어를 차용한 것은 고대 실크로드가 가지고 있는 "평화적인 협력, 개방적인 포용, 상호 학습과 상호 귀감, 상호 이익 및 원원의 정신"을 더욱 확대·발전시키겠다는 의미를 담고 있다.

2 '일대일로'의 세계적인 의의

'일대일로'는 남남(南南), 남북(南北) 발전과 협력에 주목하여 지역과 세계의 혁신적인 발전 및 협력 방안을 제시하였다. 오늘날 세계 경제는 거대한 구조적 변화와 함께 발전 방식의 전환 시기를 맞이하였다. 개발도상국의 발전, 신흥 경제주체의 부상, 더 많은 개발도상국의 비약적인 성장은 커다란 추세이다. 이 거대한 발전 추세를 어떻게 유지할 것인가, 그리고 중국의 발전을 위해 지속가능한 발전 환경을 어떻게 창출해야 하는가? 미국은 TPP를 통해 새로운 규칙을 제정하려 한다. 이는 실질적으로 개발도상국의 글로벌 시장 진입을 더욱 어렵게 만드는 장벽의 역할을 한다. 개발도상국이 가장 필요로 하는 것은 무엇인가? 거시적인 관점에서 보았을때 하나는 글로벌 경제체계의 개방이고 다른 하나는 자국 발전환경의 개선이다. 특히 발전적인 협력을 새롭게 전개해 나가는 것이 필요하다.

'일대일로'를 발전적인 협력을 추진하는 대형 플랫폼으로 삼을 수 있다. 중국 경제의 발전과 다른 국가들의 발전을 연계하고, 중국의 투자와 선도를 통해 각국이 적극적으로 참여하도록 설득함으로써 새로운 발전공간을 조성하고 새로운 발전동력을 창출할 수 있다. 또한 '일대일로'는 개방적인 플랫폼이기도 하다. 이 플랫폼에서 중국은 관련 국가들과의 프로젝트를 계획할 것이다. 오랜 경험에 비춰볼 때 개도국이 발전하는 데 필요한 융자, 특히 인프라 구축에 필요한 장기 건설 프로젝트에 필요한 융자를 얻기란 쉽지 않다. 기존의 국제금융기구가 가지고 있는 역량이 제한적이고 민간 금융기구의 투자 의향이 높지 않기 때문에, 인프라가 낙후되고 종합적인 발전 환경 역시 개선되어야 한다. '일대일로'를 통해 협력적인 금융기구와 다양한 형태의 금융기구를 창설함으로써 이러한 융자의 병목현상을 타파할 수 있고, 중국도 이 플랫폼에서 더욱 큰 역할을 발휘할 수 있다. 중국이 브릭스신개발은행(BRICS New Development Bank), 아시아인프라투자은행(AIIB), 상하이협력기구(SCO)발전은행 등의 설립을 주도하는 동시에 실크로드기금을 위한 출자를 선포한 목적이 바로 여기에 있다. 중국의 이러한 행위에 대해 "신 마샬 플랜"이라고 비판하는 이들도 있지만 이는 옳지 않다. 당시의 마샬 플랜은 미국이 전후 유럽의 경제 재건을 원조하는 데 목적이 있었으나 오늘날 신 금융기구의 설립은 다 함께 참여하고 관리하며 함께 자원을 향유하려는 것이기 때문이다.

'일대일로' 대전략은 자유무역협정(FTA)과 다자무역체제를 초월하여 종합적인 발전 환경의 조성을 기하는 동시에 중국만을 위주로 한 이익관(利益觀)에서 탈피하여 공동건설, 공동발전을 강조한다. 또한 협상을 통한 새로운 발전 협력 방식을 지향한다.

'일대일로'는 범지역적이고 개방적이며 거시적인 전략인바 그 대상 범위도 거대하다. 아시아에서 유럽 그리고 아프리카까지, 더욱 광활한 지역으로 확장될 수 있다. 이러한 의의에서 본다면 '일대일로'는 세계적 의의를 갖춘 거시적인 전략이라 할 수 있다. 실제로 '일대일로'는 다양한 차원의 협의, 프로젝트, 지역으로 이뤄진다. 그러므로 '일대일로'를 단순히 선 몇 개를 그은 것이라고 단정해선 안 된다.

3 '일대일로'는 함께 만들어 나가는 것이다

외부의 관점에서 보면 '일대일로'는 중국이 제시한 것이지만 이는 사실 중국만의 사업도 아니고 중국이 단독으로 할 수 있는 것도 아니다. 제안은 중국이 하였으나 함께 협의하고 기획하며 건설해 나가야 한다. '일대일로'는 전통적인 실크로드 노선만 따르는 것이 아니라 중국 전역은 물론 아시아, 유럽과 아프리카 전역을 아우르는 거대한 지역까지 포함하고 있고, 사실 향후 더욱 확대될 수도 있다.

호련호통(互聯互通)은 '일대일로' 전략의 설계상 가장 중요한 기초다. 이를 실현하기 위해서는 전방위적인 연결 체계를 확립하여야 하며, 사통팔달의 인프라 시설이 건설(육·해·공 교통 네트워크)되어야 한다. "정책 소통과 인프라 시설의 연계, 원활한 무역, 자금의 흐름, 민심의 교류" 등 전방위적이고 입체적인 그리고 그물처럼 촘촘한 상호 연결망이 필요하다.

따라서 '일대일로'의 건설에서는 인프라 설비의 연결망 확립이 중요하다. 그것의 핵심은 상호 연결 및 교류의 실현에 있다. 나아가 산업단지의 조성과 산업 사슬의 구축이 하이라이트라고 할 수 있다. 또한 '일대일로'의 건설은 단순히 경제영역에 그치는 것이 아니라 정치와 사회, 문화, 교육, 안보 등 모든 영역을 포괄한다. 전면적이고 깊이 있는 융합, 그리고 함께 쉴 수 있는 운명 공동체가 그 목표인 것이다.

'일대일로'의 건설은 이제 막 시작이지만 장기적인 협력의 과정이라고 보아야 한다. 함께 토론하고 함께 추진해 가는 과정 속에서 중국과 연선 국가들은 서로를 점차 더 이해할 수 있을 것이며, 상호존중과 상호신뢰의 새로운 관계가 형성되어질 것이다. '일대일로'의 건설, 특히 인프라 설비의 연결망을 건설하는 것은 대량의 자금을 필요로 한다. 그런데 개발도상

국가들은 자금이 부족하기 마련이라 난관에 봉착할 가능성이 크다. 이것이 바로 그토록 많은 국가들이 AIIB의 설립을 지지하는 이유이다. AIIB는 기존의 국제금융기구, 가령 세계은행이나 아시아개발은행의 보완재일뿐 아니라 새로운 정세 속에서 고안된 융자기구라고 할 수 있다. 비록 미국이나 일본이 참여하지는 않지만, 심지어 저지하려는 그들의 의도도 읽히지만 AIIB의 설립은 현재 빠르게 진행 중이며, 전체적으로 발전하고 있는 추세라고 보아도 무방하다.

중국은 '일대일로'의 건설상 주변지역을 우선적으로 고려하고 있다. 주변지역의 발전이 없으면 주변 정세가 불안정할 수밖에 없다. 중국과 각국의 관계가 어려움에 처하게 되면 중국의 접경지역도 발전하기가 어려워진다. 중국은 많은 국가와 국경을 접하고 있기 때문에 시진핑 주석은 주변국과의 관계를 발전시키기 위해서 '친·성·혜·용'의 새로운 이념을 제시하기도 하였다. '일대일로'가 그것의 좋은 실천사례인 것이다. 주변국은 중국의 화평발전 전략의 기본 대상지라고 할 수 있다. 협력을 통해 주변국가가 발전해야만 운명공동체가 형성될 수 있다.

'일대일로'의 건설은 새로운 발전 이념과 방식을 구현하고 있다. 가령 중국과 중앙아시아 국가 간 기존 무역관계는 주로 자원 영역에 그 초점이 맞춰져 있었다. 중앙아시아의 자원을 개발하고자 에너지 수송관을 만들었던 것이다. 경제벨트를 건설하려면 단순한 에너지 관계에서 탈피해야 한다. 중앙아시아 지역에 에너지 가공 산업과 관련 제조업, 그리고 서비스업이 형성되어야 중앙아시아의 경제수준이 제고될 수 있다. 중앙아시아 국가의 경제가 전면적으로 발전할 수 있을 때 중국과 중앙아시아 국가 모두 더 많은 성장의 공간을 발견할 수 있게 될 것이다. 인프라 설비의 건설과 산업단지의 조성이 중국의 부품 수출과 산업이전에 큰 도움이 될 수 있는 것이다. 물론 이를 빌미로 낙후 산업이나 환경오염 사업을 이웃국가에게 이전해서는 안 될 것이다. 교훈은 자기에게 남겨두고, 경험은 다른 이에게 전해주어야 한다. 현지인들에게 실질적인 혜택을 주어 중국의 평화로운 발전에서 비롯된 그 달콤한 열매를 맛볼 수 있도록 해야 한다.

중국 국내적으로 보면 '일대일로' 건설의 참여가 단순히 서부와 연해 지역에만 국한된 것은 아니다. 전국의 각 지방이 모두 직접적인 참여자라고 할 수 있다. '일대일로'는 전국적인 전략이기 때문에 인프라 설비의 연결망을 건설하면 동서남북 간 연계가 심화될 것이고, 여기에서 파생된 시장은 결국은 모든 기업의 것이 될 것이다. 따라서 각 지방은 모두 적극적으로 이 사업에 나설 것이고, 적극적으로 참여할 것이며, 기회를 잘 살려 자신의 상대적인 장점을 발현하고자 애쓸 것이다.

4 도전과 리스크

'일대일로'는 새로운 것이다. 중국이 이를 제기한 이후 국제사회, 특히 도로와 항로 등으로 인접한 국가에서 적지 않은 우려가 제기되고 있다. 관망적인 태도를 보이는 국가, 의심의 눈초리를 보내는 국가, 그리고 지지를 표하지 않는 국가도 있다. 비록 일대일로에 관한 일을 시작하기는 했지만 이것이 실제 실행되기까지는 여전히 해결해야 할 문제들이 존재한다. 일부 국가들은 중국이 제창한 전략구상에 여전히 의구심을 가지고 있고 중국의 이러한 구상 확장을 우려하고 있으며 인프라망 구축에 대해서도 의구심을 표하거나 중국이 주도하는 것을 못마땅해하기도 한다. 심지어 경제발전 문제를 정치화하기도 한다. 미국은 자국이익을 고려한 나머지 사실을 인정하지 않을 뿐 아니라 동맹국들에게 압력을 가하고 있다. AIIB 건설에 대해 미국은 공개적으로 반대했고 일본 역시 참여를 거절하였다. 도로, 철도망 건설에 대하여 인도와 미얀마도 의구심을 드러냈다. 중국과 일부 국가(파키스탄, 스리랑카 등) 간 해상과 항만 협력에 대해서도 정치적 심지어 군사적 함의를 부여하고 있다.

21세기 해상실크로드 건설이 직면한 우선적 문제는 남중국해의 갈등이다. 논쟁을 중단하고 협력 환경과 분위기를 만들어 협력을 통해 논쟁을 해소해야 한다. 이를 위해 첫째, 분쟁 당사국과 협의하여 협력 공감대를 증가시켜야 한다. 둘째, 아세안과의 협상을 강화하여 '남중국해 선언'을 잘 이행하는 기반 위에 남중국해의 행동수칙 이행 협상을 조속히 타결해야 한다. 2015년은 '중국-아세안 해양의 해'로서 이 기회를 잘 활용해야 한다. 해상실크로드 건설의 행동계획에서 남지나해는 '一路'의 출발점이다. 이 길을 잘 나갈 수 있어야 외부로 뻗어나갈 수 있다.

'일대일로'는 중국의 대전략으로서 많은 국가를 대상으로 한 구체적인 구상을 가지고 있다. 따라서 각 국가들의 이해와 지원 그리고 진정한 공감대를 형성하는 것이 가장 중요하다. 아울러 이러한 거대한 프로젝트는 많은 시간과 노력이 필요하다. 절대 조급히 추진해서는 안 되며, 프로젝트 건설상 성공과 이익에 급급해서도 안 된다. '일대일로' 건설 과정에서 기대효과를 얻기도 하겠지만 많은 도전과 리스크도 따를 것이다.

우선 중국의 제의에 대한 외부의 의구심을 해소해야 한다. '일대일로'는 중국이 제안한 것이며 중국의 의도는 매우 명확하다. 협력하여 발전하고 공동의 이익을 추구하는 것이다. 하지만 많은 국가들은 그렇게 보지 않으며, 심지어 일부 국가는 '일대일로'를 중국의 팽창주의 전략으로 여기기도 한다. 겉으로는 지지하면서 실제 참여 시에는 매우 신중한 모습을 보일 뿐 아니라 심지어 균형전략을 취하는 국가들도 있다. 따라서 중국은 이 일을 지속적으로 진행하면서 일부 시범사업을 시행함으로써 '일대일로'가 모두에게 좋다라는 사실을 보여주어야 한다.

둘째, 분쟁과 위험을 우회하고 해소시켜야 한다. '일대일로' 특히 해상 실크로드 건설에서 남중국해 분쟁이라는 장애가 존재하고 있다. 남중국해는 해상실크로드 건설의 출발지점이다. 연해국가 중 일부는 국내정세가 불안하고, 일부는 근본주의 및 테러리즘이 심각한 상태이다. 따라서 우리 중국은 연해지역 국가의 정치를 심도 있게 이해하고 깊이 있게 정치적 작업을 진행해야 한다. 국내정세의 변화를 예측하고 대책을 세워 그 변화로 인한 부정적 영향을 피해야 한다. 이 외에도 현지 안전을 위한 협력을 강화하고 테러리즘과 극단세력에 반대하는 공조체제를 구축하고, 거대 통로와 대형 프로젝트의 안전을 위한 안전보호체제를 상설하고, 정보수집과 통보체제를 갖춰야 한다.

세 번째는 경제적 이익을 창출해야 하며 투자 리스크와 손실을 감소시켜야 한다. '일대일로'는 거대한 프로젝트로서 적어도 수십 년은 지나야 성과를 볼 수 있는 장기 프로젝트이다. 예를 들어 인프라망을 구축하려면 대형 투자가 필요한데 중국은 이미 대량의 투자를 하였다. 이러한 대형투자에는 전략적이고 발전적인 계산이 필요하며 동시에 소액과 투자회수, 투자수익 등에 관한 이익도 고려해야 한다. 특히 기업의 참여에는 더욱 세심한 계산이 필요하다.

'일대일로'가 대형 프로젝트가 된 이상 당연히 이것은 지속돼 나가야 한다. 도전도 좋고 리스크도 좋다. 어차피 나아갈 수밖에 없는 상황이 되었기에 그것들을 해소해 나가야 한다. 어려움을 알면서도 나가야 하고, 고난이 있어도 물러설 수 없다. 중국은 모든 일을 꼼꼼히 해야 하고 "일이 있으면 협의를 하자"고 제의하고 있다. '일대일로', AIIB, 브릭스개발은행 등이 모두 쾌조의 스타트를 보이고 있다. 순조로운 출발은 미래 발전을 위한 좋은 기반을 제공할 것이다. 이에 대해 우리는 충분한 자신감을 가져야 한다.

'일대일로'와 경제지리[*]

후안강 (胡鞍鋼)

오늘 제 강연의 핵심관점은 중국 국내경제 및 주변지역의 통합, 더 나아가 전 세계 경제의 통합을 통하여 두 가지의 경제지리가 재구축될 거라는 것이다. 우선 중국 경제지리가 재구축될 것이며, 아울러 세계 경제지리도 재구축되게 될 것이다.

1 21세기 : 세계 경제지리의 재구축

2009년 세계은행은 「2009년 세계발전 리포트: 세계 경제지리 재구축」제하의 보고서를 발간하였다. 이는 처음으로 신경제지리학, 신무역이론, 신자연경제학적 관점에서 세계발전을 연구한 것으로서 여기에서 세 가지 키워드—'밀도', '거리', '분할'이 제시되었다.

논리적 맥락은 비교적 분명하다. 첫째, 인구적·경제적 '밀도'를 부단

---

[*] 2015년 5월 24일 중국인민대학 '일대일로' 경제포럼 강연문.

히 증대시켜야 한다는 것이다. 보고서의 통계에 따르면 전 세계 국가들은 약 1.5%의 국토면적을 활용하여 전체 생산량의 50% 이상을 생산하고 있다. 둘째, '거리' 문제를 해결해야 한다는 것이다. 교통인프라와 통신인프라를 통해 물리적·공간적 거리를 단축시키고, 아울러 무역자유화, 관세 세율인하, 통관 간편화를 실행함으로써 비물리적 차원의 거리를 단축시켜야 한다는 것이다. 마지막으로 각 나라, 각 지역이 서로 '분할' 되어 있다는 점이다. (경제)요소는 밀집되어 있기 때문에 지역 간, 국가 간 격차가 점차 커지고 있다. 한 국가 내에서도 이미 발달한 지역과 저개발지역 간 격차가 존재한다. 이러한 분할 문제를 어떻게 해결할 것인가의 문제인 것이다.

상술한 보고서에 나온 이러한 전 세계적 발전 문제들은 우리에게 선진적인 국제발전 관련이론뿐 아니라 국제발전의 경험이 어떠했는지를 보여준다. 중국의 경제지리를 분석할 때에는 상술한 밀도, 거리, 분할 이외에도 네 번째 관점 즉 신자연경제학을 함께 논의하여야 한다. 한 지역의 자원수용력과 환경용량도 같이 고려해야 한다는 것이다. 북경을 예로 들면, 최대의 제약 조건은 사실 수자원이다. 장강에서 물을 끌어온다 하더라도 상당히 높은 비용이 들어간다. 중국의 현실에 맞는 새로운 분석프레임이 필요한 것이다. 경제발전 법칙 및 사회발전 법칙뿐 아니라 자연법칙도 고려해야만 중국 경제지리의 재구축 문제를 한층 더 심도 있게 논의할 수 있을 것이다.

오늘날 우리가 '일대일로' 전략을 논의하는데 이때 하나의 주요 키워드가 누락되고 있다. 바로 "중국 경제지리의 재구축"과 "세계 경제지리의 재구축"이다. 지면관계상 이론적 논의와 분석보다는 보다 실증적인 관점에서 중국의 발전전략과 글로벌 발전전략 간의 관계를 분석하고자 한다.

표 1 중국 경제지리 분석틀

	1차원	2차원	3차원	4차원
묘사	밀도	거리	분할	환경용량, 자원수용력
추진력	밀집	이민	전문화	외부성
주체	시장	시장	시장	정부
가치	효율	효율	효율	환경보호
정책 대응	도시화	지역발전	통합	개발의 제한 및 금지

2 중국의 경제지리 혁명의 변천사

먼저 우리는 중국이 자신의 경제지리를 어떻게 재구축해 왔는지, 혹은 수십 년 동안 지속되어 왔다는 경제지리 혁명이 무엇인지 이해해야 한다. 중국의 지역발전 구도는 어디서부터 시작되었고, 어떻게 오늘날의 새로운 구도로 변화되어 온 것인가? 왜 '일대일로' 전략을 중국 지역발전 전략의 4.0버전이라고 말하며, 또한 그것이 중국 경제지리뿐 아니라 세계 경제지리를 재구축하게 될 것이라고 말하는 것인가?

역사적 관점에서 보면 전통농업시대, 또한 그것의 해체를 거쳐 현대시대에 오기까지의 긴 변화과정이 있었다. 특히 1949년에 이르러 중국이 자본주의 요소와 현대화 요소를 도입한 이후 3대 경제지역이 형성되었다. 첫 번째는 우리가 흔히 말하는 동북지역으로서, 당시 일본이 점령했던 만주국이다. 일본은 이 지역에 상당히 조밀하게 철로를 깔고 에너지, 전력 등 인프라를 구축하였다. 이 지역의 경제는 오로지 일본을 위해서만 돌아갔다. 90% 이상이 일본으로 수출되었고, 우리가 말하는 중국 내륙지역의 경제와는 아무 관련이 없었다. 두 번째 지역은 연해연강 지역이다. 특히 장강유역에서 현대경제가 비약적으로 발전했고, 이로 인해 경제 중심이 형성되었다. 세 번째 지역은 면적이 가장 넓으면서도 가장 낙후된 지역, 즉 내륙 전통농촌지역이다. 아직까지도 수백 년 전의 낙후한 전통적 농업경제 형태가 유지되고 있다. 1940년대 말 역내 식량 생산량과 단위면적당 생산량은 현대 역사상 최저치였다. 당시 중국경제에는 현대와 전통이 이원적으로 존재하고 있었다. 당시 마오쩌둥은 이를 "일구개(一九開)"라고 칭했는데, 전체의 90%는 전통경제이고, 고작 10%만 현대경제였다는 의미이다.

건국 이후 중국은 계획경제 체제하 공업화와 현대화를 추진함으로써 처음으로 중국 경제지리를 대규모로 재구축했다. 다시 말해 처음으로 정치적 통일을 통하여 동북, 연해연강, 내륙 등 3대 지역에 대한 고도의 통일, 통합을 이룬 것이다. 이에 대해 미국의 중국경제전문가 니콜라스 라디(Nicholas R. Lardy)가 연구를 진행한 바 있다. 이 점에서 그는 매우 중요한 중국문제전문가였다.

'제1차 5개년 계획' 기간 동안 마오쩌둥은 중국의 상황에 대해 꼼꼼히 분석하며 연해와 내륙 두 지역을 연구했다. 류샤오치도 불균형 문제를 해결해야 함을, 즉 중국의 경제지리를 처음으로 재구축해야 한다고 여기게 되었다. 물론 그때에 이러한 용어가 있었던 것은 아니지만 사실상 이렇게 한 것이나 다름 없다. 우리의 연구 결과, 당시 중국 경제지리의 재구축은 결코 그가 상상했듯 중국의 지역발전 불평등 문제를 해결하지 못했다. 고정가로 계산 시 건국 이후 각 성별 도시 간 일인당 GDP의 상대적 격차는 줄곧 벌어져 왔다.

중국 경제지리는 덩샤오핑의 개혁개방으로 인해 두 번째 재구축되었다. 그는 특히 연해 발전전략을 제시했다. 이는 경제지리의 기본사상들을 충분히 활용하여 시장 및 개방경제 체제를 도입한 것이다. 14개 연해도시를 개방하여 외자를 적극 도입하고, 해외기술을 충분히 활용하여 중국의 경제지리를 재구축한 것이 가장 중요하다. 통계에 따르면 1978년에서 1990년 사이에는 지역발전 격차가 감소했지만, 1990년 연해지역 발전전략 실행 이후에는 30개 성별, 또는 동, 중, 서 세 지역 간 격차가 오히려 확대되었다.

중국 경제지리를 어떻게 재구축할 것인가에 대한 사람들의 생각과 고민은 더욱 깊어졌다. 지금부터 20년 전인 1995년, 14기 5중전회에서 '제9차 5개년 계획' 및 2010년 장기목표가 제정되면서 동, 중, 서 3대 지역이 언급되었다. 이때 "지역발전 격차의 점진적 감소"가 중요한 정책으로 제시되었다. 하지만 당시 우리가 국무원 연구실과 공동으로 진행하였던 프로젝트를 포함하여, 우리의 대체적인 인식은 우선 사회발전 격차를 줄여야만 향후 경제발전 격차도 줄여나갈 수 있다는 것이었다.

장쩌민 시대에 제시된 이러한 생각들, 특히 서부대개발 전략의 실시는 중국 경제지리를 세 번째로 재구축하기 시작한 것이었다. 이는 또한 커다란 반향을 일으켰다. 16차 당대회 보고서에서는 중국 지역격차의 확대추세가 2020년부터 점차 둔화될 것이라 명확히 밝혀져 있다. 실제로 2004년에 이르러 지역 간 발전격차가 정점을 찍고 감소하기 시작했는데, 이는 원래의 예측보다 많이 앞당겨진 것이다.

'11차 5개년', '12차 5개년 계획'에 이르자 중국에서 점차 지역발전에 관한 총체적 전략이 4대 지역을 중심으로 고안되기 시작했다. 특히 '11차 5개년 계획'은 비교적 완전한 형태의 제3차 중국 경제지리 재구축이었다고 말할 수 있다. '12차 5개년 계획' 강령 제8장을 보면 4개 지역을 한층 더 강조하면서, 동시에 전국 주요 기능지역에 대한 계획을 출범시켰는데, 이것은 세계은행이 제기한 세계 경제지리 재구축의 틀을 이미 뛰어

넘은 것이었다. 이는 기존의 3차원을 넘어 4차원에 이르는 것이었다. 특히 자연환경, 자연지리조건 등의 요인까지 고려했다는 점에서 중국의 창의적 아이디어라고 할 수 있다. 주요 기능지구를 4개로 나누었을 뿐 아니라, 중국 경제지리의 노선을 재구축하면서 경제발전법칙, 가령 앞에서 말했던 세 가지 새로운 이론(신경제지리이론, 신성장이론, 신무역이론 등)뿐 아니라 사회발전법칙 특히 기본 공공서비스의 평준화 등을 강조함으로써 포용성 및 공동 향유성을 제고시켰다. 여기에서 중국이 자연규율을 존중하면서 경제와 사회를 발전시키려 한다는 점이 가장 중요하다. 이러한 경제지리의 재구축 과정에는 두 개의 손이 작용한다. 시장이라는 손을 충분히 활용하여 요소가 더 빠르게 밀집될 수 있게 해야 하며, 또한 정부라는 손도 몇몇 부문에서 중요한 작용을 발휘하도록 만들어야 한다.

예를 들어 중서부지역의 경우 인프라가 구축되면서 경제가 빠르게 성장할 수 있었다. 적어도 3대 인프라—전력을 중심으로 하는 에너지 인프라, 교통 인프라와 통신 인프라가 크게 기여했기 때문이며, 이 외에 공공서비스의 역할도 컸다. 이러한 수단을 통해 앞에서 언급한 분할 문제를 해결하려는 것이었다. 중국은 이러한 길을 꾸준히 걸어 왔다. '11차 5개년', '12차 5개년'에 이어 향후 '13차 5개년'은 더욱 중대한 공헌을 하게 될 것이다.

'일대일로'가 제기되었을 때 사실 중국은 이미 중국 경제지리 재구축에 관한 프레임 4.0버전을 내놓은 상태였다. 즉 '제11차 5개년 계획', '제12차 5개년 계획'에서 제시된 "양횡삼종" 노선이 그 이후에 제시된 3대 전략(3대 버팀목)의 훌륭한 기반이 되고 있는 것이다. 이는 또한 중국 경제지리를 재구축하는 것에는 끊임없는 실천과 시행착오가 필요하다는 것을 의미한다. 3대 국가 정세—경제적 국가 정세, 자연적 국가 정세, 사회적 국가 정세에 대해 비교적 전면적인 인식을 갖춰야 한다. 총서기는 경제법칙을 존중하는 과학적 발전을 중시했는데 이것을 어떻게 이뤄나갈 수 있을까? 또한 사회법칙을 존중하면서 어떻게 포용적인 발전을 이뤄나갈 수 있을까? 이 외에도 자연법칙을 존중하면서 지속가능한 발전을 이뤄나가야 한다.

1952년에서 2012년까지의 전국 각 지역 일인당 GDP 격차지수 변화 그래프를 보자. 2004년 이후 지역격차가 눈에 띄게 하락하고, 2012년에는 1990년 수준보다 낮아진 것을 확인할 수 있다. 이는 발전과정에서 격차가 반드시 확대되는 것만은 아님을 의미한다. 정부와 시장이라는 두 개의 손을 통해 조건이 통일된 시장을 만들고, 요소의 자유로운 유동과 밀집을 촉진시키며, 사람들이 자기의 선호도에 따라 선택하도록 만들어야 한다. 또한 2000년부터 2010년에 이르기까지 적어도 6, 7개 성의 총인구는 감소한 반면, 조건이 비교적 좋은 지역의 총인구는 대폭 상승하였다. 또한 중국에서는 이미 지역발전의 균등화(趨同) 추세가 나타나고 있다.

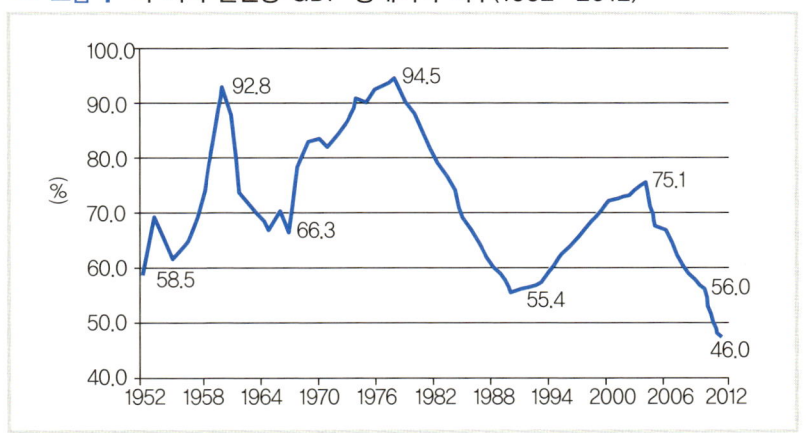

■ 그림 1 각 지역 일인당 GDP 상대격차 지수(1952~2012)

만일 좀 더 전문적인 인류발전지수(HDI)로 계산해 보면, 중국의 인류 발전 과정은 사실상 제4세계 위주에서부터 점진적으로 제3세계 위주로, 더 나아가 제2세계로 향하고 있음을 알 수 있다.

인류발전 수준이 매우 낮은 상태를 제4세계라고 하자. 2000년 중국인구의 86%는 제3세계, 즉 인류발전 단계의 중등수준에 도달했다. 2010년에 제2세계, 즉 높은 수준의 인류발전 단계에 진입한 인구가 총인구의 60%에 달하였고, 제1세계(아주 높은 수준의 인류발전 단계)에 진입한 인구도 증가하였다. 우리는 2020년까지 중국 인구의 대부분(96%)은 제2세계로, 소수의 지역(4%)은 제1세계에 도달할 것으로 예측하고 있다. 이 추세대로라면 2030년에는 총인구의 30%가 아주 높은 수준의 인류발전 단계로 진입할 것이며, 중국은 기본적으로 제2세계와 제1세계에 진입하게 될 것이다. 이는 중국 경제지리의 재구축 과정상 분할 문제가 해결될 수 있음을 보여준다. 하지만 이를 위해서는 정부가 우선 요소의 유동성을 촉진시키는 등 기본제도를 혁신하고 공공서비스와 기본사회보장을 제공해야 한다.

표 2 각 지역 인류발전지수 분포 및 변화(1980~2030)

인류발전수준	낮은 수준	보통 수준	높은 수준	매우 높은 수준
1980	요녕, 광동, 강소, 흑룡강, 절강, 길림, 산동, 산서, 복건, 해남, 하북, 호북, 몽골, 신강, 호남, 섬서, 하남, 녕하, 광서, 사천, 강서, 안휘, 중경, 청해, 감숙, 귀주, 운남, 티벳	상해, 북경, 천진		

2000	청해, 감숙, 귀주, 운남, 티벳	요녕, 광동, 강소, 흑룡강, 절강, 길림, 산동, 산서, 복건, 해남, 하북, 호북, 몽골, 티벳, 호남, 섬서, 하남, 녕하, 광서, 사천, 강서, 안휘, 중경	상해, 북경	
2010		흑룡강, 산서, 해남, 하북, 호북, 신강, 호남, 섬서, 하남, 녕하, 광서, 사천, 강서, 안휘, 중경, 청해, 감숙, 귀주, 운남	요녕, 광동, 강소, 절강, 길림, 산동, 복건, 몽골,	상해, 북경, 천진
2020		티벳	요녕, 광동, 강소, 흑룡강, 절강, 길림, 산동, 산서, 복건, 해남, 하북, 호북, 몽골, 신강, 호남, 섬서, 하남, 녕하, 광서, 사천, 강서, 안휘, 중경, 청해, 감숙, 귀주, 운남	상해, 북경, 천진
2030		티벳	흑룡강, 산동, 산서, 복건, 해남, 하북, 호북, 신강, 호남, 섬서, 하남, 녕하, 광서, 사천, 강서, 안휘, 중경, 청해, 감숙, 귀주, 운남	상해, 북경, 천진, 요녕, 광동, 강소, 절강, 길림, 몽골

표 3 중국 지역발전 전략의 변화

	1.0버전	2.0버전	3.0버전	4.0버전
지역발전	균형발전 (1949~1978)	선부론 (1979~1999)	조화발전 (2000~)	통합발전 (2015~)
지도사상	연해, 내륙: 1선, 2선, 3선	동부, 중부, 서부	동부, 중부, 서부, 동북	동부, 중부, 서부, 동북: 일대일로, 장강 경제벨트, 징진지 수도경제권
주요 전략	균형배치, 독립작전	선부가 후부 선도	조화발전, 공동부유	지역통합, 전국통합
생산요소의 유동	계획배치	자유유동, 점진적 실현	유동 가속	큰 범위의 자유유동
지역격차	경제격차 확대, 공공서비스 감소	경제격차 선 균등화, 후 차별화	경제격차 감소, 대 균등화	수렴화
지역발전	균형적인 공업배치	제4, 제3세계에서 제3, 제2세계로	제3, 제2세계에서 제2, 제1세계로	제2, 제1세계로

　중국 지역발전 전략은 4개의 단계 혹은 버전을 거쳐 왔다. 마오쩌둥 시대의 1.0버전에서 덩샤오핑 시대의 2.0버전으로, 그리고 2000년 이후 3.0버전으로 발전해 왔다. 특히 제16차 당대회 보고는 십 몇 억 인민들이 혜택 받고 함께 누리는 소강사회를 건설하자는 것인데, 이는 사실상 조화로운 공동 발전이라는 사고체계로 전환되기 시작했음을 의미한다.

3 당 중앙의 3대 전략 구상

　중국의 지역발전 전략을 분석해 보자. 오늘날 당 중앙이 제시한 3대 전략, 즉 '일대일로', 장강 경제벨트, 징진지 협력발전전략 이외에도 해양 강국전략을 포함하여 총 4대 전략이 있다. 다만 내가 여기에서 강조하지 않을 뿐이다. 위에서 언급한 4대 지역을 이어, 오늘날 중국의 대전략은 "4+3" 혹은 "4+4"로 일컬어진다. 여기에서 4.0버전이 생겨난 것이다.

이 4.0버전은 상당히 재미있다. 이는 3대 법칙에 따라 우리의 960만 제곱킬로미터의 국토면적, 300만 제곱킬로미터의 해상면적에 중국 경제지리를 재구축한 것으로서, 지역 및 국내 통합을 촉진하는 데 심대한 의의를 갖고 있다. 특히 교통, 통신, 전력, 수리시설 등 인프라의 현대화를 가속화하고, 보다 큰 통일시장을 구축하는 데에도 기여하였다. 이렇게 함으로써 발전의 균등화가 한층 더 이뤄질 것이다. 중국 지역발전 전략 4.0 버전을 간략히 요약하면 바로 이것이다.

당 중앙에서 제기한 대전략을 통해 어떻게 국내적 총괄계획, 나아가 국내 및 국제적 총괄계획을 진행할 것인지 논의해 보고자 한다. 장강 경제벨트는 중국의 경제 중추로서 동부·중부·서부의 통합을 가속화시키고, 장강 경제벨트 남북지역의 통합을 촉진시킬 것이다. 통합이 이뤄져야 대균등화를 이룰 수 있다.

장강 경제벨트의 주요 임무도 제기되었는데 대체로 인프라 위주의 우선 추진 사항들이다. 특히 장강 황금뱃길의 기능을 높이고 종합적이고 입체적이며 현대화된 교통회랑을 만들려는 것이다. 자연발전 법칙과 중국의 현실에서 출발하여 장강벨트를 친환경적 생태회랑으로 건설할 것이라 명확히 밝혔다. 장강벨트는 '일대일로'의 실행에도 중요한 경제지리적 도식을 제공하는데, 이것이 공표된다면 2020년까지 또는 더욱 오랜 기간 동안 영향력을 미치게 될 것이다.

가장 중요한 것은 당 중앙에서 제시한 국내, 국제 전략구상이다. 국내, 국제에 대한 총괄계획은 중국이 국내 경제지리를 꾸준히 구축함과 동시에 주변지역의 경제지리, 나아가 세계 경제지리를 재구축하고 있음을 나타낸다.

'일대일로'는 당 중앙의 결정이다. 시진핑과 리커챵 두 지도자가 20여 개국을 방문하고 거의 모든 대규모 프로젝트들을 시찰하는 등 많은 조사와 연구 끝에 실현된 것이다. '일대일로'를 통해 중국 내부구도와 세계구도 간 동서향으로의 상호작용을 이루고, 연해지역과 유라시아 대륙교를 'T자형'으로 이으며, 이러한 프레임을 주변국가로 확장하여 경제지리적 시각을 형성하려는 대내적·대외적 총괄계획이 마련된 것이다. 이는 중국기업과 투자자들이 960만 제곱킬로미터의 요소에 대한 배치와 투자를 통해 주변국가, 연선국가, 나아가 전 세계에 투자한다는 것을 의미한다. 또한 중국 대외개방의 논리 그 자체를 보여주고 있다.

지난 30년 동안 중국은 주로 특혜정책을 통해 경제지리적 조건이 상대적으로 좋은 지역에 특구나 개발구역을 만들고 세계가 중국에 투자하도록 하였다. 하지만 미래에는 중국이 세계에 투자하게 될 것이다. '일대일로'는 순차적으로 잘 진행되고 있으며, '일대일로' 노선도가 확정된다면 국내의 더 많은 투자자들에게 더 좋은 정보와 가이드를 제공하게 될 것이다.

2014년 시진핑은 18개의 '일대일로' 연선국가들을 방문하였고 2015년에는 2개국을 더 방문하였다. 큰 프로젝트 중에서 강주오(港珠澳) 대교의 경우 투자액은 천억여 위안밖에 안 된다. 하지만 주강 델타지대는 세계적인 항구이자 해운 노선이고, 또 강주오 대교는 단지 다리를 건설하는 것이 아니라 해저터널을 뚫고 통과시키는 것으로서 세계 최고수준의 기술을 필요로 한다. 대부분은 중국이 자체 개발한 기술들이 쓰이고 있다. 본인은 이를 중국의 "신 도강언(都江堰)"이라 부르는데 수명이 한 100년은 될 것이다. 100년 후 재평가를 해본다면 이 거대한 인프라에 대한 투자의 원가가 거의 제로에 가깝다는 사실을 발견하게 될 것이다. 이러한 프로젝트는 또한 3개 지역의 통합을 가속화시킬 것이며, 중국 해상실크로드에서의 가장 큰 교두보가 될 것이다.

물론 주강델타 외에 장강델타도 포함된다. 이는 도로발전계획을 제정한 것뿐 아니라 경제지리를 재구축하는 데에도 도움이 되고 있다. 이러한 인프라 구축 즉 도로건설은 역내 우세를 변화시키며 "부유해지려면 길을 닦으라"는 말을 다시 한 번 입증하는 것이다.

당 중앙은 이미 대내, 대외를 총괄 계획하는 큰 구도를 기본적으로 갖고 있다. "4+3", 즉 4대 지역과 3대 전략사업이다. 해양강국의 경우 강조하자면, 이는 이미 '11차 5개년'과 '12차 5개년' 계획에서 계획된 것이며, '13차 5개년' 계획을 통해 더욱 심층적으로 계획 및 배치되게 될 것이다. 세계 경제지리와 중국 경제지리 재구축의 본질은 경제통합의 실현에 있다. 이로부터 지역통합, 전국통합, 나아가 주변지역 통합을 이끄는 것인데, 해상실크로드 경제벨트 하나만 해도 수십 개의 국가를 서로 연결시킬 것이다.

마지막으로 제일 핵심적인 것은 역시 인프라 현대화의 문제이다. 1956년 제8차 당대회에서 "4개 현대화", 특히 "교통운송 현대화"를 제시하였다. 이후 이는 "과학기술 현대화"로 대체되었다. 중국은 개혁개방 초기에 비록 신경제지리이론, 신성장이론, 신무역이론에 대해 인지하지는 못했지만 지도자부터 일반 시민에 이르기까지 모두 "부유해지려면 길을 닦으라"는 공동인식을 가졌을 뿐 아니라 이를 위해 노력해 왔다.

제18차 당대회 보고에서 "신4대 현대화(四化同步)"가 처음 제시되었다. 예측컨대 '제13차 5개년' 계획에서 인프라 현대화가 다시 제기되어, "신4대 현대화"가 "신5대 현대화(五化同步)"로 발전하게 될 것이며, 2030년에 이르면 인프라 현대화의 기본 실현을 이루게 될 것이다.

과거 중국이 국내문제에만 주로 집중했었다면 이제는 다른 국가를 도울 수 있는 수준에까지 이르렀다. 중국의 인프라 현대화는 세계적 범위에서의 인프라 현대화를 선도하게 될 것이다.

본인은 예전에 호주를 방문한 적 있다. G20 정상회의 기간 동안 호주는 2018년까지 세계 경제성장률을 2% 추가 증대시킬 것이라 밝혔다. 본인은 인프라 투자가 효과적이고 장기적인 투자라 여긴다. 미래의 관점에서 보더라도 그 사용기간이 길고, 특히 모든 시장주체와 투자자의 거래비용을 낮춘다는 점에서 원가가 제로에 가까운 투자라고 생각한다. '일대일로'의 인프라 투자를 통해 아래와 같은 3가지 부분에서 재구축이 실현될 것이라 전망한다.

첫째, 중국 경제지리 재구축이 심화되고, 전국경제가 통합되며, 발전의 균등화를 실현하게 될 것이다.

둘째, '일대일로' 경제지리가 재구축되고, 상호연결, 상호소통(互聯互通)이 이뤄지며 유라시아 대륙의 통합과 공동발전이 이뤄지게 될 것이다.

셋째, 세계 경제지리가 재구축되어 글로벌 인프라의 현대화가 추진되고, 세계경제를 성장시킴으로써 세계화가 실현되며, 남북 국가 발전의 대균등화가 촉진되게 될 것이다.

이렇게 선도적인 역할을 중국이 어떻게 할 수 있게 되었는가? 가장 큰 원인은 중국이 세계에서 차지하는 위상이 많이 변했기 때문이다. 중국은 2013년에 세계에서 가장 큰 무역대국이 되었다. 이는 100년 전 미국이 최대 무역국이 되어 영국을 대체한 것과 마찬가지로 큰 역사적 의미를 갖는다. 물론 100년이 지나면 또 다른 국가가 중국을 대체할 수도 있다. 둘째, PPP 기준으로 중국은 2014년에 이미 세계에서 가장 큰 규모의 경제대국이 되었고 2020년에도 그 지위를 유지할 것이다. 30년의 시간 동안 중국은 세계 제29번째 경제규모의 국가에서 세계 1위로 성장하였다. 제품 수출뿐 아니라 자본, 기술, 나아가 장비제조도 수출하게 되었다. 중국은 또한 세계에서 가장 큰 공사지대(工地)가 되었다. 중국의 기업, 특히 국유기업과 중앙기업이 해외로 진출하고 있다. 중국교통건설그룹(中交建)의 경우 해외진출 40여 년을 거친 오늘날 250개 글로벌 도급기업 중 제9위에 이르렀다. 중국건설(中建)은 20위, 중국전력건설(中電建)은 23위, 중국기계공업그룹(中國機械工業集團)은 25위, 중국철도건설(中鐵建)은 28위를 차지하고 있다. 이들은 글로벌 입찰과정에서도 흔히들 생각하는 정부에 대한 의존이 아닌 오로지 실력만으로 경쟁하고 있다.

'일대일로' 와 지역질서

페이성 (費晟)

중국정부는 '일대일로'가 경제협력을 기반으로 한다는 사실을 강조하고 있다. 그럼에도 불구하고 '일대일로'가 광범위한 지역과 연계되어 있는 까닭에 '일대일로'가 역내 질서는 물론 역내 거버넌스에 미치는 객관적인 영향에 대한 논쟁은 지속되고 있다. 최근 1년간, 중국정부는 '일대일로' 구상에 대한 구체적인 해석과 시행 결과를 지속적으로 제시하였으나 학계에서는 일부 기본적인 표현에 대한 이견 등 공통된 인식을 여전히 확립하지 못하고 있다. 특히 해외 언론에서는 '일대일로'가 오랫 동안 준비한 계획, 전면적이고 상세한 조치, 착실하게 추진해 온 전략이 아니라는 점을 재차 경고하고 있다. 물론 끊임없이 조정된 표현들이 외부세계에서 중국의 의도를 파악하기 어렵게 만든 탓도 있지만, 다른 한편으로는 이 거대한 구상에서 나타나는 구체적인 표현에 대해 중국은 더욱 인내심을 가지고 시의적절하게 해석할 필요가 있다. '일대일로'에 내재된 함의와 달리 "실크로드 경제벨트 및 21세기 해상실크로드 건설 비전과 행동계획"에 제시된 내용을 넘어선 의미를 지적하는 목소리가 점차 높아지고 있다. 실제로 경제적인 측면에서 '일대일로'를 어떠한 방식과 태도로 추진하는지에 따라 '일대일로'가 새로운 국제적인 문제를 초래할 수 있다. 이는 인접국의 진정한 이해와 협력은 물론 지지에도 악영향을 미친다. '일대일로'는 정책 소통을 협력의 첫 번째 조건으로 규정하였고, 이에 정책결정자들이 '일대일로'가 가지고 있는 복합적인 구상을 실현하기 위해 상당한 준비를 하였음에도 불구하고 여전히 부족한 실정이다. 예를 들어, 중국이 습관적으로 지녀온 실용적 태도로 볼 때, 지역경제협력과 안보동맹 문제는 분리할 수 있다. 그러나 외부세계의 시각에서 볼 때 남중국해 분쟁에서 아직 적합한 해결책을 찾지 못한 상황에서 '일대일로'가 경제적으로 상호 호혜적이라는 주장을 신뢰하기란 어렵다. 우리는 외부세계에서 바라보는 오해와 편견을 직시할 필요가 있다. '일대일로'는 중국 내부의 발전과 거버넌스 문제, 외교 및 국제 거버넌스 문제가 종합적으로 고려된 보기 드문 구상으로서, 학계에서 수년 동안 기대한 중국 대외관계의 정층설계(頂層設計, top-level design)이므로 이에 대한 복잡하고 전면적인 고찰이 반드시 필요하다.

우선 지정학적 관점에서 일대일로는 '양날의 검'과 같은 효과를 가지고 있다. 근본적으로 '일대일로'는 중국이 '대(大)주변'[1] 특히 인접한 개발도상국과의 관계를 더욱 중시한다고 명시하고 있다. 오늘날 국제적으로 나타나는 "지정학의 회귀(return of geopolitics)" 추세에서 중국은 이 지정학의 회귀의 일부이자 주요 요인이다. 이는 지정학의 회귀의 주요 원인 중 하나가 바로 중국의 부상이기 때문이다. 따라서 '일대일로' 역시 국제적으로 중국의 지정학에 초점이 맞춰지고 있다. 예를 들어, ASEAN

---

[1] 중국은 직접적으로 국경을 맞대고 있는 지역을 '소(小)주변'으로 규정하고 있으며, 이 소주변에만 국한되지 않고 동북아, 동남아, 남아시아, 중앙아시아는 물론, 남태평양과 서아시아를 포함하는 지역을 '대(大)주변'으로 인식하고 있다.

은 EU와 달리 국제적으로 단일한 행동을 하지 못했다. 중국의 '일대일로'와 관계없이 ASEAN 경제공동체(ASEAN Economic Community, 이하 AEC)는 형식적으로 성립되었으나 실제로는 EU와 같은 단일한 행동을 하지 못했다. 환태평양경제동반자협정(Trans-Pacific Partnership, 이하 TPP)은 오히려 AEC를 해체하는 역할을 했다. 따라서 '일대일로'와 TPP에 대해 ASEAN은 복잡한 감정을 가질 수밖에 없게 되었다. 주의해야 할 점은 21세기의 지정학이 과거와는 다르다는 것이다. 지정학의 범위는 해양, 극지, 네트워크와 대기권 밖까지 광범위하다. 중국이 해양강국을 지속적으로 추진할 경우, 해양은 지정학적 국면의 영향을 받는 가장 중요한 요인이 될 것이다. 영국, 미국, 일본, 호주 등이 이미 전 세계 해양질서를 통제하고 있고, 싱가포르와 같은 중소국가도 전 세계 해양질서에서 일정 부분 유리한 위치를 차지하고 있다. 그러나 중국이 해양강국이 된다면 미국, 일본 등 기존의 해양질서가 파괴될 것을 우려하는 해양강국과 중국 간의 충돌은 더욱 거세질 것이고, 이로 인해 중국은 해양강국의 길을 재차 고려해야 할 수도 있다. 예를 들어, "21세기 해상실크로드"는 남태평양 도서국가 등을 포함해 지난 10여 년 동안 중국 경제에 빠르게 자연적으로 확대된 목적지임이 분명하지만 전통적으로 지배권을 행사한 호주, 미국과의 충돌을 피하기 쉽지 않다.

그러나 중국은 '지정학의 회귀'에서 피동적이지 않으며, 일정하게는 주도적인 모습을 보이고 있다. 이는 '일대일로'의 주요 교통노선이 유라시아 대륙의 핵심적인 지역을 관통하고 있다는 사실로부터 분명히 알 수 있다. 일본의 정치가이자 학자인 가와카즈 헤이타(川勝平太)는 『문명의 해양사관』에서 해양문명의 지위를 강조하는 동시에, 지정학적 '우익궐기(右翼蹶起)'의 과정을 묘사하였다. 그를 위시하여 많은 이들이 전 세계 근현대사의 주도적인 역량은 영국, 일본 및 미국 등 유라시아대륙 이외의 세력이라고 인식하고 있다. 유라시아 대륙의 유구한 문명과 신흥 식민제국은 사실 모두 끊임없는 몰락과 피동적인 모습을 이어 왔다. 그러나 '일대일로'는 유라시아 대륙 핵심지대의 문명을 부흥시키고자 하는 포부를 드러내고 있다. 이는 해양패권에 의존한 지정학적 관점을 뛰어넘은 것이자 전환한 것이라고도 할 수 있다. 따라서 일부 남아시아, 서아시아 및 지중해 국가들이 중국으로부터 현실적인 도움과 영향을 받을 수 있기 때문에 이들 국가의 지정학적 역할은 증대될 수밖에 없다.

뿐만 아니라 중국은 아시아, 아프리카 및 남미국가들을 중시함으로써 자신의 국제적 지위에 대한 새로운 기대를 드러내고 있다. 개혁개방 이후 30여 년 동안 중국과 연결된 주요 대상은 유럽, 미국, 일본 등이었지만 오늘날엔 오히려 제3세계 국가에게 희망을 걸고 있다. 그리고 이는 중국이 간절히 원하는 '신형대국관계' 구축과 병행되고 있다. 이는 지난 10여 년 동안 중국의 경제가 관련 국가들에서 지속적으로 확대되었다는 사실에 기반한 것이며, 중국이 자신의 국제적인 지위를 공고히 인정받고 있음을 의미한다. 중국은 항상 자신이 최대의 개발도상국이자 제3세계 국가임을 강조해 왔다. '운명공동체'라는 표현 역시 아시아, 아프리카 및 남미국가들과 같이 중국이 서방국가들로부터 무시당하고 압박받았을 뿐만 아니라 모두 발전 문제에 직면해 있다는 사실에서 비롯한 것으로서, 이는 합리적이라고 할 수 있다. 1980년대 이전까지 중국은 자신의 발전모델이 대표성을 갖추고 있다고 믿어 왔으며 다른 한편으로는 혁명적 이데올로기의 순수성을 강조해 왔다. 따라서 경제적인 지원을 아끼지 않으며 제3세계 국가들의 목소리를 대변해 왔다. 이후 중국은 사실상 이러한 주장을 제기하지 않았지만 미국이 '아시아 회귀' 전략을 천명한 이후, 중국은 자신의 지정학적 연고가 제3세계에 있음을 재차 강조하기 시작했다. 또한 중국이 시장화 원칙의 준수를 강조하며 자신의 우수한 생산력을 바탕으로 제3세계에 수출을 시작함에 따라 제3세계는 중국의 경제발전으로 창출되는 이익과 경험을 향유할 수 있게 되었다. 이러한 지정학적 정체성과 중심으로의 확대는 경제이익의 공유라는 표현을 통해 실현되었고, 중국이 경제적 이익을 정치적 이익으로 전환하려 한다는 우려에서 탈피할 수 있게 하였다. '일대일로' 역시 서로 협력하고 보완하면 각자의 장점을 더욱 잘 나타낼 수 있는 효과를 가지고 있다. 이는 자신의 경제발전 성과에 대한 중국의 자신감의 표현인 동시에 자신이 세계 경제발전의 원동력이 되기를 기대한 것이기도 하다. 그러므로 오늘날 제3세계 국가의 입장에서 본다면 중국의 지정학적 이익이 더욱 확대된다고 할지라도 '일대일로'가 포함하고 있는 진정한 이타성을 경시할 수는 없다.

다음으로 중국은 '일대일로' 협력 메커니즘에서 개방 플랫폼과 다자 참여라는 명확한 입장을 밝혔다. 이는 중국이 역내 질서와 거버넌스에 영향을 미칠 수 있는 최선의 선택이다. 사실 '일대일로'가 처음 제시한 계획을 보면, 이러한 다양성이 시작할 때부터 분명하게 드러나고 있지는 않았다. 중국정부가 사용한 '일대일로'에 연관된 국가라는 단어는 단편적인 표현에 불과하다. 2015년 3월 중국국가발전개혁위원회와 외교부 등이 공포한 '일대일로' 문건에는 이러한 국가들이 60여 개에 이르며 아시아와 아프리카를 중심으로 유럽과 남태평양까지 광범위하게 분산되는 것으로 나타나 있다. 그러나 몇 개국이 포함되었는지와 상관없이 이러한 표현은 제한적이다. 중국정부에서 공포한 문건에 포함되어 있다는 것은 통상적으로 중국이 대상 국가를 각별히 중시하고 있음을 반영한다. 따라서 문건에 국가의 명칭이 포함되지 않음으로써 의혹이 발생할 수 있다. 한국도 마찬가지이다. 만약 "일대일로와 연관된 국가"와 "실크로드 국가"라는 두 가지 전문적인 용어를 비교해 보면 '일대일로'의 단편성, 즉 중국에서 출발하여 중국이 중심이 되는 '일대일로'라는 국제적인 시스템을 구축하겠다는 생각을 알 수 있고, 이로부터 심각하게 소홀히 다루고 있는 문제를 발견할 수 있다. '일대일로'가 개방된 플랫폼의 구축을 지향하는 바, 이러한 생각은 수정되어야 한다. '일대일로' 문건이 공포된 지 수개월 동안 중국은 노선에 포함되지 않은 국가 역시 동등하게 중시된다는 점을 지속적으로 강조해 왔다. 참여를 원하면 기회가 균등하다는 입장을 표명해 왔으나 아직까지 관련된 국가들의 우려를 해소시키지 못하고 있다.

'일대일로'는 이미 중국에서 제창한 국제적인 프로젝트로 인식되고 있다. 중국은 '일대일로'에 대한 중국의 단편적인 특성을 완화하고 '일대일로'의 다자적인 이미지, 즉 '일대일로'가 진정으로 중국이 제창한 새로운 글로벌 제도(글로벌 프로젝트, 글로벌 기구)라는 이미지를 창출할 방법을 모색해야 한다. 아시아인프라투자은행(이하 AIIB)도 '일대일로'의 다자화에 중요한 모델이 될 수 있다. 그러나 '일대일로'의 다자화가 AIIB의 다자화로만 국한되어서는 안 된다. AIIB는 중국이 지난 30여 년 동안 거대한 발전성과를 이룩한 이후, 전 세계에 발전을 위한 지원을 제공하고 글로벌 공공재를 공헌하기 위해 창설한 금융정치적인 설계이다. 설령 미국과 일본 등 소수의 국가들이 자국의 사리사욕을 위해 AIIB에 가입하지 않을지라도, AIIB의 창설 및 준비 과정에서 이미 국제적인 합법성을 취득하였다. 이는 중국 외교의 뜻하지 않은 성과로서, 중국이 다자주의 이론을 채택하고 시행함으로써 얻을 수 있었던 결과이다. 만약 중국이 다자주의적인 모습을 보이지 않았다면 AIIB가 정치적으로나 외교적으로 성공하지 못했을 것이다. 외부에서는 AIIB를 중국이 글로벌 금융질서를 장악하기 위한 수단으로 묘사하고 있다. AIIB가 직면한 도전은 여전히 많다. 특히 금융과 발전에서 성공했다고 말하기는 쉽지 않다. 중국 등 아시아 국가들이 선도하고 EU 등 서방 국가들 역시 참여한다면 세계은행(이하 WB)에 비견될 새로운 세계적인 은행으로 거듭날 것이고, 그때에야 비로소 AIIB

가 성공했다고 말할 수 있을 것이다. AIIB는 전 세계적으로 다자주의가 어려운 환경 속에서도 적극적인 발전을 도모한 결과로서, 글로벌 거버넌스의 미래에 커다란 의미를 부여하고 있다. 이는 '일대일로'에 시사하는 바가 크다. 한마디로 '일대일로'가 AIIB의 설계와 시행에 의거하여 다자화를 추진한다면 더욱 쉽게 실현될 수 있다. 학계 역시 다원화와 개방의 중요성을 반영하여 '일대일로' 참여국의 범위를 "65+α"로 표현해야 한다는 것에 동의하고 있다.

 지방의 정책결정자들이 하는 표현을 통해 관련된 사고가 지속적으로 수정되고 있다는 사실을 알 수 있다. 개방과 다원화를 강조한 만큼 '일대일로'가 내포한 상징적인 의미를 이해해야지, 단순히 중국이 규정한 활동범위만을 상상해서는 안 된다. 중국이 새롭게 시행 중인 광둥성 주하이 헝친(珠海橫琴) FTA시범지구가 바로 그것이다. 헝친 FTA시범지구는 2015년 중반기, '일대일로'와 연계된 특별한 계획을 강조하였다. 헝친 FTA시범지구는 주하이항의 가오란(高欄)항구를 국가급 종합보세지역으로 신청하여 '일대일로'를 연결하는 주요 거점으로 삼았다. 동시에 주하이시와 가오란항구는 파키스탄 과다르시 및 과다르항구와 각각 우호도시와 우호항구 자매결연을 체결하였다. 가오란항과 과다르항 간 초기 협력은 해상물류노선 개통을 포함한 비즈니스 물류를 중심으로 시작하여 중점산업의 발전을 도모하기로 하였다. 그러나 가장 큰 특징은 동 협력을 통해 포르투갈어를 사용하는 국가에 대한 무역과 교통을 발전시킨다고 강조한 점이다. 예를 들어 브라질, 포르투갈, 앙골라 등과 각각 자유무역 플랫폼을 구축함으로써 남미, 유럽, 아프리카의 자유무역노선을 연결한다는 것이다. 이러한 협력내용이 '일대일로' 관련 문건에 포함되어 있지는 않지만 사실상 일대일로의 대상을 확장한 것으로 볼 수 있다. '일대일로'가 중국이 시도하는 새로운 다자참여적인 글로벌 거버넌스 메커니즘의 신호(encoding, 符號化)로 자리 잡을 때에 '일대일로'는 더욱 원활하게 추진될 수 있을 것이다.

　마지막으로 '일대일로'와 중국 FTA 체결과의 관계에 대해 더욱 논의할 필요가 있다. 중국정부는 '일대일로' 구상을 핵심(章)으로, FTA 전략을 부차적인 것(節)으로 강조한다. 즉 핵심을 정확히 파악하고 있으면 다음은 자연히 명백해진다는 것이다.[2] 오늘날 '일대일로'를 실현하기 위해 가능한 방법은 국내외 핵심지역과 중요한 거점을 전략적 요충지로 활용하는 것으로서, FTA가 이러한 중요한 거점이 될 수 있다. 「2015년 중국정부업무보고」에서는 '일대일로'와 지역의 개발 및 개방을 결합하는 한편, '일대일로'와 FTA 추진을 전방위적인 대외개방을 위한 새로운 국면을 조성하는 중요한 내용이라고 명시하였다. '일대일로' 구상의 핵심은 동쪽과 서쪽 간의 상호공조, 육지와 해상 간의 총괄적인 계획이다. FTA 전략이 '일대일로'와 연계되어야만 원활한 네트워크가 형성될 수 있다. 중국의 입장에서 보자면 파키스탄, ASEAN 등 FTA를 체결한 국가들은 물론, 스리랑카, 조지아 등 FTA를 체결하려는 국가들이 모두 '일대일로'와 매우 밀접한 관계에 놓여 있다.

　중국은 호주, 한국 등 상대적으로 발전한 국가들과도 이미 FTA를 체결하였고, 이를 구체화하기 위한 노력을 지속하고 있다. 이러한 높은 수준의 시장 경제주체와의 협력은 중국이 더욱 개방적인 경제체제를 구축하는 데 유리할 뿐만 아니라, 중국이 더욱 광활한 제3의 시장과 연결되기에도 유리하다. 또한 FTA로 창출되는 부가적인 이익과 '일대일로'로부터 발생되는 효과의 중첩 역시 관련국은 물론 주변지역의 경제발전에 새로

---

[2] 강거목장(綱擧目張): 어떤 일의 핵심을 정확하게 알고 이해한다는 의미. 下(하)는 上(상)을, 小(소)는 大(대)를 따르게 마련이라는 뜻으로, 대강을 들면 세목은 자명해진다, 즉 요점을 정확히 알고 이해한다는 의미.

운 동력이 될 것이다. 다만 '일대일로'의 전략적 구상이 없는 상황에서 중국과 상술한 국가들 간 경제적 의존도는 이미 매우 높을 뿐만 아니라, 시장의 자유가 연계되면 양측은 더욱 대칭적인 구도를 형성할 것이기 때문에 경제적 상호보완성은 더욱 고착화될 것이다. 따라서 한국이나 호주와 같은 국가의 경우, '일대일로'가 양자 간 무역에 미치는 영향이 실제로 그리 크지 않다. FTA 체결을 위한 노력을 통해 중국이 경제협력 관계와 지역 군사동맹 관계를 별개로 바라보고 있다는 사실도 알 수 있다. 한국 등 미국의 아태지역 동맹국은 이러한 관점에서 '일대일로'를 바라볼 필요가 있다.

한국이 추진 중인 "유라시아 이니셔티브"는 '일대일로'와 중첩되는 부분이 매우 많다. 개방형 플랫폼 구축과 다자적 참여의 확대라는 시각에서 보면 한국의 '일대일로' 참여는 커다란 의의를 가지고 있다. 중국은 자신을 핵심으로 하는 협소한 시스템을 구축할 필요는 없다. 서부로의 통로 확대 혹은 경제회랑 구축 과정에서 중국 자체가 일본, 한국과 중앙아시아, 서아시아를 연결하는 경제회랑이 될 수도 있다. 중국의 자금과 기술을 활용하여 재건 혹은 신설한 국제적인 통로 및 통신설비는 필요한 국가 모두가 이용할 수 있다. 따라서 한국은 지역발전적인 측면에서 충분한 공간을 확보하고 있다. 한중 FTA 체결이 양자 간 경제협력은 물론 상호의존을 가속화하는 가장 효율적인 메커니즘이라는 사실을 고려했을 때, '일대일로'가 한국에 결정적인 영향을 미칠 것이라고 보기는 어렵지만, '일대일로'를 "유라시아 이니셔티브"와 연계하여 활용한다면 각자의 이익 획득을 촉진시킬 수 있을 것이다.

'일대일로' 와 중국외교

이동률 (李東律)

1 문제제기

시진핑 주석이 2013년 9월과 10월에 각각 카자흐스탄과 인도네시아를 방문하여 '신실크로드 경제지대'와 '21세기 해상실크로드' 구상을 제의하였고 그로부터 1년여 만에 '일대일로' 구상은 중국의 새로운 핵심 국내발전전략이자 대외전략으로 인식되면서 중국은 물론이고 국제사회의 중요한 화두로 자리매김하고 있다. 이제 '일대일로' 구상은 중국 국내 발전전략인지, 대외전략인지 아니면 양자 모두를 포괄하는 국가 대전략인지를 둘러싼 등장 초기의 논의가 무색해질 정도로 모든 영역과 이슈를 담아내는 용광로와 같은 강한 흡입력을 지닌 존재가 되었다. 실제로 '일대일로'는 계획대로 실현되기만 한다면 현재 중국이 직면한 국내외의 복잡한 도전과 과제의 상당 부분을 통합적으로 돌파할 수 있는 효율성 높은 구상으로 인지되면서 중국 안팎에서 키워드로 부각되고 있다.

중국정부는 2015년 3월 국가발전개혁위, 외교부, 상무부가 공동으로

"실크로드 경제벨트 및 21세기 해상실크로드 건설 비전과 행동계획"을 발표하면서 '일대일로' 구상의 보다 구체적인 청사진을 제시했다.[1] 그럼에도 '일대일로'는 아직은 여러 측면에서 구상 단계에 있고 중국정부도 이 점을 숨기지 않고 있음에도 불구하고 중국 내외에서 이미 각기 상이한 셈법으로 수혜가능성을 상정하면서 논의의 과잉현상이 나타나고 있다. 이로 인해 '일대일로' 탄생의 배경과 의도, 그리고 과제와 제약요인에 대한 근본적 논의는 묻히고 오히려 그 실체가 부단히 확대 재생산될 수 있다는 우려를 갖게 한다. 따라서 이 글에서는 시진핑 정부가 '일대일로' 구상을 제기한 배경과 의도에 대해 다시 짚어보면서 '일대일로'가 안고 있는 도전과 과제에 대해 보다 냉정하게 검토해 볼 필요성을 제기한다.

2 '일대일로(一帶一路)' 구상 탄생의 배경

1) 신성장동력 모색을 위한 '3차 대외개방'

우선 '일대일로'는 시진핑(習近平) 체제의 국가 브랜드라 할 수 있는 '중국몽(中國夢)'이라는 추상적 비전을 실현할 수 있는 구체적인 로드맵 차원에서 제기된 것으로 보인다. 시진핑 체제는 집권과 동시에 "중화민족의 위대한 부흥"을 주창하면서 집권의 정당성을 확보하고자 했다. 그런데 시진핑 체제는 정작 성장률 저하 속에 개혁개방이 초래한 다양한 '성공의 위기'들을 극복하면서 새로운 성장 동력을 발굴해 공산당의 집

---

[1] 國家發展改革委, 外交部, 商務部, "推動共建絲綢之路經濟帶和21世紀海上絲綢之路的願景與行動"(2015/03/28), http://www.mfa.gov.cn/mfa_chn/zyxw_602251/t1249574.shtml (검색일: 2015년 4월 20일).

권 정당성과 안정성을 확보해야 하는 어려운 현실에 직면해 있다. 즉 '일대일로'는 소위 뉴노멀(新常態, New Normal)로 대변되는 중속 성장시대라는 새로운 도전에 직면하여 개혁개방과정에서 초래된 지역격차 문제를 완화하고, 에너지 공급선을 다변화하면서, 금융·해외투자와 건설 분야를 중심으로 신성장동력을 확보하고자 하는 다목적 발전전략으로 제기된 것이다.

'일대일로' 구상의 등장과정과 내용을 들여다보면 새로운 획기적 기획이라기보다는 개혁개방 이후 진행된 중국 지역발전전략과 대외개방전략 진화의 연장선상에 있음을 발견하게 된다. 1979년 선부론(先富論)에 입각하여 성장 기반과 조건을 구비한 동부 연해지역을 우선 집중 발전시키기 위한 대외개방 발전전략이 경제특구로 시작되어 점, 선, 면으로 확대해 갔다. 그리고 1990년대에는 지역차등 발전전략으로 인해 야기된 지역 간 발전 격차의 부작용을 완화하기 위해 이른바 사연(4沿: 沿海, 沿江, 沿路, 沿邊)의 전방위 개방전략을 전개하면서 지역 균형발전을 모색하기 시작했다. 이후 낙후된 지역을 중점 발전시키기 위한 서부대개발, 중부굴기, 동북진흥으로 지역발전전략이 진화해 왔다.

그런데 2천년대 이후 점차 동부 연해지역에서의 제조업 중심의 대외개방전략이 한계에 봉착하고, 지역불균형이 해소되지 않는 상황에서 새로운 성장 동력의 발굴과 중서부지역의 낙후 문제 해소라는 두 마리의 토끼를 잡기 위한 시도가 필요했고, 그러한 흐름에서 중국의 중서부 지역의 인프라 건설을 바탕으로 유라시아 대륙과 인도양으로의 협력의 공간을 확대하고자 하는 '일대일로'가 등장한 것이다.

그리고 중국은 이미 인접 국가들과 인프라를 연결하는 다양한 형태의 '경제회랑'을 조성해 왔다. 중국-파키스탄, 중국-방글라데시-미얀마, 중국-베트남 등이 대표적인 사례이다. 요컨대 '일대일로'는 새로운 획기적인 거대 구상처럼 등장했지만 사실은 중국의 지역발전전략, 대외개방 전략, 그리고 인접 국가들과의 경제회랑 구축 등 기존에 진행되어 왔던 다양한 프로젝트를 발전시키고 종합하여 '실크로드'라는 역사적 브랜드를 입혀 상징성을 극대화시킨 것이다. 실제로 중국 내에서는 '일대일로'를 1979년의 경제특구, 2001년의 WTO 가입에 이은 '제3차 대외개방'이라고 일컫고 있다.[2] 특히 '일대일로'를 통한 대외개방은 중국의 동부 연해지역 중심이 아닌 서북, 서남, 그리고 동북의 내륙지역과 국경지역을 통한 개방이며, 협력의 대상 또한 기존의 수출을 위한 미국·유럽 등 선진국 시장 중심에서 주변 개도국들을 대상으로 인프라 투자 진출을 모색하는 개방이라는 점에서 기존의 대외개방과는 뚜렷한 차이가 있다.

2) 새로운 지역경제협력 구상을 위한 주변외교의 진화

'일대일로'가 새로운 내수 성장 동력 확보, 에너지 수입원의 다변화와 지역균형발전을 위한 국내용 구상에서 출발했음에도 불구하고 중국정부가 '일대일로'를 통해 국제사회에 공공재를 제공하겠다고 주장하고 있는 것은 기존의 대외개방전략과 달리 연선(沿線)국가들과의 협력이 '일대일로'의 성패를 좌우할 만큼 중요하기 때문이다. '일대일로'의 탄생 배경은 국내수요에 있지만 성패의 관건은 외교전략에 달려 있다고 해도 과언이 아닐 만큼 외교전략적 측면이 중요시될 수밖에 없다. 이러한 맥락에서 왕이(王毅) 외교부장은 2015년 중국 외교의 키워드로 "하나의 중점, 두 개의 기본선(一個重點, 兩條主線)", 즉 '일대일로'의 전면적 추진을 통해 평화와 발전을 달성하는 것임을 역설한 바 있다. '일대일로'는 시진핑 체제

---

[2] "專家解讀 '一帶一路': 中國的 '第三次對外開放'," 『環球時報』 (2015/06/11), http://world. huanqiu.com/hot/2015-06/6661241.html. (검색일: 2015년 7월 15일).

가 중점을 두고 있는 대국외교, 주변국외교, 다자외교, 그리고 경제외교와 긴밀하게 연동되어 있다.

즉 중국은 '일대일로'가 국내 수요에서 출발했지만 관련국들의 협력이 중요한 만큼 관련국의 능동적 참여를 견인하기 위한 중요한 외교적 과제에 직면하고 있는 것이다. 이런 까닭에 중국은 '일대일로'가 중국의 '독주(獨奏)'가 아닌 관련국과의 '합창'이 되어야 하며 '상호존중, 평등대우, 협력공영, 공동발전'의 원칙을 강조하면서 관련국들에게 실질적 이익이 될 수 있다고 역설하고 있다.³ 예컨대 양제츠(楊潔篪) 국무위원이 "21세기 해상실크로드는 특정국가의 정치적 도구가 아니라 모든 국가가 공유하는 공공재, 운명공동체라는 인식하에 평등한 협의를 진행할" 것이라고 강조하고 있는 까닭이다.⁴

중국은 대외적으로도 2010년 이후 해양에서의 연이은 분쟁과 미일 동맹과의 갈등 등으로 '공세적 중국'의 등장에 대한 우려가 국제사회에 확산되는 상황에 직면해 있었다. 따라서 중국의 입장에서 운명공동체론을 전면에 내세운 '일대일로'는 중국 부상의 기회의 측면을 국제사회에 부각시킴으로써 중국의 안정적 부상을 위한 새로운 국제환경 조성에도 기여할 수 있는 외교전략 구상으로서도 중요한 의미를 지니게 되었다.

'일대일로'가 비록 출발은 국내발전전략으로 구상되었지만 결과적으로 국내외를 아우르는 복합적 구상으로 진화한 데는 시진핑 체제 들어서 정치, 경제, 외교, 안보 이슈들을 통합적으로 설계하고 전략을 구상하고자 하는 소위 '정층설계(頂層設計, top-level design)' 방식을 강조해 온 영

---

3 習近平, "邁向命運共同體開創亞洲新未來―在博鰲亞洲論壇2015年年會上的主旨演講(2015年 3月 28日, 海南博鰲). http://www.fmprc.gov.cn/mfa_chn/zyxw_602251/t1249640.shtml (검색일: 2015년 5월 20일)
4 楊潔篪, "共建21世紀海上絲綢之路分論壇暨中國東盟海洋合作年啓動儀式" (2015/03/29), http://www.fmprc.gov.cn/mfa_chn/zyxw_602251/t1249710.shtml (검색일: 2015년 6월 20일).

향이라 할 수 있다. 실제로 중국 국가발전개혁위원회, 외교부, 상무부가 '일대일로' 계획의 액션플랜을 공동 발표하고, '일대일로' 구상을 총괄하는 '일대일로 건설공작영도소조'(一帶一路建設工作領導小組)를 새롭게 설립하고 당서열 7위인 장가오리(張高麗) 부총리 겸 당정치국 상무위원이 조장을 부조장으로 당중앙 정책연구실 왕후닝(王滬寧) 주임, 왕양(汪洋) 부총리, 양징(楊晶) 국무위원, 양제츠 외교담당 국무위원을 배치한 것도 이러한 '일대일로' 구상의 통합적 특징을 설명해 주고 있다.[5]

3 '일대일로' 구상의 외교전략적 도전과 과제

1) 연선 신흥국가들의 중국에 대한 경계

중국이 새로운 국제질서를 설계하는 차원에서 '일대일로' 구상을 제시한 것이라고 보기는 어렵지만 만일 '일대일로'가 계획대로 순조롭게 추진되어 성과를 이루어낸다면 기존 국제질서에 큰 파장을 초래할 가능성은 높다. 다만 중국이 아직은 '일대일로'가 '구상' 단계이며 이의 성패는 관련 국가들의 적극적인 참여 여부에 달려 있음을 강조하고 있듯이 구상이 실질적 성과를 도출하기까지에는 넘어야 할 도전과 과제가 적지 않다.

실제로 '일대일로' 구상은 중국이 얼마나 많은 국가들을 적극적으로 협력에 동참하도록 견인해 낼 수 있는가가 성패의 열쇠가 될 수 있다. '일대일로'는 각기 다른 두 개의 구상을 조합한 것이며 실제 추진과정에서 두 개의 구상이 직면하게 될 과제는 상이할 것이다.

---

[5] "'一帶一路' 建設工作領導小組成員亮相,"『新華網』, http://news.xinhuanet.com/fortune/2015-02/02/c_127446817.htm. (검색일: 2015년 6월 15일).

특히 '일대일로' 계획의 우선 과제는 각 국가의 인프라를 연결시키는 것이다. 이를 위해서는 기금이 필요하고 관련 국가들의 적극적인 참여 의지를 이끌어내야 한다. 이런 이유로 인해 중국은 '일대일로' 구상을 제기하면서 '운명공동체론'을 역설하며 참여를 견인하기 위한 외교적 노력을 집중하고 있다. 따라서 '일대일로' 구상이 정치외교적 측면에서 성패를 좌우하는 핵심은 운명공동체라는 추상적 담론의 실천적 경로로 자리매김할 수 있다는 신뢰를 관련 국가들이 갖도록 하여 적극적이고 긍정적인 참여와 호응을 유도하는 것이다.

앞서 언급했듯이 '일대일로' 구상의 출범 배경이 결국은 중국의 꿈을 실현하기 위한 국가발전의 새로운 모색이라는 측면에서 이러한 불신과 우려를 해소하기는 근본적으로 쉽지 않다. 그런 맥락에서 AIIB의 성공적 출발은 뜻밖이며 오히려 '일대일로'의 성패는 인식의 문제인 동시에 이익의 문제임을 시사하고 있다. 결국 연선국가들이 중국의 의도에 대한 신뢰가 확고하지는 않지만 그럼에도 중국의 제안에 대한 기대가 적지 않기 때문에 참여를 결정한 것이다.

요컨대 중국은 '일대일로' 구상이 구상의 수준을 넘어서 실질적 이익이 될 수 있음을 연선국가들에게 보여주어야 하는 과제를 안고 있는 것이다. 중앙아시아 국가들 중에도 중국과 국경을 맞대고 있지 않으면서 중국에 대한 경계심이 약한 우즈베키스탄은 상대적으로 '일대일로'의 경제적 효과에 대한 기대가 큰 반면에 정작 중국이 중요한 '일대일로' 협력대상으로 상정하고 접근하고 있는 카자흐스탄은 여전히 중국의 영향력 확장에 대한 우려를 지니고 있다. 아세안 국가들 사이에서도 중국과 남중국해 분쟁을 하고 있는 필리핀, 베트남 등 국가들은 해상실크로드 구상에 대해 기대보다는 경계심이 고조되고 있다.

2) 강대국 간 유라시아 주도권 경쟁

중국이 '일대일로'를 전개하는 데 있어 직면하고 있는 가장 중요한 외교적 과제는 '일대일로' 구상이 기존 질서에 대한 도전이라는 인식을 불식시켜야 한다. 그래야만 미국 등 기존 강대국들의 견제와 저항을 회피할 수 있다. 중국의 성장에 편승하지 않으면 안 되는 연선의 신흥개도국들과는 달리 미국, 일본, 러시아, 인도 등 주요 강대국들은 여전히 중국의 부상을 도전과 질서의 재편이라는 세력관계의 측면에서 경계하고 있다.

특히 중국이 '일대일로' 구상의 개방성을 강조하고 있음에도 불구하고 미국은 배제되고 있으며 나아가 미국중심의 기존 국제질서에 도전하려 한다는 우려와 경계도 고조되고 있다. 앞서 언급한 대로 AIIB의 예상 밖의 성공이 미국의 안일한 대응의 결과라고 한다면 이후 미국의 반격과 견제는 보다 체계적이고 강력하게 전개될 수 있음을 시사하는 것이다. 이럴 경우 중국의 '일대일로' 순항은 적지 않은 도전에 직면하게 될 수 있다. 중국이 연선국가들을 대상으로 제시하고 있는 '운명공동체'라는 이익 공여 레토릭이 미국 등 강대국에게는 상대적으로 호소력이 강하지 않으며 이들의 경계와 견제를 해소하는 데도 한계가 있을 것이다.

그리고 실제로 '실크로드 경제지대'의 경우 이미 미국, 러시아, 유럽 등에서 앞서 제기한 다양한 유라시아 및 실크로드 구상과 어떻게 조화하며, 협력할 수 있는가 하는 것도 과제이다. 특히 '실크로드 경제지대'의 경우 러시아와의 협력은 매우 중요한 변수이다. 2015년 5월 모스크바 정상회담에서는 중국의 '실크로드 경제지대'와 러시아의 '유라시아 경제연합(Eurasian Economic Union)' 건설의 연계 협력을 추진하기 위한 공동성명을 발표하며 협력 의지를 과시했다.[6]

---
6 「中華人民共和國與俄羅斯聯邦關於絲綢之路經濟帶建設和歐亞經濟聯盟建設對接合作的聯合聲

그런데 중국이 일대 전략을 추진하는 데 있어 러시아는 협력 대상인 동시에 경쟁국이기도 하다. 러시아가 2011년 중앙아시아와 관세동맹을 체결하고 2015년 1월 '유라시아 경제연합'을 출범하게 된 것은 2012년 이후 미국의 아프가니스탄 철군이 가시화되고 중국과 중앙아시아 국가들 사이의 경제관계가 강화되는 추세에 대응하면서 중앙아시아 지역에 대한 러시아의 전통적 영향력을 회복하기 위해서였다.[7] 즉 러시아는 중국의 중앙아시아 확장을 견제하고자 하는 의도를 갖고 있다.

요컨대 시진핑 주석은 중앙아시아에 대한 중국의 정치·경제·군사적 영향력 확대를 우려하는 러시아의 시선을 의식하고 있으며, 이는 중국이 중앙아시아 진출에 있어서 러시아와의 경쟁적 측면을 고려하고 있음을 시사해 주는 것이다. 즉 중국은 중앙아시아에 기득권을 갖고 있다고 생각하는 러시아가 갖게 될 중국의 '서진(西進)' 전략에 대한 경계를 인지하고 있다.

미국 역시 중국에 앞서 2011년에 이미 유라시아 지역에 대한 영향력 확보를 위한 '신실크로드' 계획을 밝힌 바 있다. 그리고 해상실크로드를 추진하는 데 있어서도 남중국해와 인도양에서 제해권을 장악하고 있는 미국의 견제를 돌파해야 한다. 중국은 가파른 부상에도 불구하고 이 지역에서는 미국의 해공군력에 비해 절대적 열세에 직면하고 있으며 이러한 힘의 불균형을 극복하는 데는 적지 않은 시간과 투자가 필요하다. 미국은 2010년부터 남중국해 분쟁에 대해서도 '항행의 자유'를 강조하며 적극적으로 개입하여 이 지역에서의 전통적 제해권을 유지, 강화해 가고자 한다.

최근 중국이 남중국해에 활주로 등 시설물을 건설하면서 미국과 갈등

明(2015/05/09)」, http://www.fmprc.gov.cn/mfa_chn/zyxw_602251/t1262143.shtml (검색일: 2015년 5월 9일).

7 이동률, "중국 시진핑 정부의 대러시아 관계발전의 동인과 한계," 『중국연구』 제64권 (2015.7.), pp. 338-340.

이 고조되고 있으며, 필리핀·베트남 등 분쟁 당사국들도 중국의 공세에 대응하기 위해 미국과의 군사협력을 강화해 가고 있다. 중국이 향후 남중국해와 인도양으로의 진출을 확대하기 위해서는 취약한 해공군력의 강화는 불가피하며 이는 결국 미국과 이 지역의 미국 동맹국들의 군사적 대응과 결속을 자극하게 되어 중국의 해상실크로드 구상의 전개는 난관에 봉착하게 될 가능성이 있다.

4 '일대일로' 구상의 지정학적 영향과 한반도

'일대일로'는 현재 여전히 구상단계에 있으며 그 성패를 예단하기는 시기상조다. 중국 내에서는 '일대일로' 구상이 시진핑 정부의 '두 개의 백년' 계획과도 연계되어 있음을 암시하여 짧게는 2021년, 길게는 2049년을 겨냥한 장기적 프로젝트가 될 가능성을 시사하고 있다. 따라서 비록 그 구상 자체가 국내외를 통합하는 국가대전략의 성격을 지니고 있지만 여전히 불확실성이 적지 않고 향후 지속적으로 변화, 진화될 가능성이 큰 만큼 현 단계에서 세계질서에 미치는 영향을 전망하는 것은 시기상조이다.

그럼에도 '일대일로' 구상이 제기된 이후 국제사회의 이목이 유라시아와 인도양으로 쏠리고 있는 것은 분명해 보인다. 따라서 중국의 '일대일로' 구상 제의가 일종의 서진전략으로 마치 미국과의 경쟁을 회피하려는 의도를 내재한 것으로 평가하기도 한다. 그렇지만 앞서 언급한 대로 미국과 러시아 역시 이미 유라시아와 인도양에 대한 전략적 관심과 투자를 표출한바 있듯이 중국의 AIIB와 '일대일로' 구상은 미국 등 강대국과의 협력과 경쟁의 무게중심을 오히려 유라시아 대륙과 인도양으로 확장시키는 결과를 초래할 가능성을 예의주시할 필요가 있다.

그리고 시진핑 체제가 '일대일로' 구상을 제시한 것은 중국의 전략의 무게중심을 지정학적 측면에서 지경학적 측면으로 이동하려는 것이다. '일대일로'는 중국이 상대적 우위를 확보하고 있고 부상에 따른 딜레마를 최소화할 수 있는 경제영역에서 경제수단을 동원하여 국제사회에서의 중국의 입지와 영향력을 확대해 가고자 하는 외교전략에 가장 부합하는 구상이다. 중국의 '일대일로'를 통한 경제적 부상은 운명공동체론을 통해 강조하듯이 주변국가와 국제사회에 위협과 도전이 아니라 이익과 기회를 제공할 수 있다는 논리를 설득하는 데도 효과적이다.

이러한 변화가 한반도와 한중관계에는 어떠한 영향과 파장을 초래할지에 대한 관찰도 더욱 중요해지고 있다. 시진핑 체제 들어서 한중관계는 수교 이후 역사상 가장 좋은 관계에 있는 것으로 설명하고 있다. 그러나 이러한 낙관적 해석의 이면에는 단지 갈등이 노출되지 않는 안정적인 관계를 의미하는 것은 아닌지 비판적으로 검토해 볼 필요가 있다. 특히 중국의 발전 및 전략 중심의 서진이 중국의 한반도 전략가치 평가와 한중 양국의 실질적 협력구도에는 어떠한 변화를 야기할지에 대해서도 냉철하게 검토해야 할 시점이다.

중국의 전략구상의 중심이 서진하는 동시에 지경학적 중심으로 이전되는 것이 현실화된다면 여전히 지정학적 안보 부담을 안고 있는 한반도는 중국의 새로운 구상에 중요한 협력 대상이기보다는 중국의 발전구상에 발목을 잡지 않도록 안정적으로 현상을 유지해야 하는 대상으로 인식될 가능성이 있다. 따라서 한국의 입장에서는 중국의 이러한 새로운 성장 동력을 모색하는 구상에 중요한 협력 대상으로 전략적 가치를 확보할 수 있는 전향적이며 전략적인 외교 구상이 제시될 필요가 있다.

한국이 유라시아 이니셔티브와 '일대일로' 구상을 연계하려는 시도가 단지 외교적 수사에 머물지 않게 하기 위해서는 중국이 한국의 지경학적 중요성을 재인식할 수 있게 하는 환경과 조건을 조성하려는 새로운 돌파구 마련이 필요하다. 예컨대 상대적으로 중국 내의 낙후지역이면서 자칫 '일대일로' 구상에서 소외될 가능성이 있는 중국 동북지역과 한반도 사이에 경제협력지대를 조성하기 위해서 우선 남북한 간의 경제협력의 기반을 적극적으로 조성해 갈 필요가 있다. 아울러 중국 '일대일로' 구상의 중요한 협력 파트너 국가인 중앙아시아와 아세안 국가들과의 협력을 강화해 가는 외교 지형의 확장도 중요한 의미가 있다.

'일대일로'와 중국경제

한동훈 (韓東訓)

1 '일대일로'를 바라보는 시각

　중국정부가 발표한 '일대일로' 계획은 유라시아 대륙을 하나로 통합하겠다는 야심 찬 거대 프로젝트로서, 당나라 시기의 육상실크로드에서 차용한 실크로드 경제벨트(絲綢之路經濟帶)와 명나라 시기의 해상실크로드에서 차용한 21세기 해상실크로드(21世紀海上絲綢之路)를 결합한 개념이다. '일대일로' 계획의 본질이 무엇인가 하는 문제에서 경제적인 측면에 주목하는 사람들은 이를 새로운 경제성장 동력을 창출하고자 하는 중국의 노력의 일환으로 평가하거나, 더 나아가 이 기회를 통하여 아시아 금융시장을 구축하고자 하는 시도에 주목한다. 더 크게는 중국이 생산공장, 미국이 소비시장 역할을 하며 달러화가 미국에서 중국으로 다시 미국으로 환류되는 현재의 글로벌 불균형(global imbalance) 체제의 지속 불가능성에 직면하여 이를 해소하고 새로운 세계경제질서를 구축하고자 하는 중국의 시도로 이를 해석하는 논자도 있다.

'일대일로'의 궁극적인 목적이 어디에 있고 어떤 관점에서 바라보든지, 이 계획은 거대 프로젝트로서 경제, 정치, 문화 등 다양한 측면을 포괄하고 있거나 결과적으로 다양한 측면의 결과들을 파생시킬 것은 당연한 것이라고 할 수 있다. 아직은 확정된 것이 아무 것도 없는 하나의 거대 아이디어 차원이며 향후 전개 상황에 따라 얼마든지 모양을 달리 할 수 있는 열린 플랫폼의 수준에 있다고 할 수 있다. 그러나 그 기본은 인프라 건설을 위주로 하는 막대한 투자 프로젝트라고 할 수 있는바, '일대일로'의 경제적 측면을 고찰해 본다.

2 '일대일로'와 세계경제

세계경제는 2008년 글로벌 금융위기 이후 경기침체에 빠져들고 있다. 미국은 셰일 가스와 셰일 오일 혁명에 기인한 저유가, 제조업 회귀 정책, 양적 완화 등의 정책으로 나름대로 선전(善戰)하고 있지만 일본은 대대적인 양적 완화에도 불구하고 여전히 경기침체에 허덕이고 있으며 유럽은 그리스의 부채와 유로 존 탈퇴 여부 등의 문제로 힘들어하고 있다. 중국은 2013년부터 노동가능인구가 급증하고 부양비율이 감소하는 인구보너스 시대가 종결되고 잠재성장률이 6%대로 하락하는 등 초고속 성장 시대를 마감하고 중고속 성장 시대로 접어들고 있으며, 2000년대 들어 중국의 초고속 성장에 힘입은 원자재 슈퍼사이클의 혜택으로 빠른 성장을 보이던 아시아, 아프리카, 남미 등 신흥경제들도 심각한 경기하락을 경험하고 있다.

세계경제가 급속히 성장 동력을 잃어 가고 있는 이 즈음에 발표된 중국의 '일대일로' 계획은 중국의 경제적·정치적 타산을 넘어 세계경제의 나아갈 길을 제시하는 획기적이고 신선한 비전으로 생각되며, 적절한 시점에 발표됨으로써 적지 않은 반향을 일으키고 있는 느낌이다. 선진국들의 잉여자본은 투자처를 찾아 헤매고 있는 반면 개발도상국들과 저개발국들은 여전히 인프라 부족과 개발 지원 부족에 시달리고 있으며 세계은행과 아시아개발은행을 포함한 각 대륙 개발원조은행들의 개발금융 지원 능력은 매우 부족한 실정이다. 중국은 '일대일로' 금융지원 방식에 대해 아시아인프라투자은행, 실크로드기금, 브릭스 개발은행, 상하이협력기구은행 등 신설 금융기구들을 통해 원조 외에도 차관과 투자 등 상업적 방식을 결합할 뿐 아니라 시장 원리를 기본으로 한다는 구상을 천명하였다. 따라서 중국의 '일대일로' 계획은 선진국 자본과 개도국의 인프라 투자 수요를 결합시킴으로써 꺼져 가는 세계경제의 엔진을 살릴 뿐 아니라 개도국 개발지원의 새로운 장을 여는 획기적인 구상으로 평가할 수 있다.

중국은 '일대일로' 구상에 아프리카와 태평양 지역까지 포함시키고 있지만 이는 장기 비전일 뿐이며 핵심은 아시아와 유럽을 연결하는 것이다. 아시아와 유럽을 잇는 작업은 구상의 차원에서 간헐적으로 제기되어 왔지만 이를 적극 추진할 동기와 능력을 갖추고 있는 주체는 현재로서는 중국밖에 없다고 할 수 있다. 중국은 최대 수출시장으로서의 미국에 대한 지나친 의존을 줄이고 시장을 유럽과 아시아 등으로 다변화하는 노력을 경주하여 왔으며 이러한 전략은 어느 정도 성과를 거둔 것으로 평가된다. 현재 세계경제에서 가장 큰 성장 잠재력을 가지고 있는 지역은 아시아 지역인바, '일대일로'는 아시아의 역동성과 유럽의 시장 및 기술을 결합함으로써 유라시아 대륙에 성장 동력을 제공하고 경제통합을 향한 모멘텀을 제공한다는 의미를 지니고 있다고 할 수 있다.

3 '일대일로'와 중국경제

개혁개방 이후 수년 전까지 연평균 10%에 가까운 속도로 고속 질주하던 중국경제의 성장률 급감이 여러 가지 우려를 낳고 있다. 고도성장 시대의 종결인가 아니면 주기적 경기변동인가, 경착륙 심지어 경제위기의 가능성이 있는 것은 아닌지 등 다양한 견해와 우려가 제기되고 있다. 이러한 경제 대전환의 시기에 발표된 '일대일로' 전략은 중국경제의 고도성장 유지 및 새로운 경제 패러다임으로의 전환을 지원할 수 있는 획기적인 구상이 될 수 있을까 하는 점이 관심을 끌고 있다.

1) 개혁개방 3.0

우선 거대 구상이라고 할 수 있는 '일대일로' 계획의 배경으로서 중국경제의 추세와 최근 상황을 살펴본다. 후진타오 시대에 중국경제는 높은 성장률, 거액의 무역흑자와 엄청난 외환보유고 등 양호한 성과를 거두었으나 이는 사실 장쩌민 시대의 적극적인 개혁정책과 WTO 가입으로 결실을 맺은 개방정책의 산물이라고 할 수 있으며, 개혁개방의 관점에서 보자면 후진타오 시대는 역주행 10년, 잃어버린 10년이었다고 할 수 있다. 각 부문의 시장화 개혁은 정지되었고 개방도 정지되었다. 국유기업 개혁이 정지되고 국유부문의 독점체제가 더욱 공고해져 국진민퇴(國進民退)로 표현되는 국가부문의 강화가 이루어져 왔으며, 국부민궁(國富民窮)으로 대변되듯이 국민소득 가운데 국가와 국유기업 그리고 금융기관들이 가져가는 몫이 점점 커지고 국민들이 경제성장의 과실에서 소외되는 현상이 발생해 왔다. 조화로운 사회(和諧社會)의 건설이라는 캐치프레이즈에도 불구하고 각종 소득격차는 더욱 확대되어 왔다. 언론 검열과 통제가 강화되는 등 관료적 분위기가 농후해져 왔다. 사회주의로의 회귀 내지 국가자본주의 체제의 강화라고 할 수 있다. 이러한 국가자본주의적 국가 운영의 결과에 따라서 후진타오 정부는 미래 성장을 위한 씨앗을 뿌리지 못하고 성장동력 상실이라는 짐을 시진핑 정부에 넘겨주었다.

시진핑 정부의 경제정책 기조는 추가적 개혁개방 추진과 구조조정을 통해 새로운 성장 패러다임을 모색하고 경제고도화를 이루는 것이다. 먼저, 경제개혁의 핵심은 시장경쟁체제의 강화이며 그 핵심은 국유기업 독점체제의 해소이다. 국유기업이 중국경제에 미치는 해악은 그 자체의 비효율뿐만 아니라 중요 경제자원의 독점과 독점 이윤의 향유, 시장화 개혁의 저해를 통한 자원배분 효율의 저하 등 말할 수 없을 정도로 큰 것이 현실이며 국유기업 개혁은 중국경제의 미래를 결정할 가장 중요한 변수라고 할 수 있다. 그러나 장쩌민과 후진타오 시대를 거치면서 형성된 이익집단의 저항으로 인하여 사유화는 고사하고 국유부문 독점 업종의 민간에 대한 개방도 추진되지 못하고 있다. 시진핑이 추진 중인 반부패 운동은 그 자체로 의미를 가질 뿐 아니라 국유기업을 둘러싼 강고한 이익집단의 힘의 약화를 의도하고 있지 않은가 생각된다. 구권력 집단의 힘의 약화가 시진핑 정권의 정치적·경제적 성공의 키가 될 것이다.

개방정책은 적극적인 FTA 체결, 금융개방, 인민폐 국제화, 기업의 해외진출 장려 등의 측면에서 추진되고 있으나 인민폐 국제화, 기업의 쩌우추취(走出去) 등 밖으로의 진출에 역점이 주어져 있으며 중국경제를 외부에 개방하는 작업은 진척이 매우 더디며 개방을 통한 경제효율 제고에 실패하고 있다.

구조조정의 핵심은 투자와 수출 주도의 성장패턴의 내수소비 주도 성장패턴으로의 전환, 과잉생산 능력의 해소와 산업구조 고도화이다. 그동안 SOC와 부동산 투자가 성장을 주도해 왔으나 이 분야의 투자가 일단락됨에 따라 투자 주도 성장패턴의 지속은 점점 어려워지고 있어 소비 주도 성장패턴으로의 전환이 중요한 과제가 되어 왔으나 국가자본주의적 경제 운영으로 국민의 소비능력 제고에 실패하여 왔다. SOC 투자 주도 성장의 다른 후유증은 관련 산업의 과잉 생산능력으로, 이의 해소는 중국 경제의 미래에 결정적인 중요성을 갖는다. 시진핑 정부는 구조조정 수단으로 특히 전통산업 위주의 강력한 금융긴축을 실시해 왔으며 그 결과 기업들의 도산이 이어지고 있다. 시진핑 정부는 구조조정을 위해 성장률 8%를 포기하고 신창타이(新常態, New Normal)로 지칭되는 중고속 성장을 지향하고 있다.

문제는 성장률 급감이 단순히 구조조정을 위한 긴축정책의 결과만은 아니라는 것이다. 중국의 경제성장은 시장화 개혁을 통한 자원배분 효율 향상, 농업에서 공업으로의 인구 이동을 통한 효율 향상, 개방을 통한 세계시장 편입과 수출 확대, 높은 저축률에 힘입은 높은 투자율 등에 의해 이루어져 왔으나 이러한 요인들이 급속히 소멸되고 있다.

노벨경제학상 수상자 아서 루이스(Arthur Lewis)의 이원경제 모델에 따르면 농촌에 무한정 존재하는 잉여노동력이 생산성 낮은 농업으로부터 생산성 높은 공업으로 이동하는 노동력 재배치가 경제성장을 가져오며 잉여노동력이 고갈되는 루이스 전환점이 도래하기 전까지는 도시 임금이 상승하지 않는다. 중국의 루이스 전환점 도래 여부는 의견이 갈리지만 최근 임금 상승세를 볼 때 대체적으로 루이스 전환점을 지난 것으로 보인다.

또 다른 성장요인은 젊은 인구의 증가 즉 인구 보너스(population bonus)이다. 피부양인구와 15~64세(보다 현실적으로는 15~59세) 노동가능인구 사이의 비율인 인구부양비율은 높은 출생률과 소년 인구의 노동가능연령 진입에 힘입어 지속적으로 하락하여 왔다. 낮은 인구부양비율은 고저축률 및 고투자율을 통한 자본축적을 가능하게 하고 인적자본 축적 속도를 높이고 노동생산성을 높이며 기술발전에도 도움이 된다. 경제성장 요인을 분해해 보면 자본축적, 기술진보 외에는 노동력 증가, 노동력 재배치, 인구부양비율, 인적자본 등 모두 인구적 요소들이며 자본축적 역시 인구부양비에 의해 결정되므로 거의 인구적 요소들이라고 할 수 있다. 중국의 노동가능인구는 2013년을 기점으로 절대 숫자가 감소하기 시작하였고 따라서 인구부양률도 감소에서 증가로 반전하였다. 중국의 부부당 출생률은 개발도상국 평균인 2.5 심지어는 선진국 평균인 1.6에도 못 미치는 1.4에 머무르고 있으며 이러한 추세는 반전되기 어렵다. 따라서 중국의 인구보너스는 급속히 상실되고 있다. 한국과 일본 등 모든 나라가 동일한 과정을 거쳐 왔으며 이는 피할 수 없는 과정이다.

루이스 전환점 도래와 인구보너스 종결은 잠재성장률 저하로 직결된다. 과거 중국의 경제성장은 잠재성장률을 크게 벗어나지 않는 수준에서 이루어졌다. 2010~15년의 평균 잠재성장률은 7.2%로 추산되며 이는 현재의 성장률과 대체로 부합한다. 2016~20년의 평균 잠재성장률은 6.1%로 추산되므로 중국의 초고속성장 시대 종료와 중고속성장 시대 진입은 확실해 보인다.

경제성장은 자원(노동, 자본, 자연자원) 투입량과 생산성에 의해 결정되며 생산성은 제도, 기술, 산업구조에 의해 결정된다. 중국경제는 이원경제 모델을 벗어나 생산성에 의해 성장이 이루어질 수밖에 없는 신고전파적 성장 시대로 접어들고 있으며 따라서 제도개혁, 기술진보, 산업구조 고도화가 향후 성장의 관건이 될 것이다. 제도개혁의 핵심은 시장화 개혁과 국유기업 개혁인바, 이는 궁극적으로는 정치 이념과 기득이익의 문제로 귀결될 수밖에 없어 쉽지 않은 과제이며 산업구조 고도화와 기술진보는 주로 민간부문에 의존할 수밖에 없는 상황이라고 할 수 있다.

이러한 경제적 배경하에 중국정부는 새로운 개혁개방 드라이브를 걸고 있다. 일각에서는 '일대일로' 계획에 개혁개방 3.0 즉 제3차 개혁개방 드라이브라는 의미를 부여하고 있다. 등소평 시대에 경제특구 설치로 시작된 개혁개방 개시를 개혁개방 1.0으로, 장쩌민 시대에 추진된 WTO 가입 및 이를 위한 대내외적 준비작업을 개혁개방 2.0으로 본다면 후진타오 시대를 건너뛰어 시진핑 시대의 개혁개방과 이를 위한 드라이브가 '일대일로' 계획이라는 의미이다. '일대일로' 계획은 이 가운데 중국의 경제개혁, 대외개방, 세계전략 등 모든 것을 담아낼 수 있는 하나의 거대한 프로젝트라고 할 수 있다. 교착 상태에 빠진 개혁개방에 추동력을 제공하는 차원에서 추진된 거대 프로젝트가 WTO 가입이라고 할 수 있듯이 '일대일로'는 시진핑 시대의 개혁개방 추동을 위한 거대 프로젝트라고 볼 수 있다. 그 전과 다른 점이라면 자금의 이동 방향으로, 국내로 흘러들어 왔던 이전의 개혁개방 드라이브와는 달리 이번의 드라이브는 자금의 대외이동을 특징으로 한다는 점이다.

2) 본격적 자본수출 시대로

중국정부는 정책 교류, 인프라 연결, 무역 원활화, 금융 협력, 문화 교류 등 5개의 중점 협력 분야를 제시한바, 이 가운데 핵심은 인프라 연결이라고 할 수 있다. 크게 보아 중국의 '일대일로' 계획은 중국이 본격적인 자본수출국으로 전환하는 것을 의미하는 것으로 볼 수 있다. 소득 가운데 소비에 사용되지 않는 부분 즉 저축은 투자의 재원이 되며 투자를 통해 자본이 형성된다. 저축과 투자 사이의 격차를 저축-투자 갭이라고 부르며 정(正)의 저축-투자 갭은 소득 가운데 소비나 투자에 사용되지 않은 잉여를 의미하며 부(負)의 저축-투자 갭은 소득으로 충당되지 않는 소비와 투자가 있다는 것을 의미한다. 정의 저축-투자 갭은 경상수지 흑자나 자본수지 적자의 형태로 타국에 대여되며 부의 저축-투자 갭은 경상수지 적자나 자본수지 흑자의 형태로 타국으로부터 빌려서 메우게 된다. 즉, 대외수지는 국내 저축-투자 갭의 반영이다.

중국은 그동안 높은 투자율에도 불구하고 이를 능가하는 높은 저축률에 힘입어 막대한 무역수지 흑자를 거양하였고 이와 더불어 외국인투자 유입을 통해 거의 4조 달러에 이르는 엄청난 외환보유고를 축적하였다. 적정 수준을 넘는 양의 외환보유고 유지에 따르는 비용과 거시경제 관리의 부담 그리고 달러화 평가절하가 가져올 손실 등 리스크를 감안하여 달러를 해외에서 소진하는 전략을 적극 펼쳐 왔다. 그러나 해외에서 기업을 인수하고 기술을 매수하는 쩌우추취(走出去) 전략은 별 진전을 보지 못하고 해외 진출은 주로 자원 확보 및 인프라 건설을 위주로 이루어져 왔다. '일대일로' 계획은 인프라 건설을 돌파구로 삼아 시도하는 새로운 자본 수출 방식으로 볼 수 있으며 아울러 중국이 자본수출을 본격화하는 신호탄의 성격을 갖는다고 볼 수 있으며 또한 시작하기 쉬운 분야에서부터 다시 시작하는 쩌우추취 전략이라고도 의미를 부여할 수 있겠다.

3) 과잉 생산능력의 해소

중국이 '일대일로' 계획을 추진하는 목적 가운데 가장 중요한 것은 과잉 생산능력 특히 인프라 관련 산업의 과잉 생산능력의 해소이다. 중국은 전반적인 생산능력 과잉으로 디플레이션 압력에 시달려 왔으며 특히 주택과 토목 등 인프라 건설 능력 및 철강, 시멘트, 건자재 등 관련 산업의 과잉 생산능력은 심각한 상태에 처해 있다. '일대일로' 계획을 통한 대규모 인프라 건설 프로젝트들의 추진은 인프라 관련 산업의 공급과잉을 해소해 줄 좋은 돌파구가 될 것이다. 특히 중국의 토목 시공 능력과 고속철도 기술은 상당한 수준에 올라 있어 수출산업화하기에 좋은 조건을 갖추고 있다. 따라서 '일대일로' 계획은 그동안 지속해 온 인프라 투자 위주의 성장 패턴이 종식되는 반면 이를 대체할 성장 동력이 아직 자리 잡지 못한 상황에서 인프라 관련 산업의 해외 수출을 위한 물꼬를 터 준다는 의미를 지니고 있다고 할 수 있다.

4) 지역 균형발전

'일대일로' 계획의 다른 하나의 목적은 지역 균형발전에 대한 뒷받침이라고 할 수 있다. 중국이 그동안 추진해 온 서부대개발, 동북진흥, 중부굴기 등 지역발전정책들은 최근 수년간 그 효과가 나타나 지역격차 확대 추세가 다소 완화되고 있다. 중국정부가 낙후지역 발전을 위해 사용해 온 정책수단 가운데 가장 중요한 것은 동부 연해지역의 노동집약산업을 내륙으로 이전하는 정책이다. 그러나 산업이전의 가장 큰 걸림돌은 운수 문제로, 내륙지역에서 생산된 제품을 수출 혹은 내수 판매를 위해 연해지역으로 다시 운송해 오는 비용으로 인하여 많은 기업이 생산시설을 내륙으로부터 연해지역으로 다시 옮기는 현상이 발생하고 있다. '일대일로' 프로젝트가 완성될 경우 내륙지역에서 생산된 제품이 육로를 통해 바로 유럽 및 아시아 시장으로 수출될 수 있어 이러한 문제가 해소될 수 있다.

5) 산업구조 조정

더 나아가 경쟁력을 잃은 산업의 생산시설의 주변국 이전은 산업구조 고도화 촉진에 큰 도움이 될 것이다. 중국은 경제구조 고도화와 산업경쟁력 강화를 위해 서비스업 발전 및 미래전략산업 육성을 추진하고 있으며 이와 동시에 제조업 경쟁력 유지 및 강화를 위해 중국제조 2025 계획을 추진하고 있다. 이는 한국과 독일의 인더스트리 4.0과 기본적으로 동일한 것으로서, 스마트 팩토리(smart factory)의 구축을 핵심 개념으로 한다. 중국은 이미 의류 등 노동집약산업에서 상당 부분 경쟁력을 상실하였다. 최근 중국 시장에서는 모로코 등 북아프리카, 불가리아 등 동유럽, 인도네시아 등 동남아 지역에서 생산된 의류가 팔리고 있어 중국이 이미 가장 노동집약적인 의류산업에서조차 경쟁력을 잃고 있는 징후를 보이고 있다. 그러나 중국의 거대한 인구 규모를 고려할 때 노동집약산업의 경쟁력 유지는 향후 상당기간 유지될 필요가 있어 주변 저개발국과의 공급체인 구축 등을 통한 산업경쟁력 유지 및 강화라는 차원에서 보더라도 '일대일로' 계획은 매우 중요한 의미를 지닌다고 할 수 있다.

제조업 업그레이드를 통한 경쟁력 강화 외에 산업구조 조정의 측면에서 중국이 심혈을 기울이고 있는 것은 서비스업 발전이다. 중국은 이번 시진핑 방미 기간에 미국에 관광 진흥, 영화사 공동 설립, 항공기 구매 및 보잉사의 중국 내 조립공장 건설 등의 선물 보따리를 안겼고 양국 간 스타트업(startup) 기업 대회 개최에 합의하였으며, 그 밖에 미국 IT 대표기업들의 중국 투자 유치에 사활을 걸고 인도와 경쟁하였다. 아울러 중국은 미국 첨단 제품의 대중국 수출 허가, 중국 기업의 미국 첨단산업 투자 개방 등을 미국에 주문하였다. 이러한 모습은 서비스업 발전과 첨단산업 발전을 통한 제조업 업그레이드에 중국경제의 사활이 달려 있다는 중국정부의 인식의 발로이며 서비스업과 IT 그리고 첨단산업이 가장 발전한 미국으로부터 서비스업 발전의 동력을 얻고자 하는 노력이라고 할 수 있다. 산업구조 조정 및 경쟁력 상실 산업의 국내 및 해외 재배치는 서비스업 발전을 위해 필수불가결한 것이다.

6) 에너지 안보

'일대일로' 계획 추진의 다른 하나의 목적은 자원안보이다. 즉 중앙아시아의 가스와 지하자원, 그리고 중동과 북아프리카의 석유를 안정적으로 공급받는 것이다. 2013년 기준 중국의 석유 수입 대상국은 사우디아라비아(19.1%), 앙골라(14.2%), 예멘(9.0%), 러시아(8.7%), 이라크(8.3%), 이란(7.6%), 베네주엘라(5.6%), 카자흐스탄(4.2%), 아랍에미레이트(3.6%), 쿠웨이트(3.3%) 등으로, 지역별로 보면 중동으로부터 51.9%, 아프리카로부터 22.8%, 남미로부터 9.8%, 러시아로부터 8.7%를 각각 수입하고 있다. 중동과 북아프리카로부터 중국으로의 석유 수송은 해상 운송에 의존하고 있는바, 미국이 통제하고 있는 말래카 해협을 통과하지 않고 석유를 운송할 수 있는 루트의 개발을 위해 중국은 오랫동안 노력해 왔다. 인도양에의 안전한 접근을 위해 중국은 태국을 동서로 관통하는 크라 운하 건설에 주도적으로 참여할 것을 검토하고 있으며 중동의 에너지 자원을 남중국해를 거치지 않고 인도양으로부터 파키스탄 혹은 미얀마를 통해 직접 육로 수송하는 일에 노력을 기울여 왔다.

세계 에너지 지형도의 변화에 따라 중국과 중동 산유국들 사이의 관계는 급속히 밀접해지고 있다. 2013년 기준으로 중동 지역의 석유 수출 가운데 약 1/5만이 미국과 유럽에 수출되고 있고 중국·인도·일본 등 '일대일로' 노선 경과 국가들에 대한 수출이 45.6%를 차지하고 있어 중동과 미국의 에너지 상호의존이 약화되고, 중동과 아시아 특히 중동과 중국 사이의 에너지 상호의존이 급격히 증대되고 있다. 선진국의 낮은 경제성장률과 에너지 소비 증가율 및 미국의 에너지 자급정책 진전에 따라 이러한 상호의존의 심화는 지속될 것으로 보인다.

지하자원에 대해서 보면 중국은 지하자원 공급을 남미에 크게 의존하고 있는바, 중앙아시아 등 유라시아 대륙에서 육로를 통해 자원을 공급받을 경우 자원안보에 도움이 될 것이다.

7) 지역 경제통합

'일대일로' 계획의 부수적 효과로는 아시아 지역 경제통합의 주도권을 확보하는 것이라고 할 수 있다. 중국은 경제통합의 후발 주자로서 규모가 큰 경제 및 어느 정도의 발전 단계에 이른 경제와의 경제통합 실적은 전무한 실정이다. 그러나 중국은 후진타오 정권 말기에 시작하여 경제통합에 적극 나서기 시작하여 그 첫째 성과로 한국과의 FTA 체결에 성공하였다. 작년 11월 APEC 정상회의에서는 아시아태평양 자유무역지대 FTAAP 구축 로드맵을 제시해 참가국들의 동의를 받는 데 성공한 바 있으며 동아시아 국가들과 호주, 뉴질랜드를 망라하는 거대 FTA인 RCEP를 주도하고 있다. '일대일로' 계획은 중국으로 하여금 미국이 주도하고 있는 TPP를 견제하고 지역 경제통합의 주도권을 쥘 수 있게 하는 효과를 가질 것으로 기대된다.

중국과 '일대일로' 관련 국가들 사이의 무역액은 이미 1조 달러를 초과하여 중국 대외무역의 1/4을 점하기에 이르렀으며 특히 중국과 아세안 사이의 무역은 2001년의 400억 달러에서 중국 대외무역 증가율보다 4% 이상 높은 21.1%의 속도로 증가하여 2014년에 4,800억 달러를 기록하였다. 현재 추진 중인 무역협정인 RCEP가 실현될 경우 아세안과의 무역은 2020년에 1조 달러에 도달할 것으로 기대된다. 중국과 아세안 사이의 투자는 10년 전에 300억 달러이던 것이 2014년에는 누계 1,200억 달러를 기록하여 연평균 14.9%의 속도로 증가하였다. 아시아 지역 내의 이와 같은 교역 증대 추세는 '일대일로'의 추진에 추동력을 더할 것으로 보인다.

8) 국제금융시장 지위 제고

'일대일로' 계획의 금융적 측면의 효과로는 인민폐 국제화의 촉진과 국제금융시장에서의 중국의 위상 강화를 들 수 있다. 특히 AIIB의 결제통화로 인민폐가 포함된 통화 바스켓을 고려하고 있어 인민폐 국제화 촉진에 도움이 될 것으로 보인다. 아울러 '일대일로' 프로젝트와의 연계를 통해 중국이 주도 혹은 참여하는 국제금융기구들이 추동력을 얻을 것으로 기대되며 이는 자연스럽게 국제금융시장에서의 중국의 지위 강화로 이어질 것으로 생각된다. 2015년 9월에 이루어진 시진핑 주석의 미국 방문 시 중국은 미국으로부터 AIIB를 배척하는 것을 중단하는 대신 유엔에 10억 달러 지원, 세계은행 산하 무이자 대출과 기부금 지원 창구인 국제개발협회(IDA)의 20억 달러 증자 참여, 그리고 지역개발은행 등에 대한 의미 있는 증자 참여 등을 약속한 바 있다. 이와 더불어 중국은 미국으로부터 위안화의 IMF 특별인출권(SDR) 편입을 약속받았다. 이러한 결과는 국제금융기구에 있어서의 위상을 제고시키려는 중국의 노력이 결실을 맺고 있는 것이라고 평가할 수 있다.

4 노선

1) 공식 노선

시진핑 주석이 17개 국가를 방문하는 등 중국은 '일대일로' 계획 추진을 위해 이미 많은 노력을 기울인 바 있다. '일대일로' 관련국들 가운데 중국이 특히 중요하게 생각하는 나라는 육상 노선과 관련하여서는 인접한 카자흐스탄이라고 할 수 있으며 해상 노선의 핵심은 아세안 국가들 특히 아세안의 맹주 격일 뿐 아니라 중요한 해상 경유지인 인도네시아라고 할 수 있는데, 이것이 바로 시진핑 주석이 실크로드 경제벨트와 21세기 해상실크로드에 대한 구상을 각각 카자흐스탄과 인도네시아를 방문하여 최초로 밝힌 이유이다. 중국과 아세안은 현재 자유무역협정을 높은 수준으로 업그레이드하는 논의를 진행하고 있다.

시간의 촉박함에 기인한 것이겠지만, '일대일로'의 구체적인 노선은 아직 확정된 것이 없는 것으로 보인다. 언론 매체 및 연구자들이 다양한 노선을 제시하였지만 아직 중국정부에 의해 공식적으로 확정된 '구체적' 노선은 없는 것으로 보인다. 최근 문건에서 중국정부가 대략적으로 제시한 노선은 애초에 제시된 노선에서 약간 변경되고 일부 노선이 추가되어 3개의 육상 노선과 2개의 해상 노선 즉 5개의 노선으로 이루어져 있다. 육상 노선은 1) 중국-중앙아시아-러시아-유럽 노선, 2) 중국-중앙아시아-서아시아-페르시아만-지중해 노선, 3) 중국-동남아-남아시아-인도양 노선으로 이루어져 있고, 해상 노선은 4) 중국-남중국해-인도양-유럽 노선 및 5) 중국-남중국해-남태평양 노선으로 이루어져 있다.

노선 1)은 신장자치구로 빠져 나가 카자흐스탄 북부를 관통한 후 러시아 모스크바를 경유하여 벨라루스와 폴란드를 거쳐 독일 뒤셀도르프에 이르는 노선으로 이루어질 가능성이 크다. 노선 2)는 신장자치구로 빠져 나가 카자흐스탄 남부와 우즈베키스탄 그리고 투르크메니스탄을 거쳐 이란을 경유하고 터키를 통해 동유럽을 거쳐 그리스, 이탈리아에 이르는 노선으로 이루어질 것으로 보인다. 노선 3)은 지형 조건으로 볼 때 운남성으로 빠져 나가 미얀마와 방글라데시를 거쳐 인도를 횡단하여 인도양으로 빠지는 노선이 될 가능성이 크다. 노선 4)는 복건성에서 출발하여 남중국해를 지나 말래카 해협을 거치고 인도양을 경유하여 홍해를 지나 지중해에 이르는 노선이 될 가능성이 크다. 노선 5)는 나중에 추가된 노선으로서, 선언적인 의미 이상이 되지는 못할 것으로 생각된다.

상기 노선들은 아직 구체화되어 있지는 않은 것이며 향후 구체적 계획이 수립될 경우 얼마든지 변경되거나 혼합적 형태를 띨 수도 있을 것으로 보인다. 예를 들어 육상 노선의 경우 유럽으로 향하는 노선은 지형적 제약으로 인하여 카스피해와 흑해 북부를 지나가는 노선과 남부를 지나가는 노선으로 구분될 수 있는데, 최대한 많은 나라를 경유하면서 유럽의 지리적·경제적 중심지에 도달하는 절충적 노선이 현실적으로는 더 가능성이 클 것으로 생각된다. 예컨대 신장자치구-카자흐스탄 남부-키르기스스탄-타지키스탄-투르크메니스탄-이란 북부(테헤란)-이라크 북부-시리아 북부-터키(이스탄불)-불가리아-루마니아-몰도바-우크라이나-러시아(모스크바)-벨라루스-폴란드-독일(베를린)-네덜란드(로테르담) 노선은 다소 우회하기는 하지만 모든 중앙아시아 국가들과 중요한 중동 국가

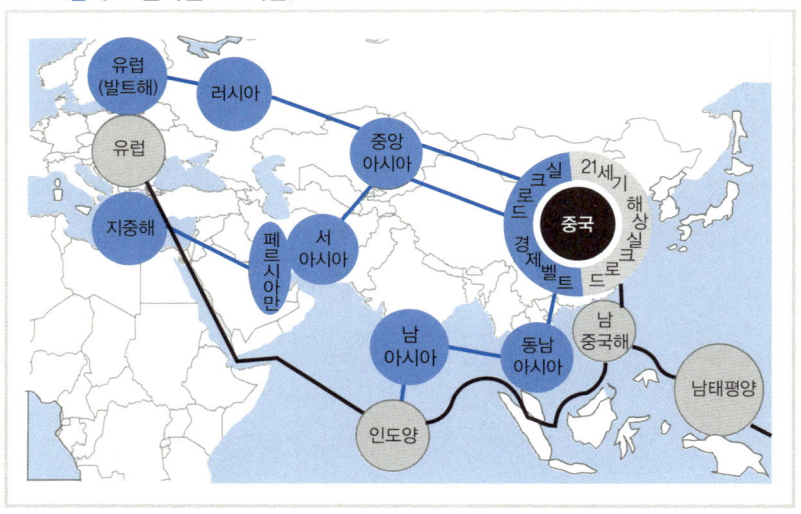

■ 그림 1 '일대일로' 개념도

들 그리고 러시아를 거쳐 중부 유럽에 도달하는 노선으로서 인프라 건설의 효과가 극대화될 수 있을 것으로 보인다.

2) 육상 노선

육상 노선은 철도, 도로, 에너지 파이프라인 등으로 이루어지게 되는 바, 철도의 경우 기존 노선의 활용 및 업그레이드, 연결되지 않은 노선의 연결, 고속철 신설 등으로 이루어지게 될 것이며 도로의 경우 도로 신설, 기존 도로의 확장, 노선 간 연결 등으로 이루어지게 될 것이다. 여기에서 '일대일로' 노선이 갖는 의미를 음미해 볼 필요가 있다. 인프라 건설의 측면에서 볼 때 '일대일로' 육상 프로젝트는 도로, 철도, 에너지 파이프라인을 건설하는 것으로 볼 수 있는데 사실 아시아와 유럽을 직접 연결하는 노선은 시베리아 횡단 철도와 기존의 도로망이 존재하며 향후 아시아와 유럽을 연결하는 교통망은 중국정부가 선정하는 노선 외에도 다양하게 건설될 수밖에 없을 것이다. 에너지 파이프라인의 경우에도 중동, 중앙아시아, 북아프리카를 중국과 연결하는 노선은 이미 건설되어 있거나 건설 중이거나 혹은 향후 다양하게 건설될 것이다. 그렇다면 중국정부가 선정하는 '일대일로' 육상 노선은 중점 추진 프로젝트의 성격을 갖는 프로젝트라는 의미를 갖게 되며 그것은 아마도 고속도로, 고속철, 원유 및 가스 수송 파이프라인의 복합 건설 형태를 갖게 될 것이다. 특히 고속철의 경우 중국은 짧은 역사에도 불구하고 세계 전체 철도 노선의 60%에 해당하는 17,000km 이상을 건설한 경험, 평균 건설 원가의 2/3 이하의 가격경쟁력, 짧은 건설 공기, 시속 605km의 세계 최고 열차 속도, 다양한 기후와 지형 환경에서의 건설 경험 등을 기반으로 세계 최고의 경쟁력을 지니고 있는바, 최근 미국 로스엔젤레스-라스베가스 370km 구간 및 인도네시아 자카르타-반둥 150km 구간의 공사 입찰에 성공하였으며 인도 뭄바이-뉴델리 노선의 우선협상자로 지정되어 협상을 진행하고 있다. '일대일로' 노선에 중국의 고속철을 건설하는 것이 중국정부의 의도라고 생각된다. 한 가지 문제가 되는 것은 고속철은 지금까지는 화물 수송이 아닌 여객 수송 용도로만 개발되어 있으며 화물 운송은 저속 열차에 의존하고 있다는 점이다. '일대일로' 철도 프로젝트의 중점은 화물 운송이 되어야 하기 때문에 여객만을 운송하는 고속철의 건설은 '일대일로' 계획 효과를 제약하는 요소가 될 것이다. 기술적·경제적 타당성을 전제할 때 만약 중국이 화물 운송을 겸할 수 있는 고속철을 개발해 낼 수 있다면 고속철 건설은 '일대일로' 프로젝트의 성공에 크게 기여하게 될 것이다. 이 경우 유라시아 대륙의 통합은 급물살을 탈 수 있을 것이다. 화물 수송용 고속철을 개발할 수 없다면 경제적 타당성이 낮기는 하지만 대안으로 여객 수송용 고속철과 화물 수송용 철도를 동시에 건설하는 방안도 고려해 볼 수 있을 것이다. 아무튼 중국이 '일대일로' 육상 노선과 관련해서는 자국의 기술로 고속철을 건설하고 싶어한다는 점은 분명해 보인다.

3) 해상 노선

해상 노선의 경우 거점 항구들을 잇는 방식으로 이루어지게 될 것이며 중국은 이미 파키스탄, 방글라데시, 스리랑카, 예멘, 탄자니아, 그리스 등의 항구에 대한 투자와 운영권 확보를 통해 많은 준비를 해 놓은 상태이다. '일대일로' 해상 노선의 핵심은 안전하고 효과적인 인도양 진출 방법이다. 중국이 수입하는 원유의 80%가 인도양을 통과하여 운송되고 있고 중국 대외무역의 40%가 인도양을 거쳐 이루어지고 있다. 중국 선박의 유럽 및 아프리카로의 항해 노선은 남중국해를 거쳐 말래카 해협을 통과하여 인도양으로 나가고 있는데 말래카 해협은 미국 해군의 통제하에 있어 중국으로서는 보다 안전하고 빠른 루트를 개척하기 위해 노력해 왔다. 에너지 수송의 측면에서 볼 때 중동 및 북아프리카의 원유와 가스를 파키스탄 및 미얀마를 통해 운송하는 일에 심혈을 기울여 왔다.

말래카 해협을 경유하지 않고 인도양으로 더욱 빠르게 진출하는 방법으로 중국정부가 최근 관심을 기울이고 있는 것은 250억 달러를 투자하여 태국을 동서로 관통하는 크라 지협 운하(Kra Isthmus Canal)를 태국과 공동으로 건설하는 프로젝트이다. 동방의 파나마 운하라는 별칭을 얻고 있는 이 운하의 건설 구상은 1677년 태국 나라이 대왕에 의해 처음 시작된 것인데, 1973년에 일본정부가 태국정부에 건설 자금 100% 부담을 조건으로 건설을 제안함으로써 다시 논의가 재개되기 시작하였으나 오랜 기간 논의만 무성할 뿐 실현되지 못하고 있다가 2015년 5월 중국과 대만의 언론 매체가 중국-태국 간 운하 건설에 관한 의향서가 태국과 중국 사이에 체결되었다는 사실을 보도하면서 크게 주목 받은 바 있다. 중국 광저우(廣州)에서 열린 '크라 운하 연구 및 투자협력 협의회'에서 태국 남부 말레이반도의 허리를 관통해 태평양과 인도양을 연결하는 인공 대운하 건설을 공동 추진하기로 합의했다는 내용이 보도되었다. 이에 대해 며칠 후 태국 주재 중국 대사관이 이에 관해 이는 민간 기업 사이의 일이고 중국정부는 이에 관해 어떠한 논의도 태국정부와 진행한 적이 없다고 즉각 부인하고 언론 보도를 통제하면서 진화되었지만 이러한 즉각적인 부인이 오히려 보도 내용의 진실성을 뒷받침하는 것으로 생각된다. 아울러 말래카 해협을 대체하는 인도양 진출 루트의 확보에 목말라하고 있는 중국의 입장 및 제2수에즈 운하 및 파나마 운하를 대체하는 니카라과 운하의 건설에 대한 참여를 계획하고 있는 중국의 상황을 고려하면 중국 주도의 크라 운하 건설은 충분히 가능성 있는 일로 판단된다.

크라 지협(地峽)은 길이 44km에 불과하지만 높은 산이 있는 지형적 어려움으로 인하여 몇 개의 대체 노선이 구상되고 있는 것으로 알려지고 있으며 가장 유력한 노선은 길이 102km, 너비 400m, 수심 25m로 계획되어 있다. 말래카 해협은 길이 1,000km에 달하고 좁은 곳은 넓이가 2.5km도 안 되고 수심이 얕은 곳은 25m에 불과하여 대형 선박의 통항이 어렵고 상시 붐비고 있어 크라 운하가 건설될 경우 인도양과 동아시아의 해상 연결이 훨씬 용이해지는 결과가 될 것이다. 이 운하가 완성되면 말래카 해협에 비해 동아시아로부터 인도양으로 빠져 나가는 항해 거리가 1,200km나 단축되어 한국, 중국, 인도차이나 반도 국가들, 필리핀, 대만, 일본 등 국가들이 직접적인 수혜자가 될 것이나, 말레이지아와 싱가포르에 대해서는 심각한 타격이 될 것으로 보이며 따라서 이 두 나라는 태국 의회에 적극적인 반대 로비를 펼쳐 오고 있는 것으로 전해진다.

■ 그림 2 태국 크라 운하 건설계획

출처 : 연합뉴스, 2015.5.19.

크라 운하에 대한 대안으로 고려되고 있는 것은 육상 교통로의 건설이다. 즉 태국의 서쪽과 동쪽에 항구를 건설하고 이 두 항구를 육로로 연결하는 구상이다. 그러나 이 구상은 화물 하역과 육상 운송 그리고 재선적 등 매우 번거롭고 비용이 많이 소요된다는 점에서 그리 중요하게 고려되고 있지는 않은 것으로 보인다.

굳이 육상 노선과 해상 노선을 비교하자면 '일대일로' 계획의 핵심은 역시 육상 노선일 것으로 생각된다. 해상 노선의 경우 거점 항구들의 개별적인 시설 확충, 항로 연결, 통관 간편화 등 기술적인 면에서 비교적 용이한 측면이 있어 프로젝트의 파급 효과 및 연결의 효과가 육상 노선에 비해 상대적으로 작다고 할 수 있다. 아울러 정부 발표 노선에 따르면 여전히 말래카 해협을 통과하는 노선으로 이루어져 있어, 지리적 조건상 말래카 해협을 통과하지 않고 크게 우회하지 않으면서 인도양으로 빠져 나가는 노선을 개척하기가 어려운 실정이며, 더욱이 노선 경유국들과의 사이에는 복잡한 정치적 관계가 존재한다. 육상 노선의 경우 상대적으로 경유국들과의 정치적 마찰이 적으며 프로젝트의 파급효과가 크고 연결의 이익이 상대적으로 크다고 할 수 있다.

5 평가와 전망

'일대일로' 계획은 중국이 정치, 경제, 외교, 문화, 사회 등 다양한 영역에서의 다양한 대내외적 목적을 가지고 추진하는 거대 프로젝트로서, 향후 50~100년간 유라시아 대륙이 나아갈 방향을 제시하였다는 점에서 큰 의미를 가지며 아울러 경제와 사회의 변곡점에 서 있는 중국 자신에게 거대한 과제를 던졌다는 의미를 가진다고 하겠다. '일대일로' 계획은 아직은 정교하게 디자인되거나 확정된 계획을 가지고 있는 구체적 프로젝트라기보다는 다양한 논의를 수용하는 플랫폼 혹은 거대 화두의 차원에 있으며 그동안 중국이 노력해 온 결과물들을 종합하는 하나의 종합 프로젝트의 성격을 가지고 있다.

구체적 실천 과정에 들어갈 경우 수많은 난제에 당면하게 될 것으로 예상되며 특히 '일대일로' 계획 발표 이후 중국경제의 장기 추세성장률 하락 및 경착륙에 대한 우려가 확산되고 있어 '일대일로' 계획에 대한 국제사회의 주목 정도는 전보다는 다소 덜한 상황이지만, 구체적 시간표의 지체 내지 변동 가능성에도 불구하고 '일대일로' 계획은 중국과 유라시아 대륙 국가들이 경제통합과 공동발전을 위해 추구해 나갈 장기 과제로서 오랫동안 자리매김할 것으로 생각된다.

 참고문헌

한동훈, "후진타오 시대 개방 역주행 10년," 주간조선 2372호, 2015.8.31.
한동훈, "일대일로의 내용과 의미에 관한 단상," 인천대학교 중국관행 웹진, 2015.9.
한동훈, "왜 일대일로인가?: 일대일로와 중국경제," 성균차이나포커스 제19호, 2015.8.1.
이봉걸, "중국의 꿈 일대일로 프로젝트 현황과 영향," 무역연구소 Trade Focus Vol.14, No.16, 2015년 5월.

II
'일대일로'의 다양한 영역

'일대일로' 와 미중관계 (서정경)

'일대일로' 와 TPP (성귀여우)

'일대일로' 와 국제운송회랑 (서종원)

'일대일로' 와 에너지 협력 (양철)

'일대일로' 와 금융자본 (서봉교)

'일대일로' 와 서부지역 (김수한)

'일대일로' 와 동북지역 (탄훙메이 · 우커량)

'일대일로'와 미중관계[*]

서정경 (徐正京)

1 '일대일로'와 지정학

중국의 '일대일로' 전략을 미중관계와의 연관성 속에서 분석하기 위해서는 우선 지정학적 관점을 이해할 필요가 있다. 비록 탈냉전 이후 지정학의 학문적 위상은 현저히 약화된 바 있으나 최근 지정학에 대한 각계의 관심이 제고되고 있고, 국제관계의 오랜 역사를 보더라도 지정학적 관점과 시각은 사실상 면면히 지속되어 왔다. 지정학은 19세기 후반 20세기 초반 유럽열강의 대외 확장 및 세계전략에 투영되었을 뿐 아니라, 2차대전 전후 미국의 강대국화 외교정책에도 영향을 미쳤다. 지정학에 대한 중국 학계와 관방의 관심 또한 빠르게 제고되는 추세이다. 오늘날 미국이 중국의 부상을 견제하기 위해 '아시아재균형' 전략 및 '신실크로드' 계

---

[*] 본 글은 국제정치논총 제55집 2호에 실린 저자의 "지정학적 관점에서 본 시진핑 시기 중국외교: '일대일로' 전략을 중심으로" 그리고 성균차이나포커스 제19호에 실린 저자의 "일대일로의 지정학: 유라시아를 둘러싼 중미 간 경쟁"의 내용을 수정·보완한 것입니다.

획을 추진하고, 이에 맞서 중국이 주변외교(周邊外交)를 격상시키며 '일대일로(一帶一路)' 전략을 적극 추진하면서, 전 세계 GDP의 1/3 이상을 차지하며 가장 우월한 성장 잠재력을 지닌 것으로 평가받는 아시아 지역을 둘러싼 강대국 간 경쟁구도가 재현되고 있다. 다시 말해 오늘날 미국의 상대적 쇠퇴가 부각되고 중국의 부상이 가시화되는 시점에서 정치적 과정의 지리적 조건, 또는 정치적 공간과 그 구조 안 행위자와의 연관성에 관한 연구가 여전히 유효하다는 사실이 부각되고 있는 것이다.[1]

본 글은 서구의 대표적 지정학자인 알프래드 마한(Alfred Thayer Mahan, 1840~1914)과 핼포드 매킨더(Halford Mackinder, 1861~1947)의 관점에 주목한다. 마한은 해양학자로서 해양력(sea power)을 좁게는 해군력, 제해권으로, 넓게는 해운력과 해군력의 결합으로 간주하였다.[2] 그는 한 국가의 생존과 번영에는 해양 교통로나 무역로의 장악 여부, 그리고 평시에 이를 뒷받침하고 전시엔 적에 대항하기 위한 해군력의 여하가 관건적이라고 여겼다. "자연이 어느 한 나라에게 공해로 쉽게 접근할 수 있는 위치를 제공해 주는 경우, 만일 그 나라가 중요한 교통로나 세계 무역로 가운데 하나를 장악하고 있다면 그 지리적 위치가 갖는 전략적 가치는 매우 높다", "수심이 깊은 항구를 많이 보유하고 있는 것은 국력과 국부의 원천 가운데 하나이며, 특히 이들 항구들이 항해 가능한 하천 출구라면 그 효과는 배가 된다", "해양력의 역사는 비록 그 광범위한 범위 속에는 바다를 인접하고 있는, 혹은 바다에 의해 어느 한 민족을 위대하게

---

[1] 이러한 시각과 관점으로는 Walter Russell Mead, "The Return of Geopolitics: The Revenge of the Revisionist Powers," *Foreign Affairs* 93(3), 2014, pp.69-79. 이 외에도 Mohan Malik, "America and China's Dangerous Game of Geopolitical Poker," *The National Interest*, June 18, 2014.
[2] Alfred Thayer Mahan, *The Influence of Sea Power upon History, 1660-1783*, 12th ed.(Boston: Little, Brown and Company, 2004), p.28.

만드는 모든 것을 아우르고 있지만 주되게는 군사적 역사이다"고 했다.[3] 또한 마한은 유럽 국가들의 역사를 고찰한 후 강대국이 되기 위해서는 해외 시장의 개척이 필수적이라 여겼다. 즉 일정한 발전 단계에 다다른 국가가 경제성장을 지속하려면 국내 잉여 생산물을 해소하기 위한 해외 시장이 필요하다는 것이다. 결국 마한에 따르면 강대국이란 쉽게 방어할 수 있는 해안선을 가진 나라로서 강한 해양력을 발전시키고 육상기지 네트워크의 뒷받침을 받으며 세계무대로 발돋음하는 나라이다. 매킨더 역시 대륙세력과 해양세력 간 갈등에 주목하였다. 그는 유라시아의 핵심부 즉 발트해로부터 흑해를 거쳐 동유럽까지를 '심장지역(heartland)'으로 보고, 심장지역을 지배하고 조직하는 자가 세계를 지배한다고 주장했다.[4] 매킨더는 이론 초기에는 심장지역을 장악하는 한 해양세력이 힘을 축적하는 데 유리하다고 보았고, 이후 철도가 도입되고 운송수단이 확충되자 대륙세력이 강대국화에 더욱 유리하다고 주장하였다.

결국 마한과 매킨더는 해양을 중시했느냐 대륙을 중시했느냐의 차이가 있을 뿐 둘 다 대륙세력과 해양세력이라는 프레임으로 역대 강대국의 흥망성쇠를 조망하고 자국의 전략적 대처를 주문하였다는 공통점이 있다. 본 글은 이러한 관점에서 출발하여 미중관계를 바라보고자 한다. 즉 전통적으로 강한 해군력을 바탕으로 전 세계 패권국가로 자리매김해 온 대표적 해양세력인 미국과, 전통적으로 대륙세력에 치중해 오다 최근 해양의 중요성을 자각하고 대륙-해양 국가로서의 정체성을 형성해 나가고 있는 중국 간 양자관계를 분석해 보려는 것이다.

---

[3] 상게서, p. 32, p. 35, p. 1.
[4] "동부유럽을 지배하는 자가 심장지역을 지배하고, 심장지역을 지배하는 자가 월드 아일랜드를 지배하며, 월드 아일랜드를 지배하는 자가 세계를 지배한다"는 명제는 매킨더의 주장을 압축한 핵심이다. Halford J. Mackinder, *Democratic Ideals and Reality* (New York: Henry Holt and Company, 1942), p. 150.

2 '일대일로' 전략의 탄생 배경 : 중국의 부상 그리고 미국의 동진(東進)

시진핑이 2013년 제시한 '일대일로' 전략은 중국의 부상 그리고 이를 견제하는 미국의 동진이라는 객관적 현실 속에서 태동한 것이다. 주지하듯, 중국의 부상은 현 국제질서를 동요시키는 주요 역량이다. 중국은 2001년 WTO 가입을 통해 국제경제체제에 편입된 이후 2005년에 GDP 기준으로 프랑스를, 2006년엔 영국을, 2007년엔 독일을, 그리고 2010년엔 일본을 차례로 따라잡았다. 이처럼 빠른 성장속도는 일반적인 예상을 뛰어넘는 것이었다. 글로벌 금융위기의 여파로 미국을 위시한 선진국의 경제력이 쇠퇴하는 가운데 중국경제는 비록 초고속 성장시대는 마감하였지만 서구에 비해 상대적으로 지속 발전하고 있다.

2008년 세계금융위기를 계기로 미국 패권의 상대적 쇠퇴가 부각되면서 오늘날 국제사회는 미중 간 국제질서 전환기라는 과도기적 시기에 진입하였다. 그리고 중국에 대한 미국의 견제가 가시화되고 있다. 비록 세계경제의 미래를 판가름할 에너지, 인구, 창의력 면에서 중국은 여전히 미국의 위상에 영향을 줄 만큼 성장하지 못했다는 조셉 나이(Joseph Nye)의 견해도 있지만 오바마 행정부는 기본적으로 미중 간 경쟁은 불가피하다고 여기고 있다.[5] 핵의 시대에 중국이 독일과 같은 전쟁 노선을 걷지는 않겠지만 어떠한 정치적, 경제적 난관이 있을지라도 대국을 향한 중국의 전진은 중단되지 않을 것이며 중국의 대국화를 막을 수 없다고 판단하고 있기 때문이다.[6]

---

[5] Joseph S. Nye Jr., *Is the American Century Over?* (M.A.: Polity Press, 2015) 참조.
[6] 이러한 관점으로는 Gideon Rachman, *Zero-Sum World: Politics, Power and Prosperity after the Crash* (U.K.: Atlantic Books, 2014). 참고로 기드온은 *Zero-Sum Future:*

주지하듯 미국 대외정책 기반에는 '미국은 다르다'는 미국 특유의 우월주의와 선민사상 즉 '미국식 예외주의(American Exceptionalism)'가 내재해 있다. 이것이 고립주의(Isolationism)와 개입주의(Interventionism)라는 서로 다른 양태로 나타나는 동안 지정학적 사고와 관점은 필요시 언제라도 이러한 미국식 예외주의와 결합하여 대외 팽창을 뒷받침했던 것이다. 즉 미국이 스페인과의 전쟁을 계기로 고립주의에서 벗어나 해외 확장을 전개한 19세기 말 20세기 초반, 미국이 패권국 지위를 확보한 2차대전 이후, 냉전과 탈냉전을 거쳐 오늘날에 이르기까지 미국의 세계전략에는 줄곧 비록 정도의 차이는 있지만 지정학적 사고와 주장이 면면히 반영되어 있다. 탈냉전시대에 접어들자 과연 누가 소련의 뒤를 이어 미국에 대항할 것인가가 미국 정치학계의 화두였고, 개혁개방 이후 빠른 성장을 보이는 중국에 대한 미국의 의구심은 점차 강화되고 있다. 사무엘 헌팅턴(Samuel Huntington)의 '문명충돌론'이나 브레진스키(Zbigniew Brzezinski)의 '거대한 체스판' 등 지정학적 관점과 사고는 끊임없이 표출되어 왔다. 브레진스키는 탈냉전시대 미국의 압도적인 패권 지위에 대한 잠재적 적들의 부상을 견제하고 미국의 패권적 지위를 유지하기 위해 유라시아를 어떻게 관리하느냐가 미국 대외전략의 핵심이라 여겼다. 그리고 이미 그는 향후 미국의 패권에 도전할 주요한 가능성이 있는 세력으로 중국을 예견한 바 있다. 그가 보기에 향후 미국의 미래 안보에 가장 위험한 시나리오는 중국이 같은 대륙세력권인 러시아, 이란과 거대한 반미 동맹을 구축하는 것이며, 따라서 미국이 유라시아의 서쪽과 동쪽, 남쪽에서 미리 지정학적 대응책을 마련해야 한다고 주장하였던 것이다.[7] 오늘날

American Power in an Age of Anxiety (Simon & Schuster, 2012)에서 1978~1991년을 전환의 시대(the Age of Transformation), 1991~2008년을 낙관의 시대(the Age of Optimism), 그리고 2008년부터 현재까지를 불안의 시대(the Age of Anxiety)라고 평가했다.

[7] Zbigniew Brzezinski, *The Grand Chessboard: American Primacy and Its*

오바마 행정부가 추진하는 '신실크로드(New Silkroad)' 계획과 2013년 출시된 '아시아재균형(Asia rebalancing)정책'도 미국의 대표적인 지정학적 대응책으로 꼽을 수 있다. 미국이 유라시아 지역에 대한 자신의 기득권을 보호하고, 중국과 러시아 등 새로운 강대국의 영향력 확대를 견제하기 위해 적극적으로 동진하고 있는 것이다.

2011년 7월 힐러리 클린턴 당시 미 국무장관은 제2차 미·인도 전략대화에서 '신실크로드(New Silk Road)' 계획을 주창하였다. 이는 2001년 9·11 테러 이후 10여 년에 걸쳐 미국이 개입하여 영향력을 쌓은 아프간을 중심으로 중앙아시아와 남아시아를 연계·통합하는 지역통합구상으로 풀이된다.[8] 일견 아프간이 테러리즘 온상으로 재퇴락하는 것을 방지하고 미군의 철수를 위한 조건을 마련하기 위한 것이지만, 보다 거시적으로는 중앙아시아와 남아시아에서의 미국의 전통적 영향력을 강화함으로써 러시아, 중국 등의 이 지역에서의 영향력을 배제하려는 의도를 담고 있다. 이를 위해 현재 미국은 아프간에서 투르크메니스탄, 파키스탄, 더 나아가 인도 등 주변국과의 고속도로, 철도, 가스관 등을 연결하는 다양한 경협 프로젝트(TAPI : Turkmenistan-Afghanistan-Pakistan-India)를 추진하고 있다. 프로젝트의 실행에는 미국의 영향력이 작용하는 아시아개발은행(ADB)이나 세계은행(WB)의 자금이 투입되고 있다. 이 외에도 더욱 두드러지는 미국의 대중 지정학적 압박은 '아시아재균형정책'이다. 이는 전통적으로 아메리카의 운명이 아시아태평양 지역에 있다는 미국의 지정학적 인식과 믿음에서 출발한 것으로, 중동에 과도히 편중된 미국의 자원과 시선을 아시아로 돌려야 한다는 관점에 따른 것이다. 힘의 우위를

Geostrategic Imperatives(New York: Basic Books, 1997).
[8] "Clinton Remarks at Anna Centenary Library," Sify news July 21, 2011, http://www.sify.com/news/clinton-remarks-at-anna-century-library-full-text-news-default-lhxuutccabc.html (검색일: 2015년 5월 29일).

유지하는 동안 지정학적 우위를 심화시켜 세계질서의 미래를 주도해야 한다는 미국의 전략적 의도에 따른 것이었다.[9] 보다 구체적으로 보자면 '아시아재균형정책'에는 패권의 유지에 필수적인 경제성장의 동력 및 천연 에너지 자원을 확보하기 위해 지정학적 요충지를 수호하려는 미국의 전략적 의도가 반영되어 있다. 미국의 1인당 에너지 수요량은 세계 1위이지만 미국 내 매장량은 중앙아시아 매장량의 반 정도에 불과하다. 셰일가스로 인해 에너지 수입 의존도가 일부 완화될 것으로 추정되지만, 여전히 전통적 지정학적 요충지인 유라시아 지역에 대한 확고한 지배력을 유지하는 것은 중요하다. 중국, 인도 등 신흥 산업국들이 매년 엄청난 양의 에너지를 빨아들이며 이 지정학적 요충지에 대한 영향력을 제고시키는 상황에 대비해야 하는 것이다.

  미국은 중국의 군사력이 계속 증강됨에 따라 자신의 동북아 군사 패권이 상당 부분 약화될 것을 우려하고 있다. 2014년 카네기국제평화재단에서 발표한 「2030년 중국의 군사력과 미·일 동맹: 전략적 평가 보고서」에서는 향후 15~20년 사이 동북아에서 중국은 미국의 군사적 우위를 상당 부분 약화시킬 가능성이 매우 크다는 전망이 나왔다. 보고서는 향후 동북아 지역의 정세가 균형의 약화(eroding balance), 제한적 충돌(limited conflict), 위협의 완화(mitigated threat), 아시아 냉전(Asian cold war), 중국 중심 아시아(Sino-centric Asia), 그리고 중일 경쟁(Sino-Japanese rivalry)이라는 여섯 가지 가능성이 있으며 이 중에서 첫 번째 시나리오의 가능성이 가장 크다고 밝혔다.[10] 물론 '아시아재균형정책'이 중국에 대

---

9 Patrick Cronin, "As the World Rebalances in the Asia-Pacific Century, So Must the United States," *Global Asia*, Vol. 7, No. 4 (Winter 2014), p. 12.
10 Stephen G. Brooks, G. John Ikenberry, and C. Wohlforth, "Don't Come Home, America: The Case Against Retrenchment," *International Security*, Vol. 37, No. 3(Winter 2012), pp. 50~51에서 재인용.

한 직접적 봉쇄인가에 대해서는 논쟁의 여지가 있다. 2012년 6월 제11차 아시아안보회의에서 리언 파네타(Leon Panetta) 전 국방장관은 미국의 '아시아재균형정책'을 보다 구체화하여, 아시아 지역 중시정책의 4대 원칙 중 하나인 '파트너십 강화'가 미국의 전통적 동맹국 외에 인도, 싱가포르, 인도네시아, 중국 등과의 관계강화를 포함한다면서, 미국의 아시아 중시정책이 중국을 봉쇄하려는 의도가 아니라는 메시지를 전달하였다. 그는 시진핑 당시 국가부주석과의 만남에서도 미국의 '아시아재균형정책'의 목표가 지역의 안정과 평화, 번영을 추진하기 위한 것이며, 이 목표를 실현하는 데 특히 중요한 조건은 미국과 중국이 건설적 관계를 구축하는 것이라고 강조한 바 있다.[11] 또한 '아시아재균형정책'의 실무 총사령탑을 맡았던 커트 캠벨(Kurt M. Campbell) 미 국무부 전(前) 동아태담당 차관보도 2014년 5월 중앙일보-CSIS 연례포럼에서 미국의 '아시아재균형정책'이 중국을 봉쇄하기 위한 것이 아니며, 이 전략이 성공하려면 중국을 포용하고 참여시켜야 한다고 언급한 바 있다.[12] 그렇지만 미국이 중시하는 아시아의 경우 중국의 부상에 대한 적극적 대응이 미국 외교의 핵심 사안이 되었다는 점에서, '아시아재균형정책'과 대중국 전략은 상호 불가분의 관계를 갖는다. 그리고 2011년 클린턴 미 국무장관이 밝힌 아시아개입 6대 행동원칙 중 안보동맹 강화가 첫 번째 순위인 점에서도 알 수 있듯 미국의 '아시아재균형정책'에는 군사안보적 접근이 우위를 차지한다.[13] 그리고 미국의 국방부는 동아시아에서 미국의 위치를 대체할 가능성이 있는 국가 중 하나로 중국을 꼽아 왔으며, 중국의 국력 강화에 따

---

[11] http://news.xinhuanet.com/politics/2012-09/19/c_113137558.htm (검색일: 2015년 2월 3일)
[12] 중앙일보, 2014년 5월 28일자.
[13] Hillary Clinton, "America's Pacific Century, *Foreign Policy*, November 2011.

라 중국에 대한 우려와 견제심 또한 강화되고 있는 추세이다. 미국은 전통적으로 아시아에서 자신을 중심으로 하는 여러 양자 동맹관계(Hub and Spoke)를 구축해 왔다. '아시아재균형정책' 천명 이후 동아시아 핵심 동맹국 일본을 중심으로 한국, 호주, 필리핀, 태국 더 나아가 인도네시아, 싱가포르, 뉴질랜드와의 관계망을 통해 미-일-한, 미-일-호, 미-일-인 삼각동맹을 중층적으로 확대시켜 나간다는 계획이다. 여기에 중국의 과도한 팽창을 저지하겠다는 의도가 있음은 물론이다. 미 국방부가 2014년 3월 발표한 '4개년 국방 전략 검토 보고서(QDR)'에서도 2020년까지 해군 전력의 60%를 아태지역에 배치하고 역내 공군력도 증강하겠다는 구상이 담겨 있다.[14]

경제적으로도 미국은 '환태평양 경제동반자 협정(TPP: Trans-Pacific Partnership)'의 확대를 통해 아태지역에 대한 자신의 지배적 지위를 공고화하고자 한다. 미국은 애초부터 중국이 포함되지 않은 아태지역 다자경제협력체인 TPP에 일본 등 주요국들이 참여해 주기를 바랐다. 올해 타결된 동 협정에는 이미 중국을 제외한 대부분의 동아시아 역내 국가들이 참여하거나 관심을 표명하고 있어, 결과적으로 미국의 경제적인 대중국 봉쇄 라인으로 작용할 가능성이 크다. 이처럼 '신실크로드' 계획, '아시아재균형' 전략, '환태평양 경제동반자 협정' 등 다양한 미국발 동진전략이 중국의 '일대일로' 전략을 태동시키는 주요한 지정학적 배경이라 풀이할 수 있다.

---

[14] U.S. Department of Defense, *Quadrennial Defense Review 2014*, 2014.3.4.

3 '일대일로'와 중국의 속마음

오바마 정부의 '아시아재균형정책'을 포함한 동진전략은 중국에게 매우 불편한 것으로 간주되고 있다. 중국은 현재 쇠락하는 미국이 중국 자신의 미국지위 대체 속도를 늦추기 위하여 할 수 있는 모든 조치를 다 취할 것이라고 여긴다. 하지만 미국의 포위 및 견제에 대한 중국의 인식은 과거의 그것에 비해 보다 자신감 있게 표출되고 있다. "광활한 태평양에는 중국과 미국 두 대국을 수용할 수 있는 공간이 충분하다"는 시진핑 주석의 언급이 그러하다.

시진핑을 필두로 한 제5세대 지도부는 재임기간 동안 종합국력을 더욱 증대시키고, 국제적 영향력을 확대하여 지역대국에서 글로벌 대국으로 나아가려는 과정에 있다. 미국의 신실크로드, TPP나 '아시아재균형정책'에 대한 중국관방과 학계의 인식은 대체로 부정적이지만 그렇다고 해서 현재 중국이 미국에 도전할 능력을 완전히 갖췄다고 단정하는 것은 아니다. 중국의 자기정체성에 개발도상국과 강대국이라는 이미지가 혼재해 있는 것처럼, 중국의 대외정책에도 방어성과 공세성이 함께 나타나고 있다. 이러한 과정 속에서 태동한 '일대일로' 전략에서는 미국과의 직접적 충돌을 우회하면서도 자신의 세력권은 적극 구축해 나가려는 중국의 내심이 드러나고 있다. 우선 미일동맹, 한미동맹 등 미국의 강력한 안보동맹이 존재하고 조어도, 북핵 등 갈등 이슈가 존재하여 미국과의 직간접적 충돌이 가능한 동북아 지역은 '일대일로'의 범위에서 배제시켜 놓았다. 반면 '실크로드 경제벨트(絲綢之路經濟帶)'를 통해 중국에서 서쪽으로 중앙아시아, 러시아를 거쳐 유럽(발트해)에 이르는 길, 중국에서 중앙아시아, 서아시아, 페르시아만을 거쳐 지중해에 이르는 길, 그리고 중국에서 동남아, 남아시아를 거쳐 인도양에 이르는 길을 연결하려고 한다. 또한 '21세기 해상실크로드(21世紀海上絲綢之路)'를 통해 중국 연해 항구에서 남지나해를 넘어 서쪽에 있는 인도양, 유럽에 이르는 길, 그리고 중국 연해 항구에서 남지나해를 넘어 남태평양에 이르는 길을 연결하려고 한다. 지도상으로 보았을 때 명백한 서진의 모습을 보이고 있다.

  기실 중국의 '일대일로' 전략은 미국의 전 세계적 패권적 우위를 동요시킴으로써 국제질서의 다극화를 더욱 촉진시키려는 의도에 따른 것이기도 하다.[15] 중국은 AIIB에 대한 주변국들의 참여를 독려함으로써 미국의 영향력이 강하게 발휘되는 세계은행(World Bank)과 아시아개발은행(Asian Development Bank)의 지배적 위치를 흔들고 중국이 주도하는 아시아 금융 네트워크를 독자적으로 구축해 나가고 있다.[16] 중국은 '일대일로'를 통한 전방위적 물류 네트워크를 구축함으로써 미국과 일본이 장악하고 있는 역내 패권 및 대중 포위 구도를 약화시킬 수 있다고 여긴다. 미국과 일본이 전 세계를 대상으로 하는 광범위한 물류 시스템을 조기에 확충한 덕분에 오늘날의 무역대국이 될 수 있었다고 보고, '일대일로' 전략의 장기적 실행을 통해 자국중심의 통합 물류체계를 창출시킴으로써 미·일의 대중 봉쇄에 대항할 수 있다는 논리다. 이를 위해 일본·한국·대만·필리핀·호주·인도, 심지어 미얀마에 이르기까지 친미(親美)적 성향이 강한 나라들을 포섭하는 것이 중요한 과제라고 여기고 있다. 중국사회과

---

[15] 薛力, "'一帶一路'折射的中國外交風險," http://www.ftchinese.com/story/001059886?full=y (검색일: 2015년 3월 4일). 그는 만일 중국이 '일대일로' 전략을 잘 추진한다면 '미국의 아태'를 '중국의 주변'으로 전환시킬 수 있겠지만, 그렇지 못하다면 '일대일로'는 중국에게 아주 골치 아픈 것이 되고 미국에게 오히려 기회를 제공하게 될 것이라는 주장을 하고 있다.

[16] "China's new bank plan may be aimed at countering Japan, U.S." *IFCL Media News*, http://ifclmedia.com/feeds/china-s-new-bank-plan-may-be-aimed-at-countering-japan-u-s (검색일: 2014년 8월 25일).

학원 장윈링(張蘊嶺) 교수에 따르면, 중국은 아직 미국처럼 전 세계 193개 국의 '이웃'이 되지 못했는데 세계 강대국의 권력을 추구하려면 반드시 주변이라는 '국면(局)'을 잘 다뤄야 한다는 것을 깨달았기에 과거 한동안은 동아시아에 집중하다가 점차 세력을 균형적으로 확장시켜 나가고 있다.[17]

일대, 즉 실크로드 경제벨트만 구축하는 것이라면, 이는 명백한 대륙세력(land power)의 전략이다. 하지만 중국은 일로, 즉 21세기 해상실크로드를 함께 추진하고, 아울러 해군력의 강화를 기하면서 육상기지 네트워크의 뒷받침을 받아 해양으로 진출하려는 명백한 해양세력(sea power)의 움직임을 보이고 있다. 비록 아직까지 '일대일로' 초기단계에 불과하며 그 실체도 명확히 나타나지 않은 상황이라 단언할 수는 없지만, 장기적 관점에서 보았을 때 중국이 현재 추진하는 대로 미래의 어느 날 아시아, 유럽 및 더 나아가 아프리카까지를 잇는 무역 시스템, 에너지 수송로 등을 하나로 통합한 강력한 정치적 권력이 만일 출현하게 된다면 이는 의심할 바 없이 세계패권의 등장을 의미한다. 이것을 막으려는 미국발 동진(東進)과 이를 우회하여 종국적으로 성취하려는 중국발 치열한 서진(西進)이 오늘날 소리 없이 전개되고 있는 것이다.

---

[17] 張蘊嶺, "聚焦一帶一路大戰略," 陸橋時評, 2014년 8월.

'일대일로'와 TPP

성궈여우 (宋國友)

2015년 10월, 12개 회원국이 참여한 "TPP(Trans-Pacific Partnership, 환태평양경제동반자협정)"가 수년간 힘든 협상 끝에 미국 애틀랜타에서 타결됐다. 비록 TPP는 각국 정부와 입법기관의 최종 비준을 거쳐야 발효되지만, 역사적으로 중요한 한 걸음을 내딛었다고 말할 수 있다.

1 TPP의 영향

TPP 타결은 아시아·태평양 지역과 전 세계 정치·경제에 일정한 영향을 끼칠 것이다.

첫째, 역내 경제협력에 새로운 동력이 출현하여 아태지역 경제일체화가 더욱 진전될 것이다. TPP는 아태지역 국가가 역내 경제협력 발전을 추동하는 시도 중 하나이다. TPP와 동시에 진행되고 있는 것은 역내 포괄적 경제동반자협정(RCEP)과 중·일·한 자유무역협정(FTA) 등이다. 이

가운데 TPP가 먼저 타결된 것을 적극적인 의미에서 보면, 이는 역내 경제협력의 밝은 미래를 보여주었을 뿐만 아니라 향후 다른 역내 경제협력체제의 발전을 자극할 것이다. TPP로 인해 RCEP의 주요 협상국들은 긴박감 속에서 협상을 가속화할 것이다. 이러한 의미에서 TPP는 아태지역의 새로운 경제협력체제 건설의 선례가 될 것이다. 즉 다른 경제협력체제의 건설, 나아가 아태지역의 경제통합에 도움을 주어 전체 아태지역 경제체를 포괄하는 거대한 자유무역지구 출현을 이끌게 될 것이다.

둘째, 세계 무역규범에 새로운 변화가 일어날 것이다. TPP가 제창하는 규범은 기존 규범에 비해 기준이 높다. TPP는 전통적인 관세 감면 사항을 포함할 뿐만 아니라 여러 규범들을 포함하고 있다. 그것은 성원국들의 시장진입 규제 완화, 지적재산권 보호 강화, 노동 및 환경보호 기준 제고, 무역분쟁에 대한 법적 구속력 강화, 경쟁중립성(Competitive Neutrality)에 대한 요구 강화 등이다. 종합하면, TPP의 이러한 규범은 국제무역의 발전방향에 부합하지만, 성원국들의 더 많은 약속과 양보가 필요하다. TPP 타결로 인해 미국 등 TPP 성원국들은 향후 FTA 협상에서 이러한 기준을 적용할 것이며, 다른 비(非)TPP 국가들도 FTA 협상에서 능동적 혹은 수동적으로 이러한 기준을 채택할 것이다. 이에 따라 향후 TPP 규범을 모델로 하는 협상이 FTA 협상의 중요한 흐름이 될 것이며, 이것은 국제무역규범을 형성하고 이끌어 나가는 데 일정한 역할을 할 것이다.

셋째, 미국은 경제적 측면에서 든든한 지원이 생겨 아시아 회귀전략에 새로운 진전을 거두게 될 것이다. 미국의 TPP 가입과 TPP 협상 주도는 아시아 회귀전략과 거의 동시에 이루어졌다. 미국의 외교 및 국방 전문가들은 보편적으로 TPP가 아시아 회귀전략에 경제적 토대를 구성할 것이라고 생각한다. 미국은 TPP를 통해 동맹국과의 경제적 연대를 더욱 실질적으로 추진할 수 있으며, 아태지역에서의 경제적 매력과 영향력을 강화할 수 있다. 그동안 TPP의 더딘 진도는 미국의 아시아 회귀전략의 실질적인 기능을 제한해 왔다. 오바마 대통령은 TPP 협상 타결을 위해 총력을 기울였다. 그는 TPP가 퇴임 후 정치적 유산이 될 것이며, 아시아 회귀전략의 최종 효과를 좌우한다는 사실을 잘 알고 있었다. TPP의 지원이 없는 아시아 회귀전략은 오바마 정부 외교의 최대 부실공사가 될 것이기 때문이다.

2 TPP 영향력의 한계

비록 TPP가 상술한 영향력을 가지고 있지만, 몇 가지 큰 한계를 가지고 있다. 가장 중요한 원인은 세계경제 구도, 세계 무역환경과 국제경제 거버넌스에 이미 명확한 변화가 일어났기 때문이다. 또한 TPP는 수많은 지역경제 협력체제 중 하나에 불과하며, TPP 외에도 역내 경제일체화를 강화하는 협상들이 진행되고 있다. 향후 TPP가 여전히 폐쇄적인 클럽형식을 유지하고 의도적으로 일부 경제대국을 배제한다면 최대한의 경제적·전략적 효과는 거두기 어려울 것이다. 요컨대 TPP의 영향력을 과대평가하지 말아야 할 것이다.

첫째, TPP가 국제무역 성장을 실질적으로 추동하는 데에는 한계가 있다. 미국과 일본 등은 세계적인 주요 무역국가다. 그러나 대다수 TPP 성원국들이 세계무역에서 가지는 위상은 그다지 높지 않다. 요컨대 2014년 TPP 12개 성원국의 양자 간 무역총액은 전 세계 무역총액의 7%에 불과했다. 전체적으로 보면, TPP가 전 세계 무역을 촉진하는 데에는 한계가 있다. 냉전 이후 국제무역 발전의 경험에 비추어 보면, 실제 전 세계 무역 성장에 큰 역할을 한 것은 다음 두 가지 사건이었다. 하나는 1994년 타결된 WTO 우루과이 라운드 협상이며, 다른 하나는 2001년 중국의 WTO 가입이다. 이 두 사건은 국제무역총액을 큰 폭으로 끌어올려 세계경제를 이끌었으며, 글로벌화를 추동시켰다. TPP는 결국 EU와 중국 등을 포함하지 않은 일부 아태지역 국가 간의 역내무역협정이다. 국제무역에서의 영향력은 제한적 일 수밖에 없다.

둘째, TPP는 기존은 물론 미래의 지역 경제무역 구도를 바꾸기 어렵다. 현재 아태지역의 무역은 각국의 지리적 위치, 자원 부존(Resource Endowment), 경제적 수준, 분업 상황 등 여러 가지 장기적이며 근본적인 요인에 따라 결정된다. 게다가 시장과 자본은 최종적으로 무역·투자 자체의 수익성을 고려한다. 만약 TPP가 가져다준 보너스가 기존의 무역·투자 모델의 이익을 넘어서지 못한다면, 시장과 자본은 TPP를 고집하지 않고 기존의 무역·투자 형식을 유지할 것이다. 기존 아태지역의 경제무역구조에서 중국은 무역·투자의 하나의 중심이 되었다. 이것은 수십 년간 세계경제 분업과 발전을 통해 자연적으로 형성된 것이다. 중국의 경제력 제고에 따라 중국이 아태지역 내 가치 사슬(Value Chain)에서 가지는 위상은 점차 높아지고 있다. 또한 중국의 역내 경제관계 구축력도 지속적으로 강화되고 있다. 따라서 중국이 TPP로 인해 받을 타격은 상대적으로 작다.

셋째, 무역규범에 대한 TPP의 영향력은 한계가 있다. 일부 TPP 성원국들은 TPP가 무역규범에서 '선도적' 역할을 할 것이라고 강조한다. TPP의 일부 규범은 확실히 선진적이다. 예컨대 노동 기준, 환경보호, 지적재산권 보호 등이다. 그러나 만약 TPP의 규범을 자세히 살펴보면, 대체적으로 크게 선진적이라고 말할 수 없다. 예컨대, TPP 체결국 간 사증(VISA), 위생 및 검역, 기타 세관 관리 간편화 등 규정이다. 이러한 것들은 무역 편의화를 위한 호혜적인 조치에 불과하며, 다른 국가들도 자체적으로 추진할 수 있다. 또한 TPP는 국제무역에서 디지털무역의 위상을 강조한다. 그러나 중국을 포함한 무역대국들은 이미 이 점을 충분히 중시하고 있기 때문에 TPP가 무역규범에서 상대적 우위를 차지한다고 말할 수 없다.

설령 TPP의 일부 규범들이 새로운 의의를 가지고 있다고 할지라도 규범의 참신성이 최상의 규범, 나아가 유일한 규범을 의미하는 것은 아니다. TPP는 회원국 간의 모든 FTA 규범이 반드시 TPP에 맞추어져야 한다고 규정하지는 않는다. 또한 "TPP는 WTO와 기타 양자·역내 협정을 포함한 체결국 간의 기타 국제무역협정과 병존할 수 있다"고 명시되어 있다. 이것은 TPP 회원국들이 발전가능성이 높은 다른 무역협정, 즉 TPP와 불일치하거나 심지어 상충하는 무역협정도 맺을 수 있음을 의미한다. 이밖에 무역규범 측면에서 보면, TPP는 체결국의 다자간 규범에 적용된다. 현재와 미래 국제무역의 주된 규범은 여전히 WTO 규범이다. TPP 회원국들은 이 점을 잘 알고 있기 때문에 "WTO에 저촉되는 수출입 제한 및 관세 규정을 채택하지 않으며", 무역구제조치에도 "TPP 각 체결국은 WTO 틀 안에서의 권리와 의무를 행할 것"에 동의했다. 이러한 사실은 TPP 규범이 WTO 규범을 대체하는 것이 아니라 여전히 WTO 규범에 기초하고 있음을 나타내 준다.

3 TPP의 대중국 제재력 약화

TPP 타결은 중국에 일정한 영향을 줄 것이다. 요컨대 중국에 대한 TPP의 실제 영향력은 수년 전 미국이 처음 TPP를 제안할 때보다 많이 감소되었다.

첫째, 중국은 이미 TPP의 부정적 충격을 견딜 만한 경제력을 갖추었다. 중국은 세계 제2의 경제대국이며 최대 화물무역국이다. 중국은 막대한 규모를 가지고 있으며, 무역 다원화가 명확하게 이루어지고 있다. 2015년 중국의 경제력과 무역총량은 미국이 TPP에 가입하고 주도한다고 발표한 2010년보다 크게 증가했다. 만약 TPP가 2010년에 타결되었다면, 당시 중국이 받았을 충격은 과소평가될 수 없을 것이다. 그러나 현재 TPP 타결이 중국에 미치는 영향력은 한계가 있다. 중국 경제무역 규모의 발전에 따라 중국에 대한 TPP의 부정적인 효과도 더욱 감소할 것이다.

둘째, TPP의 대다수 회원국들은 TPP를 중국 견제용으로 삼지 않을 것이다. 아태지역의 많은 경제체들은 양자·역내 FTA 협상에서 상충적인 협상전략을 사용하고 있다. 즉 미국이 주도하는 TPP에 가입하면서 아세안이 제창하는 RCEP에도 참여하는 것이다. 그 근본적 출발점은 중국과 미국이라는 2대 시장의 보너스를 얻기 위함이다. 이것은 이익 극대화에 기반한 전형적인 양다리전략이다. 미국을 선택하여 중국에 대항하거나 반대로 중국을 선택하여 미국에 대항하려는 것이 아니다. 설령 어떤 국가가 TPP를 이용해 중국을 고립시키려 해도 중국은 이미 TPP의 여러 국가들과 양자 간 FTA를 체결했다. 이로 인해 TPP의 폐쇄성은 대폭 약화되었고 중국에 대한 '포위' 효과도 크지 않다.

셋째, 중국의 실제 무역에서 TPP의 충격은 작다. 중국무역에 대한 TPP의 파급경로는 관세와 규범이다. 관세감면 측면에서 보면, 미국은 이미 여러 TPP 회원국과 FTA를 체결해 거의 대부분 제품에 관세를 매기지 않고 있다. 설령 관세가 있더라도 수차례의 WTO 협상 이후 전반적으로 매우 낮은 상황이다. 규범 측면에서 보면, 많은 아태지역 국가들은 자국에 적합한 규범을 선택하기 원하며, 높은 기준의 규범만을 선택하려고 하지는 않는다. 미국이 추진하는 높은 기준의 규범은 국제무역의 새로운 추세에 부합한다고 말할 수는 있다. 그러나 현 단계에서는 아태지역 국가의 경제무역에 적합한 규범이 여전히 생명력과 경쟁력을 가지고 있다. 향후 아태지역에는 다양한 규범이 병존하는 FTA가 장기간 존재할 것이다. 아태지역 경제무역협력의 추세에서 보면, 그 최종목표는 더욱 포괄적인 범위와 더욱 높은 기준의 아태지역 FTA를 이루는 것이다. 중국과 미국 모두 이러한 바람을 가지고 있다. 이러한 의미에서 TPP는 아태지역 경제무역 일체화의 과도기적 형식이다. 장기적인 관점에서 보면, RCEP 등 역내 무역협정의 타결에 따라 TPP의 실제 영향력이 더욱 약화되었다.

4 TPP에 대한 중국의 대응경로

TPP는 중국에 큰 타격을 주지 못할 것이다. TPP의 부정적인 영향을 과장하는 것은 잘못된 인식에서 비롯된 것이며 자신감 부족에 따른 것이다. 그러나 중국은 TPP를 간과해서는 안 될 것이다. 경제안정과 지속가능한 발전의 측면에서 보면, 중국은 TPP에 대응해야 할 것이다. 이러한 대응은 TPP의 단기적인 영향뿐만 아니라 미래에 초점을 두어야 할 것이다. 압력을 동력으로 전환하여 중국경제의 국제경쟁력과 규범의 영향력을 제고하는 것이다. 당면과제는 다음과 같다.

첫째, 다른 경제체와의 FTA 협상을 가속화하는 것이다. TPP에는 여러 외부효과가 있지만, 그 자체는 여전히 FTA 협정이라고 말할 수 있다. 따라서 중국은 FTA 협정 문제로 돌아와 다른 경제체와의 FTA 협상을 가속화할 필요가 있다. 향후 중국은 아태지역에서 RCEP과 중·일·한 3자 FTA 협상을 중점적으로 추진해야 한다. RCEP 협상은 2013년에 시작되었지만, 협상 타결까지는 일정한 시간이 소요될 것이다. 그러나 RCEP 협상국들은 TPP 타결에 자극을 받아 협상을 가속화할 것이다. 중국은 RCEP의 주요 참여국가로서 보다 많은 자원과 동력을 지원할 수 있을 것이다. 중·일·한 3자 협상 역시 동아시아 지역 경제일체화를 심화할 수 있기 때문에 중요한 의의를 가지고 있다. 이에 대한 추진전략은 기존의 중·한 FTA 협정을 중요 기준으로 삼아 중·일·한 3자 협상을 추진하는 것이다.

둘째, '일대일로'를 통해 미국의 TPP에 대응하는 것이다. 중국이 역점적으로 추진하고 있는 '일대일로'의 전략적 구상은 비록 FTA는 아니지만, 유럽-아시아 지역의 경제일체화를 실질적으로 추동하는 기능을 가지고 있다. 미국은 TPP를 통해 해양국가들을 끌어 모으고 하나의 자유무역 국가 그룹을 형성했다. 중국은 TPP에 대응하기 위해 동아시아에서 RCEP과 중·한 FTA 등을 추진해야 하지만, 이러한 대응이 동아시아 지역에 국한되어서는 안 된다.

중국은 대륙과 해양이 연결된 국가이다. 해양지역이 TPP의 압력을 받으면 대륙지역에 의존할 수 있어 전략적 유연성을 충분히 유지할 수 있다. 따라서 실크로드 경제벨트 제창은 TPP에 대한 지정학적인 헤징(hedging) 전략이라고 말할 수 있다. 특히 실크로드 경제벨트는 중앙아시아를 선행지역으로 삼고 장기적으로는 유럽 건설까지 고려하고 있다. 이것은 유럽-아시아 대륙에서의 중국의 전략적 공간을 더욱 확장시켜 줄 것이다.

'일대일로' 측면에서 보면, 시진핑 정부는 이전 정부에 비해 주변국 외교를 더욱 중시하고 있다. 이러한 점은 경제영역에서도 마찬가지다. 중국 경제는 이미 세계 2위로 올라섰기 때문에 더 이상 지나치게 선진국 경제발전 모델에 기대서는 안 된다. 선진국과 적당한 거리를 유지하면서 견실하게 주변국과의 경제권을 구축해야 한다. 또한 이것을 중국경제 발전을 위한 지정학적 전략의 근거로 삼아야 한다. 이는 대국이라면 모두 거쳐야 하는 과정이다.

중국은 '일대일로'를 이정표로 삼아 아시아-유럽 경제권을 추진하고 있다. 이 경제권은 "중심과 주변"이라는 착취형 경제관계가 아니며, "의존하고 의존당하는" 불평등한 경제관계도 아니다. 평등 호혜, 협력 공영(共贏)의 "이익 공동체형" 신형 경제관계이다. 이 경제권은 중국이 주변국에 지역경제 공공재를 제공한다. 그리고 주변국, 특히 서부 인근 국가들은 이것을 경제 발전의 중요한 외적 동력으로 삼는다. 중국은 주변국과 다른 국가에 이 점을 충분히 설명하여 주변국의 더 많은 신뢰와 지지를 얻어야 할 것이다.

'일대일로'와 국제운송회랑

서종원 (徐琮垣)

1 들어가며

'일대일로' 사업은 기본적으로 중국과 주변국을 연결하는 경제벨트 개념으로 주변국과의 공동발전, 상생을 추구하고 있다. 그리고 이를 실현하기 위한 주요 수단으로 교통물류 인프라를 적극 구축하고 있다. '일대일로' 사업 추진을 통한 주변국과의 국제운송로 구축은 아시아의 중앙에 위치한 중국의 지리적 위상으로 인해 중국 내부 운송로와 결합하여 유라시아의 국제운송로 역할을 할 것으로 보인다.

최근 유라시아 지역을 대상으로 다양한 국제기구와 국가들이 국제운송로를 구축하는 많은 계획들을 추진하고 있으나 재원 부족과 경유 국가와의 협력상의 문제로 실제 구축과정에서 답보상태에 있는 경우가 많다. 중국의 경우 막강한 경제력 및 중앙정부의 적극적인 지원에 힘입어 발표와 동시에 실질적으로 추진됨에 따라 주변국을 포함한 세계 각국의 관심은 더욱 높아가고 있다. 특히 중국이 주도적으로 추진한 아시아 인프라 개발은행(Asian Infrastructure Investment Bank : AIIB), 브릭스 은행(New Development Bank : NDB) 등의 성공은 중국이 추진하는 '일대일로'의 성공 가능성을 뒷받침하고 있으며, 이러한 동력으로 인해 주변국의 '일대일로' 사업 참여 또한 가속화되고 있다.

우리나라도 2013년 박근혜 대통령이 유라시아 지역의 동반성장을 위한 '유라시아 이니셔티브' 구상을 제안하였으며, 이를 실현하기 위한 기본방향으로 유라시아 국제운송로 계획인 '실크로드 익스프레스(Silkroad Express : SRX)' 구축을 추진 중에 있다. 따라서 한국과 중국 간의 교통물류 부문에서의 공유할 수 있는 운송로 구축 또는 교통물류 사업에서 중국의 '일대일로'와의 협력 추진은 '유라시아 이니셔티브'의 성공적 추진에 큰 기여를 할 것이다.

2 유라시아 지역 국제운송로는 누가 왜 구축하는가?

유라시아는 세계 육지 면적의 40%, 세계인구의 70%, 세계 GDP의 60%를 차지하고 있는 세계 최대 대륙으로 지정, 지경학적으로 매우 중요한 지역이다. 특히 전통적 경제 강국인 유럽과 일본뿐만 아니라 사회주의 붕괴 후 자본주의 경제 도입에 성공한 러시아, 중국 등의 급격한 경제성장과 주요 신흥시장으로 부상하고 있는 인도, 중앙아시아, 동남아시아 등 이제는 세계경제를 이끄는 강력한 동력으로 작용하고 있다.

또한 유라시아 지역은 유럽중심의 지역 경제공동체 강화 및 이에 대응하는 지역경제 블록화가 가속화되고 양자, 다자 FTA 등이 급격히 추진되면서 지역 간 경제, 교통, 물류, 문화 등 다양한 분야에서 통합화 양상이 짙어지고 있다.

반면 2008년 미국발(發) 글로벌 금융위기로 시작된 세계경제 위기는 유라시아의 유럽중심의 경제구조 개선에 대한 필요성을 제기하는 계기가 되었다. 또한 세계 경기 침체 속에서 재정 적자로 포르투갈, 이탈리아, 그리스, 스페인 등 유럽 주요국들이 심각한 재정위기에 처해지면서 세계 경제는 또 한번의 위기에 봉착하게 되었다.

한편 세계경제의 주도권이 유럽과 미국 중심의 G7에서 G20으로 확대됨에 따라 중국, 러시아, 우리나라 등 유라시아 신흥대국의 세계경제에 미치는 영향이 점차 커지는 양상을 띠고 있다.

이와 같은 세계경제의 흐름이 비단 최근 미국 및 유럽발 경제위기 때문만은 아니다. 1990년, 2011년의 약 20년간의 세계 경제권 간 교역 흐름을 살펴보면, 아시아권의 교역량이 크게 증가되었는데, 특히 아시아 권내의 교역, 아시아와 유럽, 아시아와 CIS 국가 간의 교역이 대폭 증가한 반면 북미권의 교역점유율은 상대적으로 감소하였다. 1990년의 경우 아시아-유럽이 8.1%, 아시아-북미 간 10.2%에서 2011년에는 8.9%와 7.8%로 순위가 역전되는 등 유라시아 대륙 내 교역량이 대폭 증가하고 있다.

이처럼 아시아와 유럽 간 교역량이 급증하면서 유라시아 지역 내 국제물류수송 효율화에 대한 관심이 높아지고 있다. 물류비 감소가 상품의 경쟁력과 직결되는 상황에 직면함에 따라 새로운 국제운송로를 구축하고자 하는 움직임이 본격적으로 추진되기 시작하였다. 한편 국제수송에서 전통적으로 해운의 수송 비중이 가장 높은 편이었으나 최근 중국 서부지역, 중앙아시아, 동유럽 등 유라시아 내륙지역이 부상함에 따라 해운을 대체할 수 있는 철도, 도로 중심의 효율적인 복합교통물류네트워크를 구축하고자 하는 움직임이 뚜렷하게 나타나고 있다. 유럽에서는 유럽과 아시아를 연결하고자 하는 TEN-T(Trans-European Transport Network), TRACECA(Transport Corridor Europe-Caucasus-Asia) 프로젝트가 추진

■ 그림 1 1990년과 2011년 권역별 세계 무역 현황(%)

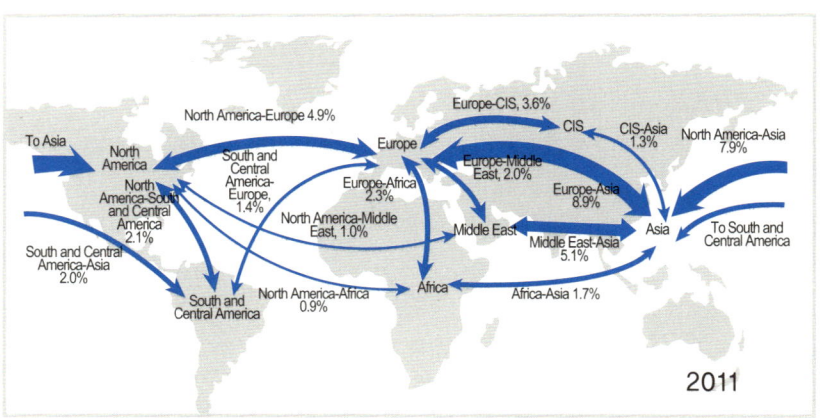

출처 : WTO(2013b), *World Trade Report* 2013, p.77.

되고 있으며, 중앙아시아를 대상으로 아시아개발은행(Asian Development Bank : ADB)을 중심으로 추진 중인 CAREC(Central Asia Regional Economic Cooperation), UNESCAP의 TAR(Trans-Asian Railways), AH(Asian Highway), UNECE의 EATL(Euro-Asian Transport Linkage) 등 국제기구가 추진하는 프로젝트와 러시아가 추진하는 '유라

시아 경제연합(Eurasian Economic Union : EEU)', 우리나라의 '유라시아 이니셔티브' 등 유라시아 주요국들도 유라시아를 대상으로 자국중심의 국제운송로를 구축하고자 하는 계획을 추진 중이다. 그중 세계 무역대국으로 부상한 중국의 '일대일로(One Belt One Road)'는 막강한 경제력과 중앙정부의 지원을 바탕으로 가장 적극적으로 추진됨에 따라 향후 유라시아 국제운송로 구축에 그 파급효과가 가장 클 것으로 예상된다.

■ 그림 2 유라시아 지역 국가(지역)별 국제운송로 구축 계획

3 중국은 왜 '일대일로'를 추진하는가?

중국정부가 적극적으로 추진하고 있는 '일대일로' 사업은 시진핑 정부 들어 새롭게 시작된 사업은 아니다. 2000년대 초부터 국가전략으로 추진하였던 '서부대개발' 사업의 주변 국가로의 확대이자 기존에 추진하여

왔던 주변 국가와의 경제협력 사업들을 재정리, 확장시킨 프로젝트라 할 수 있다.

중국이 '일대일로' 사업을 추진하는 가장 큰 이유는 앞에서 언급한 바와 같이 중국 서부지역과 같은 중국 지역 불균형 발전과 동부와 내륙지역 간 경제격차를 해소하고자 하는 중국 내 경제정책이며, 두 번째는 중국 연선국가인 중앙아시아, 동남아, 서남아 등 신흥시장 진출을 통해 경제성장 동력을 확보하고 중국의 과잉생산 해소 및 과잉시설의 이전을 통한 해외진출에 있다. 셋째는 중국의 지속적인 경제성장과 국민요구에 부응할 수 있는 에너지와 자원을 안정적으로 확보하기 위한 안정적인 에너지 도입노선의 다변화에 있다. 넷째, 장기적으로 아시아 국가 상품의 최종소비지인 유럽시장 선점을 위해 경쟁국인 서남아, 동남아 국가들에 비해 유리

표 1 '일대일로' 건설 추진개요

구분	내용
배경	• 다극화, 경제세계화, 문화다양화, 정보사회화 조류에서 개혁개방의 확대와 지역협력의 필요성 고조
기본원칙	• UN 평화공존 5개항, 개방협력, 화해포용, 시장질서, 호혜공영
중점협력 부문 (5통: 정책, 인프라, 무역, 자금, 민간)	• 정책소통(政策溝通): 정부 간 거시정책, 경제발전전략, 역내협력계획 등 정책교류 플랫폼 건설 • 인프라연계(設施聯通): 국제운송로 구축, 에너지인프라 협력, 전자통신망 연계 등 • 무역소통(貿易暢通): 무역 단일창구 건설, 투자 및 무역 장벽 해소 등 • 자금융통(資金融通): AIIB, 실크로드기금의 설립과 통화스와프, 자국화폐 결제 등 • 민간교류(民心相通): 관광, 의류, 과학기술 공동연구 등
협력기제	• 기존 다자협력기제인 상하이협력기구(SCO), ASEAN+1, APEC, ASEM, 아시아협력대화(ACD), 아시아 교류 및 신뢰구축회의(CICA), 메콩강 유역개발사업(GMS), 중앙아 지역경제협력(CAREC) 등을 바탕으로 '일대일로 정상포럼' 설립 제안

한 국제운송로 건설과 함께 물류시간 및 비용 절감을 통해 유럽시장에서의 우위 확보에 있다. 다섯째, 장기적으로 아시아 더 나아가 유라시아의 맹주국가, 중심국가로서의 위상 확보 및 이를 통한 유라시아 지역 경제통합의 주도권을 확보하는 데 있다.

이러한 '일대일로'의 가장 큰 특징 중 하나는 이러한 전체적인 사업 근간에 교통물류 인프라 구축을 매우 중시하고 있으며, 따라서 중점협력 분야에서도 두 번째로 인프라 연계를 제시하였으며, 자금부문의 AIIB, 실크로드 기금 등이 주로 교통 인프라에 사용될 자금이라는 측면에서 교통물류 인프라 건설은 '일대일로' 사업의 성패를 결정지을 수 있는 매우 중요한 핵심 사업이라 할 수 있다.

4 '일대일로' 핵심 사업인 6대 경제회랑 추진전략은?

2015년 초 중앙정부 차원에서 '일대일로'를 추진하기 위해 국무원 부총리인 장가오리(張高麗)를 조장으로 하는 '일대일로 건설공작 영도소조'를 구성하고, 구체적인 사업들을 속속 발표하고 있다. 대표적으로 2015년 3월 발표된 "실크로드 경제벨트 및 21세기 해상실크로드 건설 비전과 행동계획" 문건에서 경제회랑과 관련한 기초적 프레임이 제시되었으며, 2015년 5월 충칭에서 개최된 '유라시아 상호연계소통 산업대화(亞歐互聯互通産業對話會)'에서 '일대일로' 영도소조 조장인 장가오리가 개막식 축사를 통해 '일대일로'의 핵심 프로젝트로서 6대 경제회랑 건설을 추진하고 있음을 공식적으로 발표했다. 즉 중국의 발전과 유라시아 전체 발전은 불가분의 관계로서, 중국의 연선국가들과 연계되는 6대 경제회랑의 적극적인 추진을 통해 상호 발전을 도모하고 이 지역에서 중국의 영향력을 확보하겠다는 전략을 명시한 것이다.

표 2 6대 경제회랑 주요 노선

구분	포함 국가	주요 노선	중점 사업
중국-몽골-러시아 경제회랑	중국, 몽골, 러시아	• 중국 징진지-후허하오터-몽골 울란바토르-러시아 울란우데-모스크바 • 중국 다롄-선양-장춘-하얼빈-만저우리-러시아 치타	고속운송통로
신유라시아 대륙교	중국, 중앙아 5개국, 러시아, 이란, 터키, 우크라이나, 폴란드, 독일, 네덜란드 등	• 중국 롄윈강-정저우-시안-란저우-우루무치-카자흐스탄 악토가이-아리스-러시아 스몰렌스카야-브랸스크-벨라루스 브레스트-폴란드 바르샤바-독일 베를린-네덜란드 로테르담	국제 철도간선
중국-중앙아-서아시아 경제회랑	중국, 중앙아 5개국, 이란, 터키 등	• 투르크메니스탄-우즈베키스탄 중부-카자흐스탄 남부-중국 아라산커우(기가동 노선) • 투르크메니스탄-타지키스탄-키르기스스탄-중국 우차(건설 중 노선)	석유 및 가스 수송관
중국-인도차이나 경제회랑	중국, 베트남, 태국, 말레이시아, 싱가포르 등	• 중국 난닝-베트남 하노이-빈-태국 콘캔-방콕-송클라-말레이시아 쿠알라룸프르-싱가포르	철도 및 도로
중국-파키스탄 경제회랑	중국, 파키스탄	• 중국 신장 카스-홍치라푸-파키스탄 소스트-쿤자랍-이슬라마바드-라호르-카라치-과다르항	철도 및 도로, 석유 및 가스 수송관, 광케이블, 산업단지 등
방글라데시-중국-인도-미얀마 경제회랑	방글라데시, 중국, 인도, 미얀마	• 방글라데시 다카-중국 쿤밍-인도 콜카타-미얀마 만달레이	철도 및 도로

출처: baidu homepage(六大經濟走廊, 검색일: 2015년 9월 15일), 일대일로 경제회랑 건설 추진 동향, KIEP 북경사무소 브리핑(2015.8.6.), Vol.18, No.13.

'일대일로' 6대 경제회랑 구축은 중국을 포함하는 주요 경제권의 인프라 통합, 인적교류 활성화, 체제 및 기제의 연동을 기본원칙으로 하고 있으며, 특히 〈표 2〉에 나타난 바와 같이 6대 경제회랑의 중점 사업은 철도, 도로를 중심으로 하는 육상교통망 구축 5개 회랑과 에너지 확보를 위한 석유 및 가스 수송관 건설 등 교통물류시설이 주요 사업으로 추진될 예정이다.

■ 그림 3 중국 '일대일로' 6대 경제회랑 개념도

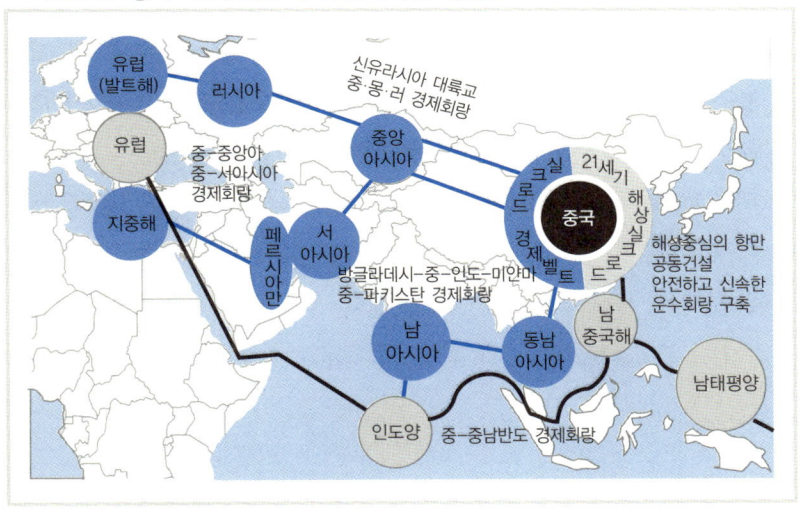

출처 : news.d1cm.com/2015052970487.shtml, "張高麗 : 中國規劃一帶一路6大經濟走廊"(검색일: 2015년 9월 15일).

1) 중국-몽골-러시아 경제회랑(中蒙俄經濟走廊)

중몽러 경제회랑은 중국, 몽골, 러시아의 지역 인접성과 중국의 '실크로드 경제벨트', 러시아의 '시베리아횡단철도(TSR)'와 몽골의 '초원 길' 등 국가별 발전전략을 결합하여 상호협력 발전하자는 회랑이다. 이 회랑은 중국-몽골-러시아와 중국 동북지역-러시아 2개로 구성되어 있으며, 국가 간 연계를 위한 철도, 도로 수송협력, 통관 및 운송 편리화, 국경운송협력을 하며, 3국 간 송전망 건설, 관광, 미디어, 환경보호, 재난방지 영역에서의 협력을 추구하고 있다.

이 회랑은 중국의 환발해 경제권을 통과하여 유럽 경제권을 연계하는 것으로 아시아를 기점으로 유럽으로 연계되는 북방통로 역할을 수행할 예정이다.

실크로드 경제벨트가 중국의 서북지역을 기점으로 신유라시아 대륙교로 연계되는 것과 비교해서, 중몽러 회랑은 동북3성을 경유하여 동쪽으로 블라디보스톡, 서쪽으로 러시아 치타지역을 통해 유라시아 대륙교로

■ 그림 4 중국-몽골-러시아 노선도

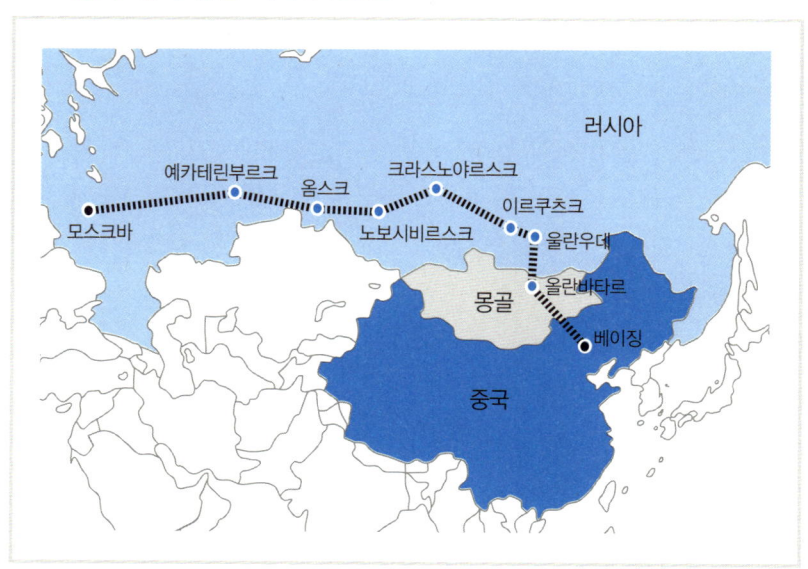

출처 : http://gate.sinovision.net:82/gate/big5/news.sinovision.net/politics/201503/00334584.htm, "中國將建北京到莫斯科高速運輸走廊 '一帶一路' 開啟 '亞歐世紀'"(검색일: 2015년 9월 18일).

진입하는 것으로, 운송비용이 낮고 시간도 단축, 경유하는 국가가 적어 세관통과 시간과 비용 면에서 장점을 가지고 있다. 현재 '진만오우(津滿歐)', '수만오우(蘇滿歐)', '오우만오우(粵滿歐)', '선만오우(沈滿歐)' 등 중국-러시아-유럽철도 국제화물운송통로가 이미 개통되어 운영 중에 있다.

특히 몽골에서 개최된 중국·몽골·러시아 간 2차 정상회담을 통해 중국-몽골-러시아 경제회랑 건설안을 포함한 3국 협력에 관한 양해각서를 체결하고 향후 본격적으로 추진할 전망이다.

2) 신유라시아 대륙교(第二亞歐大陸橋)

신유라시아 대륙교는 러시아의 시베리아 횡단철도에 이은 제2의 유라시아 대륙교로서, 중국의 장수성 롄윈강에서 네델란드 로테르담항까지의 국제간선철도를 의미한다. 중국 장수성, 안휘성, 허난성, 산시성, 깐수성, 칭하이성, 신장의 아라산코우 7개 지역을 거쳐 로테르담까지 3개 노

■ 그림 5 신유라시아 대륙교 노선도

출처 : http://www.china.com.cn/opinion/think/2015-05/28/content_35680924.htm, " '一帶一路' 六大經濟走廊規劃啟動"(검색일: 2015년 9월 17일).

선으로 연결되는 총연장 10,900km의 국제간선철도로 약 30여 국가 및 지역이 포함된다.

이 회랑은 현재도 우리나라가 중앙아시아까지 수송하는 국제운송로로 많이 사용하고 있는 중국횡단철도(TCR)의 확장 노선으로 이 노선이 최종 완공될 경우 수에즈운하를 경유하는 해상경로 대비 10,000km, 기존 시베리아 횡단철도(TSR) 대비 2,000km 단축될 수 있으며, 운송비용도 20% 절감되고, 운송시간도 상당 부분 단축될 수 있는 유라시아 중추노선으로서의 역할이 기대되는 국제운송로이다.

한편, 신유라시아 대륙교는 유라시아 대륙을 횡단하면서 많은 국가를 경유함에 따라 통관비용이 높은 단점을 가지고 있다. 이에 따라 철도운송 시스템의 간편화, 관련국가 통관 간편화, 무역 및 투자 간편화 등을 추진하여 고효율의 경제회랑을 구축하는 것이 이 회랑의 목표가 되고 있다. 현재 중국, 러시아, 벨로루시 등은 실크로드 경제벨트와 유라시아 경제연합 간 상호연계를 위한 협력사업을 협의 중으로 알려져 있다.

3) 중국-중앙아-서아시아 경제회랑(中國-中亞-西亞經濟走廊)

중국-중앙아-서아시아 경제회랑은 아라산커우-후얼궈스를 거쳐 페르시아만, 지중해 연안, 아랍반도에 이르는 회랑으로, 중앙아시아 5개국(카자흐스탄, 키르기스스탄, 타지키스탄, 우즈베키스탄, 투르크메니스탄)과 이란, 터키를 연결하는 경제회랑이다. 즉, 카자흐스탄의 "광명의 길", 타지키스탄 "에너지교통식량 3대 부흥전략", 투르크메니스탄 "행복시대" 등 국가발전전략과 실크로드 경제벨트의 결합점을 모색하고, 이란·이라크·사우디아라비아·터키 등 서아시아 및 북아프리카 지역까지 확장하여 유럽-아시아-아프리카 경제회랑을 구축하는 것을 목표로 하고 있다.

현재 중국-중앙아 천연가스 파이프라인은 아무다리야강 서부의 투르크메니스탄과 우즈베키스탄 변경 지역을 기점으로 우즈베키스탄 중부와 카자흐스탄 남부를 거쳐 후얼궈스를 통해 중국으로 진입되는 세계 최장의 천연가스 파이프라인으로 알려져 있다. 세계적인 석유와 가스 산유국을 연결하는 중-중앙아-서아시아 경제회랑은 다른 5개 경제회랑과 달리 가스, 석유 등에 특화된 에너지 통로(석유 송유관, 천연가스 파이프라인) 구축 사업이다.

■ 그림 6 중국-서아시아 천연가스 수송도

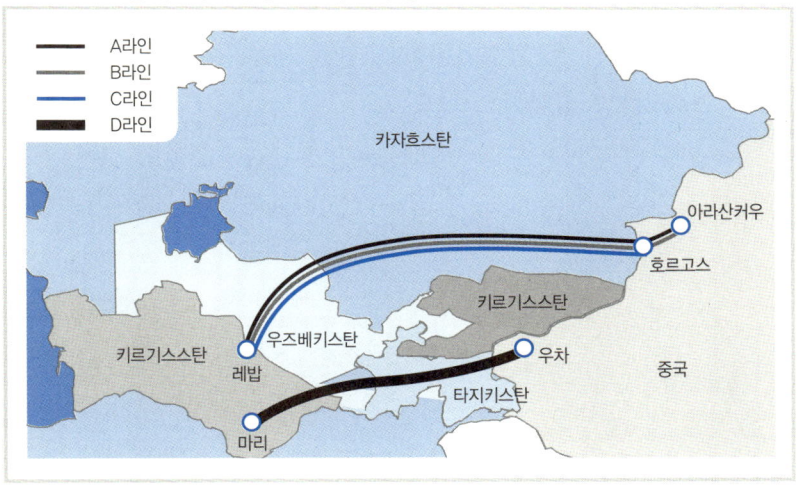

출처 : http://news.bjx.com.cn/html/20150326/602486-2.shtml, "'一帶一路' 上的天然氣生意"(검색일: 2015년 9월 18일).

4) 중국-인도차이나 경제회랑(中國-中南半島經濟走廊)

중국-아세안 FTA에 의해 중국 주강삼각경제권과 인도차이나반도 국가 간 밀접한 경제협력이 요구됨에 따라 이 경제회랑이 구상되었다.

중국-인도차이나 경제회랑은 중국 주장(珠江)삼각주 경제구역과 난광(南廣)고속도로, 꾸이광(桂廣)고속철도와 연계하여 난닝, 핑샹, 베트남 하노이를 거쳐 싱가포르까지 연계되는 도로, 철도 건설 중심의 경제회랑이다. 여기서 핑샹은 샹꾸이(湘桂)철도, 하노이-요이관철도, 난닝-요이관고속도로, 베트남 1호도로 등 철도와 도로가 집중되는 지역으로 중국-인도차이나반도 경제회랑의 교통허브가 될 전망이다. 이 회랑이 거치는 베트남, 태국, 싱가포르 등 동남아 국가와 철도, 도로를 매개체로 인적자원, 물류, 금융, 정보 교류 확대를 통해 역내 지역 우위산업의 상호보완, 지역 간 분업, 지역 간 협력 개발 등을 추진하고 있다.

■ 그림 7 중남반도 경제회랑 노선도

출처 : http://news.hexun.com/2014-09-16/168501442.html, "中新經濟走廊是21世紀海上絲路的重要組成部分"(검색일: 2015년 9월 17일).

5) 중국-파키스탄 경제회랑(中巴經濟走廊)

중국-파키스탄 경제회랑은 중국 신장(新疆) 카슈가르(喀什)를 출발점으로 카라코람 산맥을 넘어 파키스탄의 과다르항을 연결하는 사업으로 전장 3,000km의 북쪽의 '실크로드 경제벨트'와 남쪽의 '21세기 해상실크로드' 등 '일대일로'를 남북으로 연결하는 회랑이다.

2013년 5월, 리커창 총리의 파키스탄 방문 시 교통, 에너지, 해양 등 협력을 통해 카슈가르에서 파키스탄 과다르항에 이르는 경제회랑 건설을 제안하였고 이후 '일대일로' 구상에 편입된 회랑이다.

2015년 4월 중국과 파키스탄 정부의 협의하에 '중-파키스탄 경제회랑 위원회'가 이슬라마바드에서 정식 성립되었으며, 카슈가르에서 과다르항까지의 도로, 철도, 가스 및 석유 송유관, 광케이블 건설을 추진하는 장

■ 그림 8 중국-파키스탄 경제회랑도

출처 : http://www.china.com.cn/opinion/think/2015-05/28/content_35680924.htm, "'一帶一路' 六大經濟走廊規劃啟動"(검색일: 2015년 9월 17일).

기 프로젝트로 총공사비 450억 달러를 투자하여 2030년 완공할 계획으로 추진 중이다. 페르시아만에 근접한 과다르항은 세계 원유수송의 20%를 담당하는 전략적 요충지로, 이 회랑이 조성될 경우 중국은 중동산 원유를 과다르항에서 환적하여 운송함으로써 현 12,000km를 2,395km로 단축하는 획기적인 자원 수송로를 보유하게 된다.

6) 방글라데시-중국-인도-미얀마 경제회랑(孟中印緬經濟走廊)

방글라데시-중국-인도-미얀마 경제회랑은 남아시아, 동남아시아, 동아시아 3대 경제블록의 공동개발을 추진하는 것으로, 지역 내 투자, 공업, 농업, 교통, 에너지, 서비스 분야의 협력 확대를 목표로 중국 윈난(雲南)성과 인도 서벵골(West Bengal) 간 주요 경제권을 총길이 약 2,800km의 철도 및 도로 등으로 연결하는 프로젝트이다.

■ 그림 9 방글라데시-중국-인도-미얀마 경제회랑도

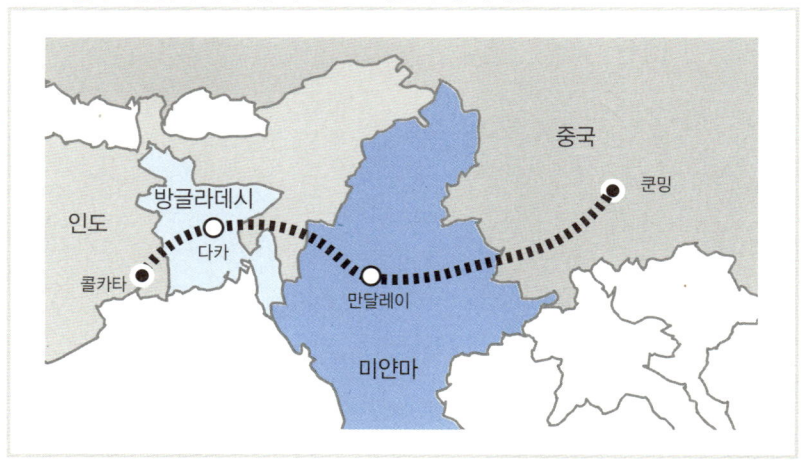

출처 : http://www.xzbu.com/1/view-4961109.htm, "中印緬孟 '把路走通'"(검색일: 2015년 9월 17일).

경제회랑으로 연계되는 4개국은 2040년 내 상호연계 강화, 빈곤문제 등을 해결하고, 방글라데시 다카, 중국 쿤밍, 인도 콜카타, 미얀마 만달레이 등 주요 지역에 국제 금융 및 물류 기지 등의 건설을 추진하는 사업이 포함되어 있다.

이 회랑은 2013년 5월 리커창 총리의 인도 방문 기간 정식으로 방글라데시-중국-인도-미얀마 경제회랑 건설을 제안, 경제회랑 공동작업그룹을 조직하고 우선협력분야, 시스템 건설 등을 논의하여 경제회랑 공동 연구계획 등을 체결, 정식으로 4국 정부 간 협력시스템으로 추진되었다. 2014년 9월 18일, 시진핑의 인도 방문 시 "중인연합성명"을 발표, 양국은 공동으로 중국-인도-미얀마-방글라데시 경제회랑을 건설하고, 공동 작업그룹을 설립하며, 상호연계를 강화하기로 합의하였다. 또한 2015년 5월 인도 모디 총리의 중국 방문 시 양국 간에 많은 협력결과를 도출함에 따라 향후 빠르게 진행될 것으로 예상된다.

5 '일대일로'에서 한반도는 제외된 것인가?

2015년 3월 발표된 "실크로드 경제벨트 및 21세기 해상실크로드 건설 비전과 행동계획"에서 제시된 중국 지역별 '일대일로' 사업을 살펴보면, 네이멍구 자치주 등 동북지역은 러시아, 몽골과 연계되는 국제운송로 구축, 신장 위그루자치주 등 서부지역은 중앙아시아와의 국제운송로 구축을 통한 유럽발 물류허브 구축, 윈난성 등 서남부지역은 동남아시아와의 연계되는 국제운송로 구축, 광시성·푸젠성 등 남부지역은 해상을 통한 해양항로 구축, 동부 연해의 상대적으로 발달된 지역은 항공과 해운의 국제허브화를 지향하는 등 국제운송로 구축이 주요 내용으로 알려져 있다.

또한 중서부 내륙 지역은 이러한 국제운송로의 시발점이 되기 위해 국제 화물철도 노선을 경쟁적으로 구축하는 등 현재의 '일대일로'는 대부분 국제 교통물류통로 구축에 주력하고 있으며, 이를 뒷받침할 수 있는 개방형 경제도시를 추구하고 있다.

중국 지역권별 '일대일로' 전략은 〈표 3〉과 같다.

표 3 중국 지역별 '일대일로' 전략

지역	관련 회랑	추진전략
동북 지역	• 중몽러 경제 회랑	• 환발해 경제권과 몽골, 러시아 극동경제 발전의 상호연계 • 중국 동북지역과 환발해 경제권의 융합 이외에도 중국 북부 개방 문호 • 하얼빈, 후허호트를 지역경제 성장축으로 하얼빈, 창춘, 선양, 다롄의 동북경제벨트 개발을 추진하고, 후허호트와 후바오어위(후허호트, 바오터우, 어얼궈스, 위린)도시군, 징진지 지역을 연계하며, 뤼순~펑라이 해저터널 건설 등 추진하여 환발해 경제권을 연계 • 동북 도시군과 지점도시와의 구역경제일체화를 추진, 만저우리-러시아 치타, 헤이허-러시아 블라고베셴스크, 수이펀허-블라디보스톡, 얼롄호트-몽골 울란바토르 일체화
서북 지역	• 신유라시아 대륙교 • 중국-파키 스탄 • 중국-중앙 아-서아	• 중국 경내 신장자치구에서 "3개 경제회랑 합일"하고 철도망을 통해 환발해 경제권, 장삼각 경제권, 주삼각 경제권의 상호연계 • 신장자치구 우루무치시의 중추 견인기능과 아라산커우, 후얼궈스, 카슈가르의 보조 기능 강화 • 신장자치구를 중앙아시아, 서아시아, 남아시아 국가의 통로, 기업물류허브, 주요 산업 및 인문교류 기지로 집중 육성 • 국경경제협력구, 자유무역구 중점 건설하여 중앙아시아, 서아시아 국가의 발전전략을 유인 • 경제협력, 도시 동반자 관계, 산업단지 건설 등을 통해 중국-중앙아 지역 일체화 협력 추진
서남 지역	• 방글라데 시-중국-인 도-미얀마	• 중국 윈난 지역의 서남관문 지위 부여 • 윈난성의 동남아 국가와 도로, 철도, 수운, 항공, 에너지, 정보 통로를 기초적으로 형성하였으나, 향후 동남아, 남

		아시아, 서남아 지역과 종합교통운수체계, 에너지망, 물류 통로, 통신설비 등 육상 대통로 구축을 위한 성 자체 능력에 한계
		• 따라서 윈난, 꾸이저우, 쓰촨, 충칭의 3성1시 협력과 주강 삼각경제권과 결합하여 경제회랑 구축
		• 광시자치구를 방글라데시-중국-인도-미얀마 경제회랑의 국제통로와 21세기 해상실크로드와 실크로드 경제벨트의 유기적인 접점으로 중요 동남 관문으로 육성
동남 지역	• 중국-인도 차이나반도	• 광시자치구의 주강삼각 경제권 편입을 추진하고 윈난, 꾸이저우, 광둥, 하이난과 협력하여 중국-인도차이나반도 경제회랑의 기능 강화
		• 중국-아세안 박람회를 무대로 광시자치구 각 도시(난닝, 친저우, 팡청강 등)와 베트남, 라오스, 캄보디아, 태국, 말레이시아, 싱가포르 등 국가 도시와의 협력 네트워크 구축

■ **그림 10** 중국 각 성별 '일대일로' 계획

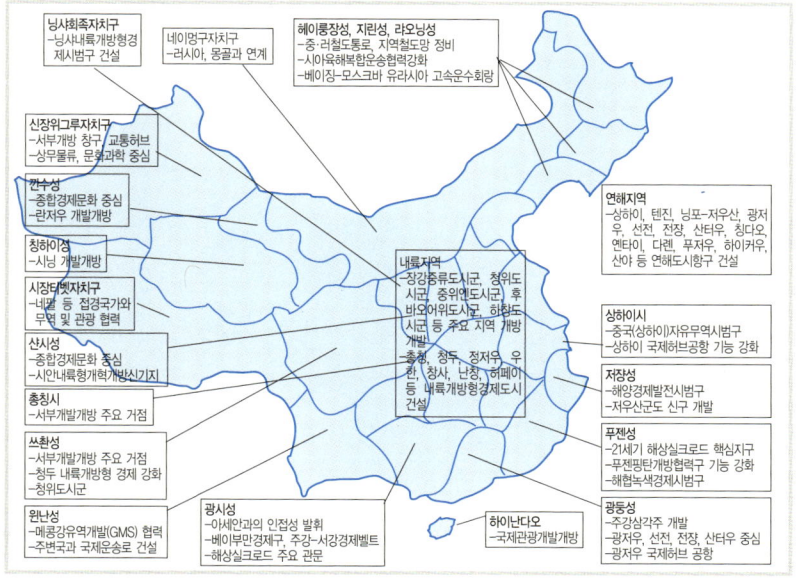

한편 [그림 10]에서 살펴본 중국의 성시별 '일대일로' 계획에서 보듯이 중국을 둘러싼 대부분의 국가는 언급되었으나, 유독 한반도와 관련된 계획은 찾기 힘들다. 그러나 이는 그동안 중국정부가 야심차게 추진해 왔던 중국 동부진흥계획의 성과 부족, 특히 북한과 연관 있는 사업 추진의 실패, 동북아지역의 국제정치학상의 미묘한 긴장 구도 등이 영향을 미친 것으로 분석된다. 따라서 우리나라에서 추진 중인 '유라시아 이니셔티브', 특히 교통물류부문인 '실크로드 익스프레스'와 '일대일로' 간의 접점을 찾아 한중협력사업을 발굴한다면 중국과 한국 모두 Win-Win하는 길을 찾을 수 있을 것이다.

한국-북한-중국 연결하는 제7의 경제회랑 구축해야

현재 '일대일로' 경제회랑에 포함되지 않은 한반도와 연계되는 제7의 경제회랑을 구축할 필요가 있다. 즉 중국-북한-한국을 연결하는 남북중 경제회랑(中朝韓經濟走廊)을 구상할 수 있다. 남북중 경제회랑은 크게 2개 노선으로 구성될 수 있으며, 중국 북경에서 출발하여 동북3성의 중추 도시인 선양, 단둥, 북한의 신의주, 평양, 해주, 개성을 거쳐 한국의 수도권까지 연결되는 환발해 경제축과 중국의 선양, 장춘, 훈춘, 북한의 라진, 원산, 한국의 강릉, 울산, 부산을 연결하는 동해 경제축을 구상할 수 있다. 먼저 환발해 경제축은 각 국가의 수도를 연결하는 회랑으로 한국과 중국 나아가 북한 간의 인적교류 활성화를 위해 고속철도 건설을 구상할 수 있다. 현재 중국과 한국은 고속철도 강국으로 전국이 고속철도망으로 연결되어 있어, 북한지역만 연결한다면 동북아지역의 고속철도망은 통합 연결될 수 있을 것이다. 또한 이 회랑은 주요 공업, 산업단지 개발과 함께 관광, IT, 의료, 금융 등 다양한 산업 개발 가능성이 매우 큰 지대로 각

국가 경제에 미치는 효과가 매우 클 것으로 기대된다. 한편 동해 경제축은 중국 동북지역의 수출입 기능을 할 수 있는 북한과 우리나라의 항만을 연결하는 회랑으로, 자원수송로 구축, 북한 항만 개발, 물류단지 구축 등의 사업 성공 가능성이 높은 지역이다.

 참고문헌

徐秀軍, "走進 '一帶一路' 六大經濟走廊," 全球金融, 2015. 7.
趙可金, "'一帶一路'的六條經濟走廊," 中國網.
http://www.china.com.cn/guoqing/2015-06/03/content_35728456.htm
 (검색일: 2015년 6월 3일).
"'일대일로' 경제회랑 건설 추진동향," KIEP 북경사무소 브리핑, Vol. 18, No. 13, 2015. 8.

'일대일로'와 에너지 협력

양철 (楊喆)

  중국이 '일대일로(一帶一路)' 구상을 추진하는 배경과 목적에 관한 논쟁 가운데 어김없이 등장하는 단어 중 하나가 '에너지 확보'이다. 지속적인 경제 성장을 위한 에너지원이 필요하고, 에너지원의 안정적인 공급 노선을 확보하기 위한 구상이 '일대일로'의 목적 중의 하나라는 것이다. 중국정부가 에너지 확보 노선의 다각화를 추진하기 위해 '일대일로' 연선국과의 에너지 국제 협력을 강화하겠다는 의지를 표명하면서 중국 내에서는 '일대일로' 연선국과 중국의 에너지 협력, 미국·러시아·인도 등과의 경쟁 및 협력, 카자흐스탄·투르크메니스탄 등 중앙아시아와의 협력을 통한 천연가스 수입, 사우디·이란 등 중동국가와의 협력을 통한 석유 수입, 석탄산업과 화력발전설비 제조업의 기회, 상하이협력기구(SCO)의 역할과 유라시아경제연합(EEU)과의 협력 등에 대한 논의가 진행되고 있다. 그러나 이러한 논의에는 중국이 '일대일로'를 통해 에너지를 확보하려는 배경이나 에너지를 확보하기 위한 목적 등에 대한 구체적인 근거는 제시되지 않고 있다. '일대일로'의 주요 노선이 에너지 매장량이 풍부한 중앙아시아와 중동을 경유하고 있기 때문에 석유와 천연가스 등의 에너지를 확보할 기회가 창출되고 이로 인한 강대국 간 경쟁과 갈등이 초래된다는 제약적인 사실에서 에너지와 '일대일로'의 연계성을 도출하고 있는 것이다. 특히 2015년 3월, 중국정부가 공포한 「실크로드 경제벨트 및 21세기 해상실크로드 건설 비전과 행동계획(推動共建絲綢之路經濟帶和21世紀海上絲綢之路的願景與行動)」[1]에 명시된 바와 같이, '일대일로' 구상이 비단 석유와 천연가스 등 화석에너지뿐만 아니라 풍력, 태양광 등 신재생에너지의 발전 및 확대를 위한 노력이 포함되어 있고, 중앙아시아와 중동뿐만 아니라 동남아시아, 아프리카, 유럽 등과의 협력 역시 중시하고 있음에도 불구하고 이러한 논의는 미비한 실정이다. 이에 이 글에서는 에너지와 '일대일로'의 연계성을 도출하기 위해 현재 중국의 에너지 현황, 중국이 직면한 에너지 문제 등을 살펴보고 중국의 에너지 정책과 국제에너지 협력을 통해 '일대일로'가 제시된 원인과 방향성에 대해 알아보고자 한다. 아울러 에너지 지정학적 관점에서 '일대일로'를 통한 중국의 국제에너지 협력이 직면할 가능성이 있는 제약 요인을 살펴봄으로써 '일대일로'와 연계된 협력을 추진 중인 한국이 고려해야 할 점에 대해서도 고민해 보고자 한다.

1 중국의 에너지 현황을 통해 본 '일대일로' 구상의 추진 배경

현재 중국이 직면한 에너지 문제들과 이를 해결하기 위한 과정들에 대

---

1 國家發展改革委 · 外交部 · 商務部 (2015).

한 이해가 있다면, '일대일로' 구상이 중국 국내의 에너지 관련 문제를 해결하기 위한 방안의 일환이라는 시각에 대해 꽤 설득력이 있다고 생각할 수 있을 것이다. 먼저 중국은 에너지 생산 대비 소비가 과도한 문제점이 나타나고 있다. 미국 에너지정보국(EIA)이 발표한 2014년 국가별 원유 매장량과 생산량을 보면, 중국은 각각 7위(243억 배럴)와 4위(418만b/d)를 차지하였다. 천연가스 매장량과 생산량에서도 중국은 각각 11위(4,380bcm, 2.2%)와 6위(133bcm, 3.9%)를 차지하였다. 뿐만 아니라 중국은 세계 최대의 셰일가스 매장국이다. 이렇게 풍부한 매장량과 생산량을 확보하고 있음에도 불구하고 중국은 2007년 이후 에너지 순수입국으로 전환되었다. 그 이유는 단순하다. 2013년도 전 세계 최대 에너지 소비국 (전 세계 에너지 소비의 22.4%를 차지)인 중국은 석유 소비량과 2014년도 천연가스 소비량에서 각각 2위(10,482만b/d)와 3위(185.5bcm, 5.5%)를 차지하는 등 생산량보다 소비량이 월등히 많았을 뿐만 아니라 석탄과 원자력 소비, 그리고 이를 이용한 전력 생산량 역시 큰 비중을 차지하고 있기

표 1 중국의 주요 에너지 수입 및 소비 현황

	1차 에너지 소비 (Mtoe)	석탄 소비 (Mtoe)	석탄 수입 (Mt)	천연가스 소비 (bcm)	천연가스 수입 (Mt)
비중(%)	22.41	51.11	25.2	5.50	5.9
순위(위)	1	1	1	3	6

	석유 소비 (천bbl/일)	석유 수입 (Mt)	원자력 소비 (Mtoe)	전력 생산 (TWh)	
비중(%)	12.62	13.1	4.45	24.21	
순위(위)	2	2	5	1	

주1. 소비 비중과 순위는 전 세계 소비에서 중국이 차지하는 비중과 순위.
주2. 천연가스 소비는 2014년도 기준, 이를 제외한 데이터는 2013년도 수치를 반영.
출처 : EIA, KESIS, 2015.

때문이다(〈표 1〉 참조). 이로 인해 중국은 석유와 천연가스의 수입의존도가 각각 60%와 30% 이상에 이르고 있다.[2]

다음으로 에너지믹스의 불균형이 심각하다는 문제점도 나타나고 있다. 중국은 전통적으로 에너지믹스에서 석탄이 차지하는 비율이 과도하게 높았고, 이로 인해 대기오염 문제가 더욱 가속화되었다. 이에 중국정부는 2000년대 초부터 본격적으로 에너지믹스의 개선을 위한 노력을 기울이며 천연가스, 원자력, 신재생에너지 등의 소비 비율을 제고하기 위한 노력을 지속하고 있으나 여전히 전 세계 평균에 미치지 못하는 실정이다. 〈표 2〉에서 보는 바와 같이 중국은 석탄 소비 비율이 66%로 다른 국가들은 물론 전 세계적으로도 높은 반면, 석유와 천연가스 소비 비율이 23%에 불과하다. 또한 원자력과 신재생에너지의 소비 비율이 낮은바, 이를

표 2 중국 및 주요 국가의 에너지믹스

	세계	중국	한국	미국	러시아	일본
석 탄	30.1	66.8	29.3	20	12	28
석 유	32.9	17.0	37.8	36	22	43
천연가스	23.7	5.7	18.7	30	54	22
원자력	4.4	0.9	10.4	3	6	
수 력	6.7	8.5	0.6	8	5	4
신재생에너지	2.2	1.1	3.2	3	1	3
합 계	100	100	100	100	100	100

주1. 세계, 중국, 한국은 2013년도 기준, 미국, 러시아, 일본은 2014년도 기준.
주2. 일본은 원전 가동 중지로 인해 수치가 반영되지 않음.
출처 : BP Statistical Review of World Energy, June 2014, BIG-BIT 2015.

[2] 이상의 수치는 미국 에너지정보국(EIA, http://www.eia.gov/beta/international/?src=home-f1)과 한국 국가에너지통계종합정보시스템(KESIS, http://www.kesis.net/flexapp/KesisFlexApp.jsp)의 DB에서 인용(검색일: 2014년 9월 1일).

제고하기 위한 정책과 계획을 지속적으로 수립하여 시행하고 있다.

마지막으로 에너지 산업의 과잉생산 문제가 있다. '일대일로'의 주목적 중의 하나인 중국 내 제조업 부문의 과잉생산 문제가 에너지 산업에서도 역시 두드러지고 있다. 2008년부터 이어진 글로벌 금융위기 속에서도 중국은 앞서 언급한 심각한 에너지 대외의존도와 에너지믹스의 불균형 문제를 해결하기 위해 신재생에너지에 과감한 투자를 추진하였다. 신재생에너지 분야가 신생 산업이었기 때문에 급격한 성장세를 나타냈으나 양떼효과(herding effect) 등 무질서한 투자 과열과 핵심기술 부재, 중국 정부의 전력가격 통제, 발전 인프라 미비, 국제사회의 중국기업 견제 등의 원인으로 인해 공급이 과잉되는 결과가 초래되었다. 업종별로 보면, 풍력설비인 블레이드, 타워 제조업체가 2010년에 이미 100여 개에 이르며 과잉생산 현상이 나타났다. 태양광의 경우 대부분의 업체가 모듈과 전지 생산의 중류 부문에 집중된 반면 폴리실리콘 등 하류 부문이 취약한 역피라미드 구조가 형성되자 각 지방정부에서 폴리실리콘 산업에 대규모 투자를 시행하였고, 그 결과 과잉생산으로 인해 폴리실리콘의 가격이 폭락하는 사태가 발생하였다.[3] 최근 들어 글로벌 신재생에너지 시장의 경기가 호전되면서 과잉생산 문제가 다소 완화되었으나 여전히 20~30% 수준의 과잉생산이 유지되고 있다.

이러한 대내적인 문제들을 해결하기 위해 중국은 해외로 눈을 돌릴 수밖에 없었다. 사실 중국은 개혁개방 이후 경제가 폭발적으로 성장하면서부터 전방위적인 에너지 협력을 지속해 왔다. 이는 급격한 경제 성장으로 에너지 수요가 대폭 증가함에 따라 국내에서 생산되는 에너지자원만으로는 이를 충족시키기 어려워졌기 때문이었다. 또한 에너지자원의 안

---

[3] 中商情報網 (2011), 『2010-2011年中國風電設備及零部件行業研究報告』.

정적이고 지속적인 확보가 가능할 때 비로소 경제 성장이 유지되고 이는 공산당 통치의 정당성을 확보할 수 있었던바, 중국정부는 에너지 문제를 정치적인 시각에서 인식하고 해외 에너지 확보에 눈을 돌리기 시작한 것이다.

해외 에너지자원의 확보 필요성을 절감한 중국은 1990년 중반 이후, 특히 2000년대 들어서며 에너지원의 확보를 위해 다각적인 형태로 다양한 국가들과의 협력에 참여하였다. 중국이 추진해 온 에너지 확보 전략에는 다음과 같은 세 가지 특징이 나타나고 있다.

첫째, 국유에너지기업을 통한 정부주도형 해외진출(走出去) 전략으로, 국가에너지영도소조에서 수립한 종합적인 에너지 대책과 해외 에너지 개발전략을 중국석유공사(CNPC), 중국석유화공총공사(Sinopec), 중국해양석유총공사(CNOOC) 등과 같은 대표적인 국유기업이 추진하는 형태이다. 정부가 금융을 장악하고 있는바, 에너지 분야와 같은 전략적 산업에 집중적인 투자가 가능한 체계를 구축한 중국은 독점형 국유기업을 적극 육성함으로써 자국의 국유에너지기업이 메이저 에너지기업들과의 경쟁에서 살아남을 수 있는 기반을 마련해 주었다. 특히 이러한 국유에너지기업은 해외 에너지에 대한 투자에서 경제성과 수익성보다 에너지 확보 자체를 우선순위로 고려하는 특징을 나타내고 있다.

둘째, 에너지 확보를 위한 실리외교를 추진한다. 중국은 에너지의 시장성과 잠재성만 확인되면 이념적 차이, 지역 내 정세 불안 등 수많은 제약요인을 배제하고 투자에 나섰다. 미국 등 서방국가들이 인권, 민주주의, 테러 등의 문제를 제기하며 제재를 가한 이란, 수단 등 에너지자원 보유국에 진출하여 우선적으로 자원을 확보한 사례가 대표적이다. 즉 에너지 확보를 위해 내정불간섭의 원칙을 내세우며 정권의 도덕성, 인권, 이념적 차이 등에 대한 문제를 제기하지 않는다. 아울러 정상회담, 고위급 방문 및 전략대화 등과 같은 외교적 수단을 활용하는 동시에 필요 시 차관, 무기수출, 뇌물 등 다양한 방법을 활용하여 투자 및 개발을 추진하였다. 최근에는 신재생에너지의 기술 발전을 위해 미국은 물론 유럽 국가들과의 협력도 적극 추진하고 있다.

셋째, 에너지보유국과의 양자적·다각적 관계 구축이라는 투트랙 전략을 통해 독자적인 에너지공급원을 확보한다. 중국은 3년마다 '중국-아프리카 포럼'을 개최하여 아프리카 정상들과 개별적인 만남을 추진하고 이를 통해 양국 간 관계를 강화함으로써 에너지자원을 확보하였다. 또한 중앙아시아 국가들과는 2001년 '상하이협력기구(SCO)'를 출범하여 지속적인 만남을 이어오고 있고, 동남아시아 국가들과는 2003년 '자원협력 강화협정'을 체결하고 ASEAN에 대한 지원을 확대함으로써 에너지 확보를 위한 기반을 구축해 왔다. 특히 중앙아, 동남아, 러시아 등 국경을 맞대고 있는 인접 국가들과는 육상 파이프라인, 도로, 철도 등과 같은 수송인프라를 구축하는 동시에 해상 수송노선의 안전을 위한 해군기지 건설을 추진하였다.

'일대일로' 구상은 이러한 동시다발적으로 분산되어 추진된 에너지 협력을 단일화(unification)하고 집중화(centralization)하려는 중국정부의 통합전략(integration strategy)이다. 즉 거시적인 틀에서 일관되고 구체적인 방향성을 갖춘 협력을 추진하겠다는 중국정부의 의지가 내포된 것이다. 뿐만 아니라 중국은 국제 에너지시장의 주요 수요자로 부상하면서 에너지 관련 이해관계자(stakeholder)들로부터 국제 에너지시장의 정세를 변화시키고 경쟁을 심화시킨다는 비판에 시달려 왔다. 이러한 비판에 직면한 중국정부는 '일대일로'의 공동건설 원칙을 제시하며 국제 에너지시장에서 중국이 경쟁보다는 상생을 위한 협력을 중시하는 국가라는 이미지를 구축하고자 하였다. 이렇듯 '일대일로' 구상은, 물론 다양한 측면에서 대내외적인 목적과 의도가 담겨 있겠지만, 에너지 분야라는 미시적인 측면에서 볼 때에도 중국이 대내적으로 직면한 에너지 문제를 해결하고 대외적으로 좋지 않은 이미지를 개선하기 위한 배경에서 비롯되었다고 할 수 있다.

2 중국의 에너지 정책 추진 방향

해외 에너지자원의 확보를 위한 대외적인 전략과 함께 중국은 내부적으로도 에너지와 관련된 문제들을 해결하기 위한 정책과 계획을 지속적으로 추진해 왔다. 대외적인 전략이 에너지의 안정적인 수급, 에너지믹스 개선 등을 위한 목적에서 추진되었다면, 대내적인 정책은 에너지 효율성 증대, 환경오염 완화 등을 위한 목적이 있었다. 그리고 이 두 가지를 결합하여 에너지 안보를 확립하고 급변하는 국제 에너지정세에 대응하고자 한 것이다.

중국은 1993년 석유순수입국으로 전환되면서 에너지 확보의 중요성을 인식하기 시작했고, 이에 따라 「제9차 5개년 계획」(1996~2000, 이하 「9·5 계획」)에 ▷ 석탄을 기반으로 한 에너지소비구조 구축, ▷ 국내 매장된 석유와 천연가스의 탐사 및 개발 강화, ▷ 신에너지의 적극적인 발전을 골자로 한 에너지 발전 계획을 포함시켰다.[4] 이와 함께 중국은 1997년 「중국의 에너지정책(中國的能源政策)」을 공포하며 ▷ 석유와 천연가스 개발 강화, ▷ 에너지 수입노선의 다변화, ▷ 해외 에너지자원에 대한 투자 증대, ▷ 안정적인 수송 인프라 구축 등을 중점적으로 추진하겠다고 밝혔

---

[4] 中華人民共和國國民經濟和社會發展第九個五計劃和2010年遠景目標綱要 (1996).

다. 「제10차 5개년 계획」(2001~2005, 이하 「10·5 계획」)에는 석유의 전략적 비축, 적극적인 해외 개발 등을 통한 에너지 안보의 강화가 명시되었으며 에너지이용 효율 제고, 에너지 절약 등이 포함된 것이 특징이다.[5] 「10·5 계획」 기간에 공포된 「국가에너지전략 기본구상(國家能源戰略基本構想, 2003)」에는 지속가능하고 친환경적인 에너지 발전 전략을 추진하겠다는 중국정부의 의지가 포함되었다.

「제11차 5개년 규획」(2006~2010, 이하 「11·5 규획」)에는 친환경과 함께 ▷ 에너지절약형 사회 건설을 위해 에너지 절약, ▷ 생산 및 소비구조 개선, ▷ 에너지믹스에서 신재생에너지 비중 제고 등을 강조하였다. 또한 2006년 「재생에너지법(可再生能源法)」을 공포하면서 기존의 화석에너지 중심에서 비(非)화석에너지 중심으로의 구조 전환이 본격화되기 시작하였다.[6] 「제12차 5개년 규획」(2011~2015, 이하 「12·5 규획」)에서는 「11·5 규획」에 명시된 강조 사항 이외에도 ▷ 국가종합에너지기지 조성, ▷ 에너지산업구조 전환, ▷ 에너지 기술혁신 촉진, ▷ 에너지 관련 시스템 개혁, ▷ 표준 체제 정비, ▷ 국제협력 확대 등이 중점적으로 제시되었다.[7] 「12·5 규획」 기간 동안, 중국정부는 「에너지절약 및 오염물질 배출감축 12·5 규획(節能減排十二五規劃)」, 「중국에너지정책(2012)백서(中國的能源政策(2012)白皮書)」, 「에너지발전 12·5 규획(能源發展十二五規劃)」, 「국가기후변화대응규획2014~2020(國家應對氣候變化規劃2014~2020)」, 「에너지발전전략행동계획2014~2020(能源發展戰略行動計劃2014~2020)」 등을 잇달아 공포하였다.

이러한 일련의 정책들 가운데 최근 가장 주목받고 있는 정책이 바로

---

[5] 中華人民共和國國民經濟和社會發展第十個五計劃綱要 (2001).
[6] 中華人民共和國國民經濟和社會發展第十一個五規劃綱要 (2006).
[7] 中華人民共和國國民經濟和社會發展第十二個五規劃綱要 (2011).

2014년 11월에 국무원이 공포한 「에너지발전전략행동계획 2014~2020」(이하 「행동계획」)이다. 이는 「행동계획」에 「제13차 5개년 규획」(2016~2020, 이하 「13·5 규획」) 기간 동안 추진될 에너지 정책의 기본 방향이 명시되었기 때문이다. 2014년 9월 2일 개최된 '국무원 조직 부문과 관련 부처 책임자 회의(國務院組成部門和相關單位負責人會議)'에서 리커창 총리는 2016~2020년이 전면적 소강사회 건설을 위한 마지막 5년이자 전면적 개혁 심화를 위한 결정적 성과를 이룩해야 하는 5년이라는 점을 강조하였다. 또한 중국이 준비하는 '두 개의 백년' 중 '첫 번째 백년(공산당 창당 100주년)'인 2021년을 준비하는 시기인 만큼 「13·5 규획」의 중요성이 더욱 강조되고 있는바, 동 기간 동안의 에너지 발전 방향이 제시된 「행동계획」이 주목받게 되었다. 특히 「행동계획」은 중국정부가 현재 준비 중인 「에너지안보 발전전략」, 「에너지 생산 및 소비 혁명 전략」의 기반이 될 것으로 전망되고 있다.

제18차 전국인민대표대회에서 에너지의 생산 및 소비 혁명을 실현하기 위한 에너지 전략계획에 대한 필요성이 논의되었다. 이어 2014년 6월 개최된 '중앙재경영도소조회의'에서 시진핑 주석은 에너지의 생산 및 소비에서 혁신적인 변화가 필요하다며 ▷ 에너지 소비 혁명을 통한 비합리적인 에너지 소비 억제, ▷ 에너지 공급 혁명을 통한 다원화된 공급체계 구축, ▷ 에너지 기술 혁명을 통한 산업 업그레이드, ▷ 에너지 체제 혁명을 통한 고속성장 기반 마련, ▷ 국제협력 확대를 통한 개방적인 에너지 안보 강화 등을 제시하였다. 이러한 시진핑의 강조 사항이 반영된 결과물이 「행동계획」이다. 「행동계획」은 '절약, 청정, 안전'을 3대 전략적 방침으로 하여, "청결하고 고효율적이며 안전하고, 지속가능한 현대화된 에너지 체계"의 구축을 가속화하겠다고 명시하면서 4대 전략과 5대 추진과제를 밝혔다.

4대 전략은 ▷ 에너지절약 우선, ▷ 에너지자립 우선, ▷ 녹색·저탄소, ▷ 혁신시행으로, 이 중 '에너지자립 우선'과 '녹색·저탄소'에 주목할 필요가 있다. '에너지자립 우선' 전략은 중국이 가지고있는 자원, 기술, 장비, 인적자원 등의 우위를 기반으로 중국 내 에너지자원의 탐사 및 개발을 강화하고 대체에너지의 개발을 촉진하며 비상 시 에너지 공급 체계를 완비함으로써 에너지를 안정적으로 공급하겠다는 에너지 안보 강화 전략이다. 아울러 국제협력을 강화하고 석유 및 천연가스의 전략적 수입 노선의 건설 추진을 가속화함으로써 에너지 안보를 확립하겠다고 명시하고 있다. '혁신시행' 전략은 비화석에너지와 화석에너지의 효율적인 이용을 통한 에너지믹스의 개선 전략이다. 석탄 소비 비중을 감축하는 반면, 천연가스의 비중은 제고하는 동시에 풍력, 태양열 등 신재생에너지와 원자력의 소비 비중을 제고함으로써 중국의 정세에 부합하는 합리적인 에너지 소비구조를 형성하고 탄소배출을 감축하겠다는 의지를 엿볼 수 있다. 이는 에너지 문제를 환경보호와 기후변화대응을 위한 전략적 수단으로 간주하며 기존 에너지 계획에서와 달리 전략이라는 단어를 처음으로 명시하였다는 데 의미가 있다.

  5대 추진과제는 ▷ 에너지의 자주적 확보 역량 강화, ▷ 에너지 소비혁명 추진, ▷ 에너지믹스 최적화, ▷ 에너지 국제협력 확대, ▷ 에너지 과학기술 혁신 추진이 포함되어 있다. '에너지의 자주적 확보 역량 강화'를 위해 ▷ 석탄의 친환경·고효율 이용기술 개발, ▷ 국내 석유 생산량의 안정적인 증대, ▷ 천연가스의 대대적인 발전, ▷ 대체에너지의 적극적인 발전, ▷ 에너지 비축 및 비상사태 대응역량 강화를 중점적으로 추진하겠다는 발전노선을 명시하였다. 또한 '에너지 국제협력 확대'를 위해 국내외 자원과 시장을 종합적으로 이용하고 투자와 거래를 병행하며 육상·해상 수송 노선을 중시하는 중장기 계획의 수립을 가속화하겠다고 밝혔다. 특히 실크로드 경제벨트와 21세기 해상실크로드, 방글라데시-중국-인도-미얀마로 이어지는 경제해랑과 중-파키스탄 경제회랑의 구축을 가속화하는 동시에 에너지 관련 기술, 장비, 프로젝트의 해외진출을 적극 지원하겠다는 방침을 세웠다. 이와 함께 러시아-중앙아시아, 중동, 아프리카, 미주, 아태지역의 5대 에너지권역 조성을 강화하고 양자-다자간 협력을 확대하며 지역 에너지 거래시장을 조성함으로써 글로벌 에너지 거버넌스에 적극 참여하겠다는 입장을 명시하였다. 한편 '에너지 과학기술 혁신 추진'을 위해 9개 중점 혁신 분야와 20개 중점 혁신 방향을 명시하고 이를 위한 에너지 장비제조 혁신 플랫폼 구축과 과학기술 혁신 및 장비발전 전략의 제정을 추진한다는 방침을 명시하였다.

중국이 추진해 온 에너지 관련 정책과 계획들을 통해 에너지 자주 확보, 에너지 안보 강화, 에너지믹스 개선 등의 정책 기조를 유지해 왔다는 사실을 알 수 있다. 「에너지발전전략행동계획 2014~2020」에 제시된 4대 전략과 5대 추진과제 역시 이러한 기조를 바탕으로 중국이 직면한 에너지 관련 문제들을 해결하기 위한 종합적인 추진 방안을 제시한 것이다.

3 '일대일로' : 중국 에너지 확보를 위한 통합전략

「에너지발전전략행동계획(2014~2020)」이 대내적인 문제 해결에 초점을 두었다면 「실크로드 경제벨트 및 21세기 해상실크로드 건설 비전과 행동계획」에 제시된 에너지 관련 내용들은 동일한 기조를 바탕으로 대내적인 문제 해결 방안을 해외에서 모색하기 위한 결과물이라 할 수 있다. 이는 중국이 지금까지 전개해 온 국제 에너지 협력들을 통해 알 수 있다.

「실크로드 경제벨트 및 21세기 해상실크로드 건설 비전과 행동계획」에는 정책적 소통(政策構通), 인프라 연계(設施聯通), 무역 원활(貿易暢通), 자금 융통(資金融通), 민심의 상통(民心相通) 등 소위 '오통(五通)'을 강조하고 있다. 이 중 인프라 연계 부분에는 "에너지 인프라의 상호연계를 위한 협력을 강화하고 송유관·가스관 등 파이프라인의 안전을 공동으로 수호한다. 접경 간 전력 및 송전 라인을 구축하며 역내 전력 네트워크의 개량 및 개선을 위한 협력을 적극 추진한다"고 명시하였다. 이와 함께 무역 원활 부분에는 "석탄, 석유, 가스, 금속광물 등 전통적인 에너지자원의 탐사 및 개발과 관련된 협력을 확대하고 수력발전, 풍력발전, 원자력발전, 태양에너지 등 청정하고 재생가능한 에너지 분야의 협력을 적극 추진한다. 에너지자원의 현지 또는 근거리 가공 전환 협력을 추진하고 상·하류 에너지자원이 통합되어 하나의 산업 체인을 형성하도록 한다. 에너지자원의 정밀가공기술, 장비 및 공정 서비스 분야의 협력을 강화한다"고 명시하

■ 그림 1 '일대일로' 구상도

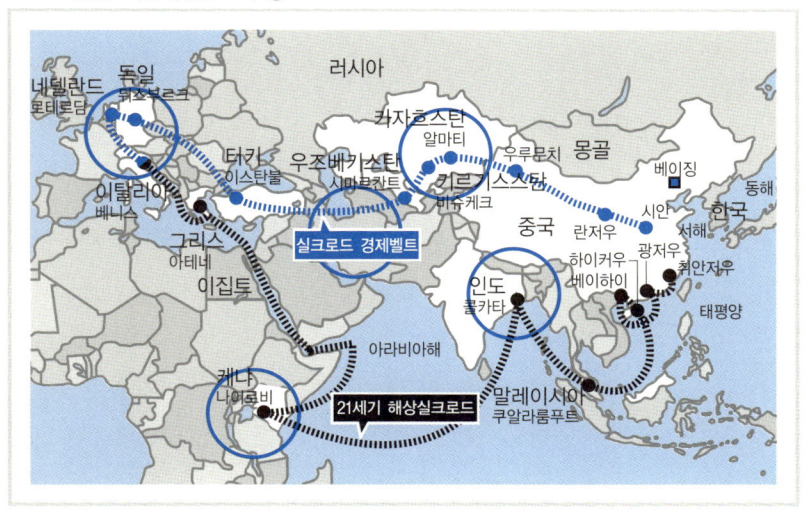

출처: 연합뉴스, "중국 육상·해상 실크로드 '일대일로'," 2015년 1월 24일.

였다. 상기 내용 중 '에너지 인프라의 상호연계를 위한 협력 강화', '전통적인 에너지자원의 개발과 관련된 협력 확대', '청정하고 재생가능한 에너지 협력 추진'은 '일대일로'를 통한 국제 에너지 협력 방안으로, 이는 기존의 에너지 확보 전략과 일치한다.

[그림 1]에 그려진 5개의 원은 각각의 에너지권역으로 중국이 지금까지 에너지 확보를 위해 국제협력을 추진한 지역이다. 이 지역은 「에너지 발전전략행동계획 2014~2020」의 추진과제에 명시된 5대 에너지권역 중 미주를 제외한 4대 에너지권역과 일치하는 동시에 실크로드 경제벨트와 21세기 해상실크로드 모두를 관통하고 있다. 구체적으로 살펴보면, 다음과 같다.

실크로드 경제벨트에 포함되는 중앙아시아는 탈냉전 이후 석유, 천연가스 및 기타 광물자원의 보고로 부상함에 따라 2000년대 들어서며 중국이 중점적으로 협력을 강화해 온 지역이다. 중국은 투르크메니스탄, 우즈베키스탄, 카자흐스탄과 각각 양자협정을 체결하고 수송관 사업을 추진하였다. 중국석유공사(CNPC)와 카자흐스탄 국영 카즈무나이가스(KMG, KazMunaiGaz)는 카자흐스탄 서부 카스피해 인근 아티라우(Atyrau)에서 출발하여 카자흐스탄 내륙 쿰콜(Kumkol)과 중국 국경 지역 아티라우를 경유하여 중국의 아라산커우(阿拉山口)를 연결하는 수송관을 건설하였고 쿰콜-아타수(Kumkol-Atasu) 구간과 아타수-아라산커우(Atasu-Alashankou) 구간은 2009년과 2010년에 각각 완공되었다.[8] ([그림 2] 참조) 연간 30Bcm의 수송 규모를 갖춘 두 수송관을 통해 중국에 총 70Bcm의 가스가 도입되었다. 두 수송관과 연계된 세 번째 수송관은 2012년에 착공되어 2014년 6월부터 가동을 시작하였다. 이 수송관은 총 1,830km 길이

---

[8] 張傑 (2013). "淺析中哈油氣資源合作及其對中國西部大開發的影響," 『俄羅斯中亞東歐市長』, 第02期, 第76-85頁.

■ 그림 2 중국-중앙아시아 가스 수송관

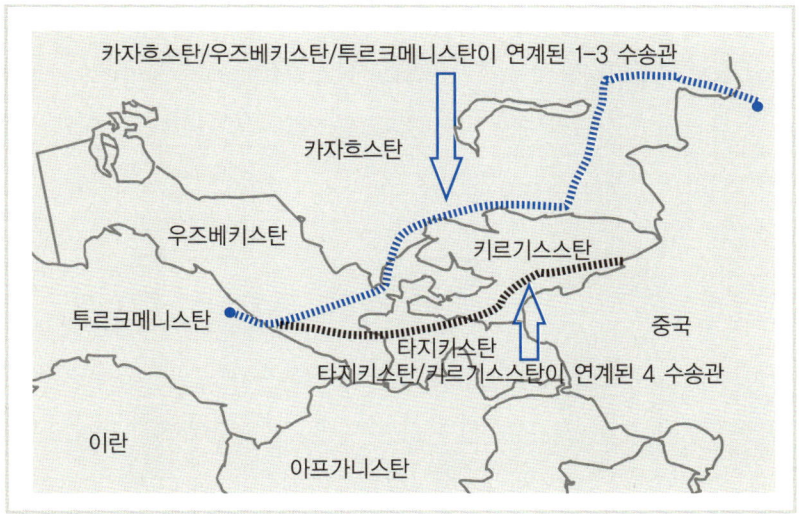

출처 : hydrocarbons-technology.com(2014).

로 중국의 서기동수 3기와 연계되어 동남부지역까지 가스를 공급하고 있다. 이와 함께 현재 건설 중인 네 번째 수송관은 타지키스탄과 키르기스스탄이 포함되어 있으며 2017년 완공예정으로, 중국의 서기동수 4기와 연계된다. 총 네 개의 수송관을 통해 중국에 연간 80Bcm의 가스가 도입될 전망으로, 이는 중국 전체 수입 물량의 40%에 이를 것으로 예상된다.[9]

역시 실크로드 경제벨트에 포함되는 중동은 세계 최대의 석유생산지역으로 중국은 사우디아라비아, 이란, 이라크 등과의 협력을 강화하며 석유를 수입해 왔다. 특히 국제사회로부터 따가운 시선을 받으면서도 내정불간섭 원칙을 적용하여 이란과의 협력을 적극 추진한 결과, 중국석유화공총공사(Sinopec)는 이란으로부터 향후 30년간 2.5억 톤의 LNG 공급계약

---

[9] 高志剛・薑麗 (2015), "絲綢之路經濟帶背景下中哈油氣資源合作深化研究," 『經濟問題』, 第04期, 第10-14頁.

을 체결하는 동시에 야다바란(Yadavaran) 유전의 지분 50%도 확보하였다.[10] 주목할 만한 점은 금년 4월 이란 핵협상이 잠정 타결됨에 따라 중앙아시아 국가와 이란의 에너지 투자가 확대되고 있다는 것이다. 에너지 자원 및 제조업 상품의 수출시장 다변화를 위해 중앙아시아 국가들이 이란과 수송관 연계를 적극 추진하고 이를 통해 기존 중앙아시아-중국 수송관까지 연계함으로써 중국이 해상 노선을 거치지 않고 이란으로부터 가스를 공급받을 가능성이 높아지고 있다.

해상실크로드에 포함되는 동남아시아는 이미 범북부만 개발과 메콩강 유역(GMS : Great Mekong Sub-region) 개발 사업을 통해 지속적인 협력을 추구해 온 지역이다. 상술한 바와 같이 중국은 방글라데시, 파키스탄, 몰디브, 스리랑카 등의 항구를 확보함으로써 해상 수송노선의 안전을 도모하고 있다. 미얀마에서는 가스전을 개발하는 동시에 중국까지 수송관을 연결하여 육상과 해상이 연계된 운송노선을 확보하고 있다.

중국은 아프리카를 안정적인 자원 및 에너지 공급지이자 새로운 시장으로 인식하고 지속적인 지원과 협력을 추진해 왔다. 무상원조, 우대차관은 물론 중국-아프리카 협력포럼을 개최하고 아프리카 지도자들을 중국에 초청하고 있다. 뿐만 아니라 시진핑 주석 취임 후 남아프리카공화국을 최초로 방문했으며 외교부장은 1991년부터 매년 첫 해외 순방지로 아프리카를 선택하고 있다.[11] 중국의 영향력이 제고됨에 따라 경계론 역시 부각되고 있으나 여전히 대부분 국가와 우호적인 관계를 구축하고 석유를 포함한 다양한 에너지 및 광물자원을 안정적으로 공급받고 있다. 주목할 만한 점은 2009년 제4차 중국-아프리카 협력포럼에서 태양에너지, 소규

---

[10] 에너지경제연구원 (2015), "중국 신실크로드 전략과 이란 핵협상 타결에 따른 중앙아시아의 중국·이란 관계 전망." 『세계 에너지시장 인사이트』, 제15-19호.

[11] 中國政府網 (2014), "中國對非洲歷來重視訪問非洲成外交傳統通," http://www.gov.cn/wenzheng/wz_zxft_ft 13/2014-05/06/content_2672900.htm (검색일: 2015년 5월 11일)

모 수력발전 등 100개 신재생에너지 산업에 중국이 지원을 결정함으로써 기존 화석에너지 확보뿐만 아니라 신재생에너지 인프라 구축을 위한 협력 역시 증대하고 있다.

마지막 권역인 유럽은 실크로드의 종착역으로 신재생에너지 강국들이 대거 분포하고 있다. 중국은 이미 EU와 신에너지 협력을 적극적으로 전개하고 있다. 2010년 베이징에 중-EU 청정에너지센터를 개설하고 재생에너지, 청정석탄, 바이오연료, 에너지효율 분야에서 구체적인 협력을 추진하고 있다. 양자 간 협력 역시 지속되어 왔다. 중국은 유럽 내 최대의 무역국이자 기술협력 파트너인 독일과 신에너지, 신기술, 에너지 절감 및 환경보호 영역의 협력을 적극적으로 추진하고 있다. 풍력발전 강국인 네덜란드와는 에너지 절약과 환경보호, 신에너지, 지속가능한 도시발전, 금융서비스 등 분야에서의 협력을 지속하고 있다. 또한 중국국가전력망공사(中國國家電網)는 21억 유로를 투자하여 이탈리아 국영 에너지수송망업체인 카사데포지티 레티(CDP Reti)의 지분 35%를 인수하였다.[12] 뿐만 아니라 3.87억 유로를 투자하여 포르투갈 국유 에너지 기업인 국가전력공사 REN(Redes Energeticas Nacionais) 지분 25%를 인수하였다.[13]

상술한 내용을 통해 '일대일로'가 관통하는 주요 권역은 중국이 기존 에너지 확보 전략을 기반으로 지속적으로 협력을 전개해 온 지역이라는 사실을 알 수 있다. 또한 단순히 석유와 천연가스 등 화석에너지의 확보를 위한 협력이 아닌 신재생에너지와 관련된 기술 협력이나 인프라 구축과 같은 협력도 진행되고 있다는 사실도 확인할 수 있다. 「실크로드 경제벨트 및 21세기 해상실크로드 건설 비전과 행동계획」에 명시되어 있는

---

[12] 路透中文網 (2014), "企業竝購: 國家電網收購意大利CDP Reti的35%股?或將達成," http://news.bjx.com.cn/html/20140722/530197.shtml (검색일: 2015년 5월 11일)
[13] 能源觀察 (2013), "國家電網出海投資爭議," http://www.morningwhistle.com/website/news/1/188 87.html (검색일: 2015년 5월 11일)

세 가지 협력 방안을 돌이켜 보면, 중국은 중앙아시아·동남아시아·아프리카 등에서 이미 '에너지 인프라의 상호연계를 위한 협력을 강화'하고 있고, 중앙아시아·중동·아프리카 등에서 '전통적인 에너지자원의 개발과 관련된 협력을 확대'하고 있으며, 유럽·아프리카 등에서 '청정하고 재생가능한 에너지 협력을 추진'하고 있다. 즉 중국의 '일대일로' 구상에 명시되어 있는 에너지 확보 방안은 중국이 기존에 추진한 정책의 연장선이며, 분산되어 있던 각 지역적 협력과 에너지원별 협력을 하나의 구상으로 통합한 전략(integration strategy)이라는 사실을 도출할 수 있다.

4 에너지 지정학적 관점에서 본 '일대일로'의 성공 가능성은?

뮬러(Richard A. Muller)는 전 세계적으로 발생하는 실제적인 에너지 위기는 대부분 에너지 안보와 지구 온난화라는 두 가지 문제에서 비롯된다고 지적하였다.[14] 특히 1970년대 두 차례 오일 쇼크를 통해 에너지자원의 무기화와 국제 정세의 변화에 따른 에너지 가격의 급등을 경험함에 따라 에너지가 일국의 경제, 나아가 국가 안보와 직결된 중요한 이슈로 부각하면서 에너지 안보에 대한 논의가 전개되어 왔다. 국제에너지기구(IEA)가 "합리적인(affordable) 가격으로 수요를 충족시킬 수 있는 적당한(adequate) 물량과 신뢰 가능한(reliable) 공급원이 있을 때 에너지 안보가 안정적(Secure)"이라고 밝힌 바와 같이 에너지 안보를 정의할 때 대부분의 연구에서 안정적인 공급 물량과 적합한 가격에 초점이 맞춰졌다.

---

[14] Richard A. Muller (2002), "Energy for Future Presidents: The Science Behind the Headlines," NY: W. W. Norton & Company, p. 271.

그러나 에너지 공급 부족이나 가격 불안정에 따른 영향은 물론 국제관계에서 국가 간 분쟁 또는 정치적 긴장 완화의 요인으로 에너지의 역할이 증대됨에 따라 에너지 안보가 강조하는 내용이 다양해지고 있다. 유럽연합 집행위원회는 안정적이고 적합한 가격의 에너지 공급에 초점을 맞추고 있으나 "역내의 적합한 자원량이 경제적으로 수용이 가능한 조건일 때 사용하거나 전략적 비축량으로 유지"해야 한다는 점을 강조하였다. 미국에서는 1970년대 에너지 안보를 에너지 독립과 동일시한 인식에서 벗어나 1980년대 이후 에너지 안보와 국가 안보를 사실상 동일시하는 경향이 나타나기 시작하면서 에너지 안보에 "가격 상승의 충격을 피하고 최대 연료 매장량을 가진 지리적 장소에 대해 필요하다면 무력을 동원해서라도 통제"한다는 인식이 포함되었다. 뿐만 아니라 군사적 요소만큼이나 산업 관계, 공장 및 인프라 투자 등 에너지 수입, 저장과 배분을 위한 안정적인 인프라의 유지 및 구축까지 의미가 확대되었다. 이는 에너지 안보가 에너지 공급 차원인 최초 생산자의 관점에서 공급 사슬과 연계된 최종 소비자의 관점까지 확대되었음을 의미한다.[15]

상술한 바와 같이 에너지 안보의 범위가 확대됨에 따라 에너지 지정학에 대한 논의가 확대되기 시작했으며, 아시아 지역의 역내 에너지 안보를

---

[15] 에너지 안보와 관련된 정의에 대해서는 US DOE (1987), Energy Security: A Report to the President of United States, Washington D.C.; Koyama Ken (2000), "Japan's Energy Strategies towards the Middle East," Doctoral Thesis, University of Dundee, p. 32.; Bielecki, J. (2002), "Energy Security: Is the Wolf at the Door?" *The Quarterly Review of Economics and Finance*, Vol. 42, pp. 23-25; David Ledesma (2002), "Security of Supply In World Energy Markets?—An Adequate Supply of Energy At A Sustainable Cost," Mimeo. September; Stephen Thomas (2010), *The Future of Energy: Are Competitive Markets and Nuclear Power the Answer?* London: University of Greenwich; Brenda Shaffer (2009), *Energy Politics*, Philadelphia: University of Pennsylvania Press, p. 13; Yuri Yegorov & Franz Wirl (2008), "Energy Relations between Russia And EU with Emphasis on Natural gas," *OPEC Energy Review*, December, pp. 301-322 등을 참조.

둘러싼 갈등과 협력이 복합적으로 나타남에 따라 에너지 지정학이 점차 주목받게 되었다. 점차 세계화되는 국제사회에서 세계화와 정보 혁명이 진행됨에 따라 그리고 냉전이 야기한 정치적 장벽이 사라짐에 따라 지리적 위치의 상대적 중요성이 급격히 감소하였다는 통념은 금융, 제조, 또는 서비스 거래에서 사실일 수도 있으나 에너지 분야에서는 그렇지 않다. 콜더(Kent E. Calder)는 세계화가 지속됨에 따라 학문적 연구는 물론 금융에서 제조에 이르기까지 수많은 정치·경제 분야에서 지리적 요인이 감소되었음에도 불구하고 이러한 추세가 에너지 분야에서는 나타나지 않고 있으며 오히려 지리적 요인의 우선순위가 높아지는 반대의 패턴이 나타난다고 주장하였다. 에너지 수요가 많음에도 불구하고 대외 에너지 의존도가 높은 동북아 국가들의 경우, 에너지 자원의 육상과 해상 수입 노선 모두 전략적으로 중요해졌다. 이는 기존에 존재했던 에너지자원의 지리적인 횡포가 세계화 시대에도 지속되고 있기 때문이다.

에너지 지정학적 관점에서 보면, 지구상에는 에너지가 남는 국가와 에너지가 부족한 국가로 분류 가능하다. 이러한 국가들의 서열은 그 나라가 얼마나 많은 에너지자원을 확보하고 있는가? 혹은 에너지자원이 풍부한 나라로부터 에너지를 사들일 수 있는 자원을 얼마나 잘 동원할 수 있는가? 혹은 에너지를 얼마나 획득할 수 있는가의 여부에 의해 결정 가능하다. 이러한 관점에서 보면 국제정치에서 에너지에 대한 중요성은 더 이상 언급할 필요가 없다. 에너지가 군사적인 차원은 물론 비군사적인 차원에서 전략적으로 매우 중요해지고, 에너지 소비국의 해외 에너지 의존도가 제고됨에 따라 에너지의 정치적 요인이 더욱 강해지고 있다. 뿐만 아니라 에너지가 매장된 지역이나 에너지를 수입하기 위한 노선이 제한적인바, 에너지의 지정학적 요인 역시 점차 두드러지고 있는 것이다. 때문에 대부분의 국가들은 이미 에너지가 각국의 정치적·경제적 측면에 커다란 영향을 미치는 주요 위협요인으로 부상했다는 사실을 인지하고 있으며 에너지의 안정적인 확보를 국가 안보와 연계하여 인식하고 있다. 이러한 상황에서 과거 실크로드가 국제관계에 지대한 영향을 미친 것과 마찬가지로, 중국은 '일대일로'를 통해 국제관계에 새로운 영향력을 확보하고자 한다. 이 길고도 구불구불한 길을 따라 세계에서 에너지를 가장 많이 생산하는 국가들과 가장 많이 소비하는 국가들이 놓여 있다는 사실을 주목할 필요가 있다. 에너지 지정학적 관점에서 보면, '일대일로' 노선은 에너지 확보를 위해 끊임없는 쟁탈전을 벌이고 있는 각국의 지역들을 관통하는바, 이 지역에서 발생하는 국가 간 충돌, 지역 내 국가의 정치적 불안정, 에너지 민족주의 등이 '일대일로'의 원활한 추진을 제약하는 요인이 될 가능성이 높다.[16]

실크로드 경제벨트에 포함되는 중앙아시아, 아프리카 등은 에너지 확보 경쟁으로 인해 각국 간 갈등과 충돌이 빈번하게 나타나고 있는 지역이다. 특히 지정학적 관점에서, 유라시아 대륙의 동서를 연결하는 중앙아시아는 안보 전략적 거점 지대에 위치하고 있는바, 강대국들 간의 치열한 패권경쟁이었던 "Great Game"과 "New Great Game"의 실질적인 각축장이었다. 맥킨더(Halford John Mackinder) 역시 유라시아 중심부로서 식량과 에너지자원이 풍부하고 지리적 수송 경쟁력을 확보한 유라시아를 정복해야만 세계를 정복할 수 있다고 주장하였다. 실제로 대부분의 에너지 소비국들이 카스피해 연안에 교두보를 마련하기 위한 노력을 지속하

---

[16] 에너지 지정학, 에너지 안보와 관련된 논의는 Robert A. Manning (2000), *The Asian Energy Factor*, NY: St. Martin's Press; Matthew R. Simmons (2011), *Twilight in the Desert*, NJ: Wiley; Michael T. Klare (2009), *Rising Powers, Shrinking Planet: The New Geopolitics of Energy*, NY: Henry Holt & Co.; Kent E. Calder (2012), *The New Continentalism: Energy and Twenty-First-Century Eurasian Geopolitics*, New Haven: Yale University Press, p.133 등을 참조.

였다. 러시아는 에너지가 부족한 국가는 아니지만 이 지역에서 생산되는 에너지를 운반하고 배분함으로써 이 지역을 장악하고자 하였고 미국은 러시아의 이러한 의도를 제지하는 동시에 중동 석유에 대한 의존도를 감축하기 위한 목적으로 중앙아시아 내에서의 영향력을 확대하면서 양국의 충돌은 불가피했다. 여기에 중국 역시 접경 지역에 대한 안전 문제를 거론했지만, 사실은 이 지역에서 생산되는 석유와 가스를 파이프라인을 통해 중국 내부로 들여오기 위한 목적을 가지고 있었다. 에너지를 둘러싼 강대국들의 치열한 경쟁이 이 지역의 불안정을 증폭하였고, 미국이 아태 지역으로 전략적 노선을 전환한 지금도 러시아와 유럽 간 갈등이 잠재하고 있다.

해상실크로드를 경유하는 동남아시아 지역 역시 위협이 존재하고 있다. 해상실크로드를 추진하기 위해서는 남중국해 지역의 분쟁 해결이 선결과제이다. 남중국해가 해외무역의 주요한 국제해로이자 풍부한 어장자원을 확보하고 있으며 가스 및 석유 자원이 부존하는바, 중국은 해양경계선을 맞대고 있는 8개 국가 중 7개 국가와 해양영토 분쟁을 지속하고 있다. 중국은 자국으로 오는 유조선을 보호할 만한 해군력을 확보하지 못하고 있기 때문에 미국 해군이 지배하고 있는 바다를 통과해야만 한다는 사실을 치명적인 전략적 취약성으로 믿고 있다. 따라서 중국은 해양 전략을 대폭 강화하였고 이로 인해 미국과의 충돌 가능성 역시 제고될 수밖에 없다. 금년 초에는 "진주목걸이(Pearl of Strings)" 전략의 한 축을 담당하는 스리랑카와의 관계가 답보 상태를 맞이하였다. 새로 취임한 시리세나(Maithripala Sirisena) 대통령이 콜롬보 항구도시 프로젝트를 재검토하겠다고 발표하자 중국은 류젠차오(劉建超) 외교부 부장조리를 급파하여 재검토 조치 취소를 요구하였으나 스리랑카 정부는 이를 묵살하고 인도의 손을 잡을 준비를 하고 있다.[17] 아프리카 지역 역시 광대한 에너지자원이 매장된 지역으로 에너지를 선점하기 위한 중국과 미국의 경쟁이 치열하게 전개되고 있다.

　에너지 민족주의 역시 '일대일로'의 추진을 저해하는 요인 중의 하나이다. 에너지 민족주의는 에너지자원을 충분히 보유한 국가들이 자국의 석유 및 가스 유전을 통제하고 이들 자원을 정치적인 이익을 위해 사용하는 것만을 의미하지는 않는다.[18] 에너지가 부족한 국가들의 지도자들이 점차 경합이 심해지는 에너지 공급원을 확보하기 위해 다른 국가와의 경쟁함으로써 자국의 이익만을 수호하는 행위 역시 에너지 민족주의라 할 수 있다. 이는 국가 그 자체가 에너지 부분에서 막강한 권력을 가지고 소유자가 된다거나 혹은 에너지를 생산, 수송 및 분배하는 과정에서 주역이 되기 시작했음을 의미한다. 이러한 국가주의적 경향이 부각되면서 중국이 중동, 중앙아시아 및 석유를 생산하는 아프리카 국가들에 국가주의적으로 접근하게 되었고, 이는 중국과 미국이 점차 대립 구도를 형성하게 만든 요인이 되었다. 특히 미국의 아태 재균형 정책에 대응하기 위한 '일대일로' 구상으로 인해 미국과의 대립이 격화될 경우, '일대일로' 구상을 통한 에너지 확보 역시 난관에 봉착할 수 있다.

　에너지 지정학적 측면에서 볼 때, 에너지 수입국이 에너지를 공급받을 수 있는 세계적인 공급처는 고도로 집중되어 있다. 특히 동북아 국가들의 자체 매장량, 수요량은 물론 안정적인 공급을 보장할 수 있는 지정학적 능력 등을 고려할 때, 석유와 천연가스 등 화석에너지가 위험할 정도로 부족하다고 인식되고 있다. 지리적으로 인접해 있음에도 불구하고 정치

---

17 주간동아 (2015), "'인도양의 진주' 스리랑카를 차지하라," http://weekly.donga.com/docs/magazine/weekly/2015/03/16/201503160500019/201503160500019_1.html (검색일: 2015년 6월 17일).
18 Peter Behr (2007), "Energy Nationalism," *CQ Global Researcher*, Vol.1, No.7, July, pp.151-180.

적 혹은 문화적 요인으로 인해 에너지자원이 풍부한 중앙아시아와 같은 세계적인 공급처와의 교류가 더디게 진행되었다. 다행스럽게도 냉전의 종식과 함께 에너지 수요가 꾸준히 증가함에 따라 이들 국가와의 협력이 강화되고 있다. 물론 에너지 시장이 전 세계적으로 형성되어 있기 때문에, 지리적으로 근접하다고 해서 상호 의존하는 형태가 나타나는 것은 아니다. 그러나 지리적으로 인접해 있다는 점은 일단 정치적 제약요인만 제거되면 송유관(가스관)과 같은 물리적 수송 체계를 통해 국가 간 전략적 상호작용을 심화시키고 상승 작용을 촉진하는 역동적인 기반을 제공함은 물론 지정학적 친밀감을 강화시킬 수 있다. 때문에 중국은 '일대일로'에서 개방적인 협력, 조화와 포용, 공영주의(公瀛主義) 등이 포함된 공동건설의 가치를 내세우며 이러한 제약요인들을 극복하고자 하고 있다. 중국이 내세우는 가치들을 '일대일로'와 연계된 국가들이 인정하고 수용할 때 비로소 '일대일로'의 성공 가능성이 열릴 것이다.

5 '일대일로' 구상 내 한·중 에너지 협력의 방향성

앞서 살펴본 바와 같이 「실크로드 경제벨트 및 21세기 해상실크로드 건설 비전과 행동계획」에는 '에너지 인프라의 상호연계를 위한 협력 강화', '전통적인 에너지자원의 개발과 관련된 협력 확대', '청정하고 재생가능한 에너지 협력 추진'이라는 3대 국제 에너지협력 노선이 제시되어 있다. 이러한 협력 노선에서 한국은 '에너지 인프라의 상호 연계를 위한 협력 강화'와 '청정하고 재생가능한 에너지 협력의 추진'을 주목할 필요가 있다.

에너지 패러다임이 전환되면서 기술 혁신의 중요성이 강조되고 있다.

에너지 분야의 기술 혁신은 일반 산업 분야와는 달리 혁신의 방향성과 목표가 비교적 분명하다.[19] 즉 이산화탄소의 배출량을 일정한 수준 이하로 억제하고 신재생에너지의 개발과 보급을 확대함으로써 지구 온난화 등 환경오염을 감축한다는 사회적·국가적 지향점이 매우 확실하다. 양국은 저탄소, 신재생에너지, 에너지 효율 향상 등에서 공통된 관심사를 가지고 있다. 뿐만 아니라 중국은 태양광, 풍력 등에서 확실한 우위를 가지고 있는 반면, 한국은 스마트그리드, 원전 관리, 에너지 효율 향상 등에서 우위를 확보하고 있다. 공통된 관심사를 가지고 있으나 확보한 우위가 다른 바, 시너지 효과 창출에 용이하다.

한국의 입장에서 보면, 중국과 컨소시엄을 구성하거나 중국과 함께 '일대일로' 연선국에 진출하여 스마트그리드 시스템을 구축한다거나 에너지 효율 향상과 관련된 협력을 고려해 볼 필요가 있다. 신재생에너지는 전통적인 화석에너지에 비해 에너지 지정학적 요인으로 발생하는 위협이 상대적으로 낮다. '일대일로' 노선의 경유지역인 중앙아시아나 아프리카에서의 사업은 경쟁적인 측면이 아닌 상생을 위한 협력적인 측면 역시 존재하기 때문에 당해국 혹은 강대국과의 갈등을 초래할 가능성이 비교적 적다. 또한 '일대일로' 구상의 종착지인 유럽은 에너지 지정학적 요인으로 인한 위협이 없을 뿐만 아니라 신재생에너지 기술이 앞서 있는바, 양자 혹은 삼자 간 기술 및 인력 교류를 추진함으로써 한국과 중국이 공동으로 기술적 혁신을 도모할 수 있다. 결국 '일대일로' 구상 내에서 한국이 에너지 분야에서 중국과 협력할 수 있는 활로는 신재생에너지를 기반으로 한 제3국 공동진출 혹은 기술협력 등의 분야가 될 것으로 전망된다.

칭기즈칸은 "성을 쌓는 자는 망하고 길을 내는 자는 흥한다"고 말했다.

---

19 김남규·주영준 (2011), 『에너지 패러다임의 미래』, 지식갤러리.

중국은 내부에서 발생하는 문제들을 해결하기 위해 외부로 시선을 전환함으로써 더욱 커다란 발전을 도모하고자 '일대일로' 구상을 내놓았다. 이 거대한 구상에서 새로운 기회를 창출하기 위해 "어떻게(여건 조성)"해야 할지를 고민한 후 "무엇을(구체적인 분야)" 협력해야 할지를 모색하는 것이 한국이 당면한 과제라고 할 수 있다.

'일대일로'와 금융자본

서봉교 (徐逢敎)

최근 중국경제의 가장 큰 이슈는 '일대일로(一帶一路)' 구상(initiative)을 통해 각 산업분야의 성장원동력을 확보하는 구체적인 방안에 대한 논의이다. 중국정부가 지난 수년간 구조조정 노력을 지속적으로 추진했지만, 산업생산 과잉문제는 여전히 우려할 만한 수준이다. 2014년 중국 내 생산과잉 문제가 가장 심각한 산업인 철강, 석탄, 평판유리, 시멘트, 알루미늄, 조선, 태양광발전, 풍력발전, 석유화학 분야의 경우 공급과잉 수준은 평균 20~30% 수준에 달한다.[1]

이처럼 중국 내 제조업 생산과잉 문제가 심각한 이유는 지금까지 중국의 경제성장 모델이 투자를 통한 양적투입 확대에 중점을 두었기 때문이다. 비록 지난 수년간 중국정부가 내수소비 확대와 질적인 혁신을 통한 경제성장 모델로의 전환을 강조하고 있지만, 이는 장기적인 경제구조의 근본적인 전환이 필요하기 때문에 단기적인 경기둔화의 우려가 증가하는

---

[1] 佚名, "2014中國9大産能過剩行業排行榜" 商界招商網, 2014-7-29. http://www.cyone.com.cn/Article/Article_30825.html

표 1 　중국의 제조업 공급과잉 현황(2014년 기준)

과잉 순위	산업	과잉 현황
1	철강업	가동률 80% 미만
2	석탄	손실률 80% 정도
3	평판유리	과잉으로 저가 수출 10% 이상 증가
4	시멘트	가동률 60% 정도
5	알루미늄 전기분해	과잉률 30% 이상
6	선박	과반수 기업이 2013년 수주 실패
7	태양광발전	전반적인 과잉, 태양전지는 95% 과잉
8	풍력발전	설비 가동률 60% 미만
9	석유화학	생산 이용률 54% 정도

것이다. 예를 들면 2009년 이후 최저임금 조정으로 5년 사이에 평균임금이 2배나 상승하였지만, 중국의 고령화, 불완전한 사회보장 시스템, 높은 주거비용 등으로 내수소비는 기대만큼 증가하지 못하였다.

이러한 상황에서 중국정부가 추진하고 있는 '일대일로' 구상이 성공할 경우 중국경제의 장기적인 성장원동력 확보가 가능하다는 측면에서 더욱 주목받고 있다. 중국정부가 '일대일로'를 추진하는 가장 큰 경제적인 목적이 기업들의 해외진출(走出去)을 통한 중국국내 생산과잉 문제의 해소와 중국 서부내륙 지역의 새로운 투자확대 등이기 때문이다. 이에 따라 중국 내에서는 각 산업별, 각 지역별로 '일대일로' 구상을 어떻게 구체화할 것인가[2]를 두고 투자대상 지역과 투자 프로젝트를 활발하게 고민하고

---

[2] 예를 들면 철강업 "中國鋼鐵行在 '一帶一路' 上"《中國冶金報》2015年 07月 08日, 기계 '一帶一路' 戰略助工程機械行業走出寒冬,《廣州日報》2015年 07月 13日, 항공산업, '一帶一路' 助力民航業走出國門,《中國經濟時報》2015年 07月 01日 亞洲紡織聯盟, "中國將鋼鐵輕紡等 12個行業産能與「一帶一路」配對," 2015-07-14 http://info.texnet.com.cn/content/2015-07-14/519601.html 등이 있다.

있다.

1 '일대일로'의 내용과 투자자금 규모

'일대일로' 구상의 실현에는 향후 수십 년의 시간이 필요할 것이지만, 그 구상이 실현될 경우에는 중국과 주변 60개국이 포함된 거대한 통합경제권이 형성될 수 있다. 전 세계 인구의 60% 이상에 달하는 44억 명의 인구와 전 세계 GDP의 30% 이상에 달하는 22조 달러 규모의 경제권이 하나로 연결되는 것이다.[3]

중국의 이러한 야심찬 구상의 경제적인 성과는 직접적인 투자 수요 확대와 간접적인 유발 경제부양 효과로 구분할 수 있다. 먼저 '일대일로' 구상을 실현하기 위한 도로건설, 철도건설, 항만건설, 에너지, 통신망 확충 등 사회간접자본의 직접적인 투자규모는 전체적으로는 6조 달러에서 8조 달러[4] 수준에 달할 전망이다. 현재 중국 내에서 구체화되고 있는 '일대일로' 관련 투자 프로젝트만도 1조 400억 위안(1,630억 달러)이고, 2015년 양회(兩會)에 보고된 해외에서 진행되거나 확정된 '일대일로' 투자 프로젝트도 525억 달러에 달한다.[5] 중국은 '일대일로' 추진으로 GDP의 추가적인 성장률이 2015년에만도 0.25%포인트에 달할 것으로 기대하고 있다.[6]

---

[3] "譜寫人民幣國際化新篇章" 證券時報 2015年 03月 28日.
http://finance.ifeng.com/a/20150328/13590152_0.shtml
[4] "一路一帶" 投資規模或達8萬億美元, "中國經營報" 2014-11-08.
http://news.51zjxm.com/hongguan/20141108/55000.html
[5] 이일영(2015), "중국의 새로운 발전전략, 일대일로," 시선집중 GSnJ 195호, 2015.4.7.
[6] KIEP 최신중국동향, 2015.3.27.

나아가 중국은 이 구상이 진행됨에 따라 '일대일로' 투자대상 지역에서 에너지, 원자재, 농산품 등을 수입하고, 동시에 이들 지역의 내수소비 확대에 따른 중국 제조업의 수출증대 효과를 기대하고 있다. 또한 중국과 유럽의 원활한 교역로 확대에 따른 중국 서부 내륙지역의 경기부양 효과[7] 등의 추가적인 유발효과까지도 기대하고 있다.

2 '일대일로' 추진의 금융 리스크

물론 이러한 '일대일로' 구상의 현실화에 대해 낙관론만 있는 것은 아니다. 예를 들면 국제정치 분야에서는 중국이 이러한 구상을 추진하는 이유가 미국중심의 기존 국제질서를 대체하고 중국중심의 새로운 세계질서를 구축하기 위한 의도가 아닌지 논란이 분분하다.[8] 또한 '일대일로'가 여러 나라들을 대상으로 하기 때문에 이들 나라들과의 인프라 하드웨어나 여러 제도 같은 소프트웨어 통일표준을 도출하는 협조과정이 원활하지 않을 것이라는 우려도 있다. 인도나 미얀마의 중국 의도에 대한 의구심 제시, 베트남 등과의 남중국해 갈등 문제, 해상항만 건설을 둘러싼 군사적 함의부여 문제 등도 우려되는 현안이다.

하지만 이러한 우려보다 더욱 근본적이고 직접적인 리스크가 있는데, 첫 번째는 바로 '일대일로' 구상을 현실화 할 수 있는 금융, 즉 "투자자금

---

[7] 讓 "一帶一路" 推動西部綜合交通體系發展, 《現代物流報》 2015年 03月 23日.
[8] 중국은 이를 의식하여 '일대일로' 추진이 확장전략이 아니라 인프라 건설을 기반으로 주변 국가들과 동반 성장할 수 있는 새로운 유형의 경제협력지대를 조성하려는 것이며 대상 국가들이 원하지 않으면 실현될 수 없는 구상이자 제안임을 강조하고 있다. 또한 중국에서는 '일대일로'를 기존 미국의 아시아 재균형 전략에 대응하여 미국과 동아시아에서의 갈등과 경쟁을 우회하기 위한 전략이라는 분석도 제기되고 있다(이동률, "'일대일로' 구상의 정치외교적 함의와 과제," 성균차이나포커스, 19호, 2015.08.01.).

의 조달 문제"이다. 물론 장기적인 구상이기는 하지만, 전체적으로 8조 달러 이상에 달하는 이 원대한 구상의 실현을 위해 필요한 투자자금을 확보하는 것은 결코 쉽지 않은 일이다. 아시아개발은행(ADB)은 향후 10년간 아시아 지역에서의 사회간접자본 투자 수요만도 8조 2,200억 달러로 매년 8,200억 달러의 투자자금이 필요하다고 전망하였다.[9]

물론 중국은 지난 30여 년간의 高성장을 통해 세계에서 가장 많은 외환보유고를 축적하고 있으며, 중국 금융사들의 부실대출 비율도 낮고, 정부재정 역량상태도 그렇게 나쁘지 않기 때문에 중국 주도로 '일대일로' 구상을 추진할 수 있을지도 모른다. 하지만 비록 중국이 주도를 할 수는 있더라도 혼자서는 절대로 이 구상을 실현할 수 없다.

예를 들어 보자. 중국의 2015년 8월 외환보유고는 3조 5,574억 달러(2014년 전체 수입액의 1.8배)에 달하는 세계 최대 규모이기 때문에 이를 '일대일로' 해외투자에 적극 활용할 수 있을 것이다. 하지만 [그림 1]에서 보듯이 외환보유고는 2014년 6월 3조 9,932억 달러로 최고를 기록한 이후 지속적으로 감소하고 있는 추세이다. 더구나 지금까지 중국 외환보유고 축적의 원동력이 되었던 중국의 수출이 급격히 둔화되고 있다. 2015년 3월 이래 중국의 월별 수출증가율은 계속 마이너스를 기록하고 있고, 8월까지 누적 수출증가율도 마이너스(-1.4%)이다. 만약 '일대일로' 관련 해외대출로 외환보유고가 급격히 감소할 경우 중국의 금융/외환 위기의 가능성이 커지는 문제가 발생할 수 있다. 중국 혼자만의 힘으로는 절대 이를 감당할 수 없다.

두 번째 리스크는 "투자자금의 회수 문제"이다. '일대일로' 구상은 사회간접자본 투자에 기반하고 있는데, 일반적으로 사회간접자본은 투자

---

[9] 張茉楠(2015), "亞投行應爲推進 '一帶一路' PPP融資模式發揮先導作用"《中國經濟周刊》 2015年 28期.

172　Ⅱ '일대일로'의 다양한 영역

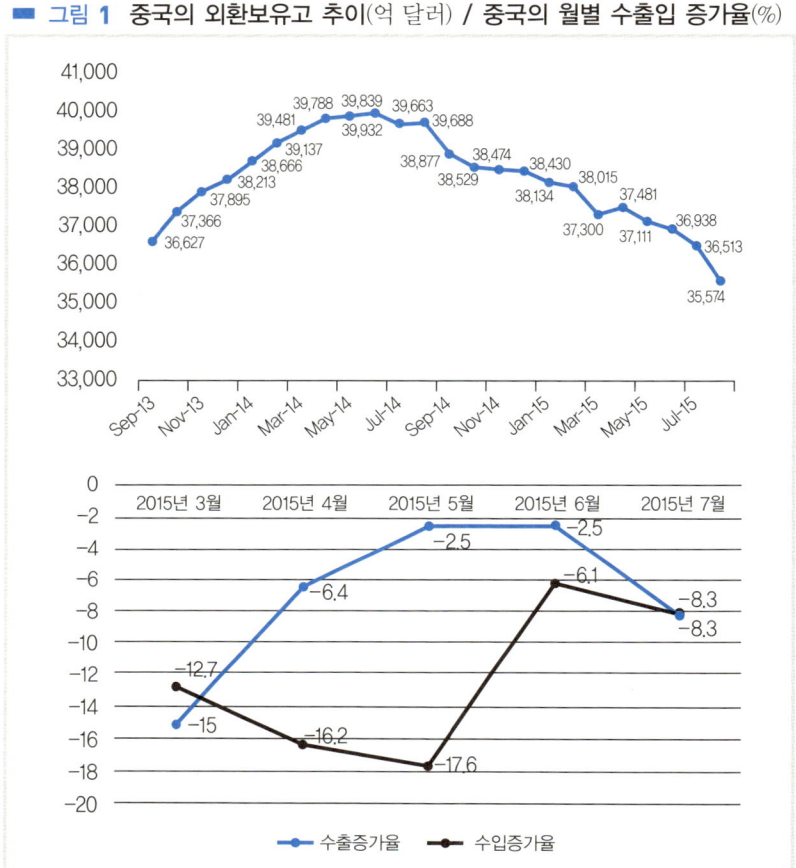

■ 그림 1　중국의 외환보유고 추이(억 달러) / 중국의 월별 수출입 증가율(%)

수익률이 낮고, 회수 기간이 긴 특징을 가진다. 높은 금리로 자금을 조달해서는 투자자금 회수에 어려움을 겪을 가능성이 크다.

뿐만 아니라 해외투자에 따른 투자국가 리스크(country risk) 문제도 있다. '일대일로' 투자대상 국가 중에서는 경제나 국가재정 상태가 좋지 못한 경우가 적지 않다. 뿐만 아니라 특히 중앙아시아 지역에서는 혁명이나 분쟁으로 인한 국가 체제의 리스크도 높기 때문에, 투자자금의 회수가 불가능할 가능성도 높다.

3 '일대일로' 금융의 열린 협력 모델

중국정부는 이러한 문제의 해결 방안으로 '일대일로' 사업의 투자자금 조달을 어느 특정한 국가나 특정 금융사에 국한하지 않고, 일종의 열린 금융 플랫폼을 통해 추진하고자 한다. 예를 들면 중국정부는 '일대일로' 원칙의 하나로 "상호원원(互利共贏)"의 원칙을 제시하고, 관련 국가들과의 양자 협력 또는 다자간 국제금융 협력을 통해 자금을 조달하고자 한다.[10] 이는 전 세계를 대상으로 '일대일로'라는 경제발전의 새로운 포용적인 합작모델을 제시한 것이다. 즉, 소위 "열린 협력모델(開放式合作模式)"이라는 것은 '일대일로' 구상이 전 세계 모두에게 개방되어 있고, 어떠한 조건이나 진입장벽으로 참여를 배제하지 않는다는 것이다.[11]

하지만 이러한 추상적인 이상과는 달리 현실에서 여러 국가나 투자자들이 실제로 '일대일로' 관련 사업에 참여하기는 결코 쉽지 않다. 앞에서도 언급하였듯이 사회간접자본 투자의 특성이 투자규모는 큰 반면 투자회수 기간이 길고, 투자 기대수익률이 낮기 때문이다.

이러한 이유 때문에 중국 내에서는 어떤 형태로 "열린 금융지원(開放式金融支持)" 제도를 마련하여 전반적인 투자규범을 제정하고, 투자리스크를 낮추어 전 세계 투자자들의 참여를 유도할 것인지에 대한 연구가 활발하게 이루어지고 있다.

---

[10] 張蘊嶺(2015), "一帶一路的戰略與實施," 2015년 4월 15일 성균관대 발표자료.
[11] 曾培炎(2015), "抓住'一帶一路' 倡議新機遇加強亞洲金融合作," 《全球化》 2015年 02期.

1) Model 1 : 국제개발금융기구 모델

'일대일로' 투자자금의 조달방법으로 가장 먼저 언급되는 것은 정부주도의 국제개발금융기구를 설립하는 것이다. 과거 아시아개발금융(ADB: Asian Development Bank)이나 국제부흥개발은행(IBRD: International Bank for Reconstruction and Development)과 유사한 역할을 수행하는 국제개발금융기구를 설립하기 위한 중국의 노력은 지난 수년간 꾸준히 진행되어 왔다.

예를 들면 중국정부가 2014년 11월 400억 달러 규모로 조성한 실크로드 펀드(絲路基金, Silk Road Fund)[12], BRICS국가신개발은행(金磚國家新開發銀行) 또는 NDB(BRICS New Development Bank)로 지칭되는 1,000억 달러 규모로 2015년 7월 출범한 국제개발금융기구에서도 중국은 410억 달러를 출자하였다. 2015년 3월 열린 〈아세안 지역의 해상실크로드 사업에 대한 금융지원 세미나〉에서는 상하이협력기구(上海合作組織, Shanghai Cooperation Organisation)를 확대하기로 하였고, 중국정부는 추가로 50억 달러의 자금을 출자하였다. 뿐만 아니라 중국-아세안은행연합(中國-東盟銀行聯合)의 논의나, 아프리카 지역에 대한 국가개발원조(ODA: Official Development Assistance, 官方開發援助) 확대도 '일대일로'와 연결될 수 있다.

최근 전 세계적으로 가장 주목받으면서 '일대일로' 구상을 실현하는 대표적인 국제금융협력 기구로 등장한 것은 아시아인프라개발은행(AIIB: Asian Infrastructure Investment Bank, 亞洲基礎設施投資銀行), 일명 AIIB이다.

---

12 실크로드 펀드의 자본금은 중국정부의 외환보유고, 중국투자공사, 중국수출입은행, 개발금융의 지분이 각각 65%, 15%, 15%, 5%로 구성되었다.

다자간 국제금융 협력사업을 위한 투자자금의 플랫폼 역할을 담당하는 AIIB는 2013년 10월 시진핑 중국주석이 ASEAN 지역의 사회간접자본 건설 지원을 위한 다자간 협력기구 설립을 주창하면서 시작되었고, 2015년 6월 29일 정식 출범하였다. 〈AIIB협정〉에 따르면 AIIB의 회원국 수는 이미 전 세계 57개국에 달하고, 그중 아시아 역내 국가는 37개, 아시아 역외 지역의 국가는 20개국이 참여하고 있다. 설립자본금은 1,000억 달러에 달한다. 중국정부는 그중 409억 달러를 출자하였다. AIIB는 향후 다자간 개발은행으로 아시아 역내 사회간접자본 투자에 필요한 융자, 투자보증, 지분투자, 기술원조 등을 통해 '일대일로' 정책을 지원할 예정이다.

하지만 현재 AIIB의 자본금 규모 1,000억 달러는 '일대일로' 전체 투자자금 수요 8조 달러에 비해서 극히 일부에 불과하다. 실크로드펀드나 BRICS 국가신개발은행, 상하이협력기구 등의 국제개발금융기구 자금의

■ 그림 2 AIIB 가입 회원국 현황

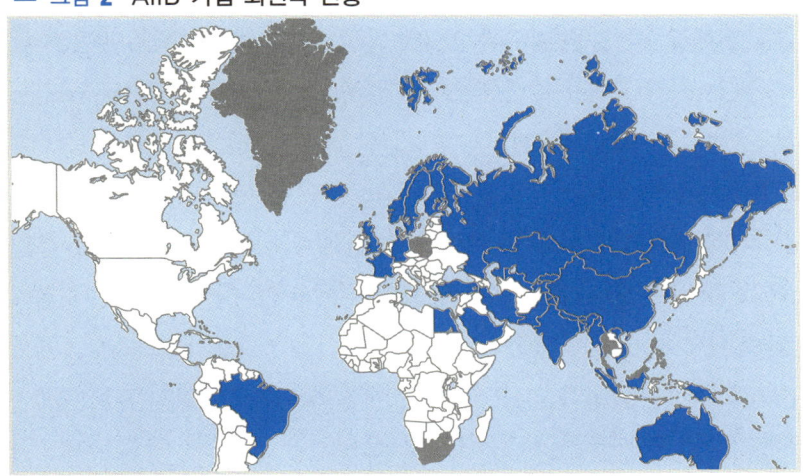

주 : 청색이 회원국이고 회색이 협의 국가(2015년 6월 29일 기준).[13]

---

[13] http://baike.baidu.com

일부를 '일대일로' 구상에 동원한다고 해도 자금조달 규모가 턱없이 부족한 상황이다.

이 때문에 AIIB와 같은 국제개발금융기구가 '일대일로' 관련 자금조달에서 단독으로 직접적인 자금을 대출하기보다는 다른 형태로 운영되어야 한다는 의견이 제기되고 있는 것이다. 예를 들면 정부나 국제개발금융기구와 같은 관(官, public)이 민간(民, private)과 함께 자금을 조달하는 역할을 수행해야만 한다는 것이다.

2) Model 2 : "관민합작(PPP)" 모델

중국 내에서 '일대일로' 자금조달과 관련해서 최근 가장 활발하게 논의되고 있는 금융모델은 "관민합작(公共私營合作, PPP : Public-Private Partnership)", 일명 PPP 모델이다. 원래 이 모델은 공적인 개발원조 기관과 민간 기업이 함께 개발도상국의 공공사업과 수익사업을 추진하기 위한 제도로, 이미 독일[14]이나 선진국 등에서도 사용되는 방법이다. 중국 내에서는 도시 기반시설 건설이나 공공서비스 사업 추진을 위해 1990년대 중반 이후 공업단지 건설 등 다양한 분야에서 추진되고 있다.[15]

관민합작 형태로 '일대일로' 프로젝트를 추진할 경우 민간 금융자원을 조달하여 공공부문의 재원마련 부담을 경감할 수 있는 장점이 있다. 뿐만

---

[14] PPP는 독일 내 민·관 협력으로서 민간 기업의 개발도상국 진출 및 사업기회 제공을 확대하기 위하여 만든 지원제도이다. KfW 및 GTZ는 공적개발원조의 실행기관으로서 독일의 민간 기업과 함께 PPP에 공동으로 참여하고 있다. 즉 KfW와 GTZ는 각각 금융 및 기술협력을 지원하고 해외시장 개척을 희망하는 민간 기업의 자본과 사업경험을 담당하고 있다. [네이버 지식백과] 독일 (개발원조관련 국제기구 지식정보원, 2009. 7. 31., 한국학술정보(주)) http://terms.naver.com/entry.nhn?docId=2272726&cid=51299&categoryId=51300

[15] 송영현(2015), "중국 민관협력(Public Private Partnership: PPP) 지역개발 현황 및 시사점," 인천발전연구원 한중DB INChinaBrief Vol. 293, 2015.06.29.

아니라 '일대일로'에 투입된 투자자금의 회수가 어려워질 경우에도 투자를 담당했던 금융사들의 부실문제가 국가 전체의 경제위기로 연결되는 문제를 방지할 수 있는 장점이 있다.

원래 관민합작 모델을 운영하는 형태는 〈표 2〉에서 보듯이 매우 여러 가지가 있을 수 있다. 이러한 여러 운영방식 중에서 '일대일로' 사업은 기본적으로 신규 사회간접자본의 건설과 밀접한 연관이 있기 때문에 BOT(Build-Operate-Transfer) 방식과 BOO(Build-Own-Operate) 방식이 가장 중점적으로 논의되고 있다.

표 2 관민합작 모델 운용방식별 주요 내용 및 특징

구분	내용 및 특징
위탁운영 (Operations and Maintenance)	• 기존 공공시설을 통한 서비스는 정부가 책임지나 시설의 운영 및 보호업무는 민간에 위탁 • 민간이 고객으로부터 직접 비용회수 불가 • 정부가 민간에 관리비용 지불 • 계약기간 8년 이하
관리계약 (Management Contract)	• 기존 공공시설을 통한 서비스 제공, 시설의 운영 및 보호업무를 민간에 위탁 • 민간이 고객으로부터 직접 비용회수 불가 • 정부가 민간에 관리비용 지불 • 계약기간 3년 이하
건설-운영-권리이전(Build-Operate-Transfer: BOT)	• 민간 또는 특수목적회사가 새로 추진하는 사업의 설계, 융자, 건설, 운영, 시설유지보수, 서비스 제공 등 제반분야를 책임 • 민간 또는 특수목적회사가 건설 및 운영비용 부담 • 시설준공 후 계약기간 동안 사업의 소유권 또는 운영권을 민간 또는 특수목적회사가 보유 • 계약기간 만료 후 사업에 대한 권리를 공공에 이전 • 계약기간 20~30년 • 민간 또는 특수목적회사가 새로 추진하는 사업의 설계, 융자, 건설, 운영, 시설유지보수, 서비스 제공 등 제반분야를 책임 • 민간 또는 특수목적회사가 건설 및 운영비용 부담

건설-운영-권리 이전(Build-Operate-Transfer: BOT)	• 시설준공 후 계약기간 동안 사업의 소유권 또는 운영권을 민간 또는 특수목적회사가 보유 • 계약기간 만료 후 사업에 대한 권리를 공공에 이전 • 계약기간 20~30년
건설-소유-운영 (Build-Own-Operate: BOO)	• 기본적으로 BOT와 동일 • 단, 계약기간 만료 후에도 민간 또는 특수목적회사가 사업에 대한 권리를 계속 확보
이전-운영-이전 (Transfer-Operate-Transfer: TOT)	• 정부가 기존 공공시설의 권리를 민간 또는 특수목적회사에 양도 • 계약기간 동안 민간 또는 특수목적회사가 시설의 운영, 유지보수 및 서비스 제공 등을 책임 • 계약기간 동안 사업의 소유권 또는 운영권을 민간 또는 특수목적회사가 보유 • 계약기간 만료 후 사업에 대한 권리를 공공에 이전 • 계약기간 20~30년
복원-운영-이전 (Rehabilitate-Operate-Transfer)	• 기본적으로 TOT와 동일 • 민간 또는 특수목적회사가 노후한 시설을 우선적으로 개보수한 후 운영 시작

출처 : 2014년 재정부 〈정부 및 사회자본 합작모델 운영 가이드라인〉, 송영현, p.5 재인용.[16]

구체적인 운영 모델을 예를 들면 AIIB를 '일대일로' 프로젝트의 직접적인 투자자금 대출은행이라기보다는 '일대일로'의 원활한 진행을 돕는 지원기구의 성격으로 운영하는 것이다. 가장 간단한 형태의 운영 예를 들자면 ASEAN 지역의 A국가와 중국의 B건설사가 중국의 C은행에서 대출을 받아서 A국가의 도로건설 프로젝트를 추진한다고 할 때 AIIB는 그 프로젝트의 투자보증을 제공하여 저금리로 투자자금을 조달하도록 하는 역할을 수행하는 형태가 가능하다. 물론 보다 복잡한 형태의 자금조달도 가

---

[16] 송영현(2015), "중국 민관협력(Public Private Partnership: PPP) 지역개발 현황 및 시사점," 인천발전연구원 한중DB INChinaBrief Vol.293, 2015.06.29.

능한데, 예를 들면 중국의 B건설사가 A국가 도로건설 프로젝트를 위한 자금을 투자자들에게서 조달하여 홍콩에 특수목적회사(SPC: Special Purpose Company 또는 SPV: Special Purpose Vehicle 또는 SPE: Special Purpose Entity)를 설립할 때 AIIB가 이에 일부 자금을 출자하는 형태도 가능하다.

4 프로젝트 파이낸싱(Project Financing) 원칙

위에서 언급한 관민합작 자금조달로 '일대일로'를 추진할 때 가장 중요한 문제는 "어떻게 민간의 참여를 유도하는가" 문제이다. 민간의 참여를 유도하기 위해 민간부문에게 너무 많은 인센티브를 제공하는 것은 자칫 부정부패 문제로 이어질 수 있다는 사실은 지금까지 수많은 사례를 통해서 경험하였기 때문이다. 반면 인센티브가 너무 적다면 사업 추진이 원활하게 진행되지 못한다.

사실 중국 기업이나 중국 금융사들을 '일대일로'에 참여시키는 것은 현재 중국정부의 중국 금융사들에 대한 영향력을 고려한다면 별로 어렵지 않은 일이다. 지금도 중국 금융사들의 가장 중요한 화두는 어떻게 '일대일로' 정책을 적극적으로 지원할 수 있을 것인가이다. 중국정부의 전략적 목표에 부응하기 위해 중국의 기업들과 은행들은 매우 적극적으로 노력하고 있다. 예를 들면 중국은행(BOK)은 2014년 중국은행의 가장 두드러진 성과를 위안화 국제화와 '일대일로' 전략에 기여한 것으로 평가하였다. 중국은행의 2014년 해외 신규대출 증가율은 21%로 중국국내 대출 증가율 10%를 두 배 이상 상회하였다.[17] 중국국가개발은행(國家開發銀

---

[17] http://finance.qq.com/a/20150327/046096.htm

行), 중국수출입은행(進出口銀行) 같은 정책은행의 경우는 더욱 열심이다. 하지만 이들을 진정한 민간부문이라고 할 수는 없다.

'일대일로' 자금조달에서 진정한 민간부문의 참여란 결국 글로벌 투자자금의 참여를 의미한다. 이때 가장 중요한 것은 '일대일로'의 어떤 프로젝트는 민간이 매우 적극적으로 참여하기를 원할 것이지만, 어떤 프로젝트는 참여를 꺼릴 것이라는 사실이다. 예를 들면 시장성이 높은 ASEAN 지역의 특정 항만건설 프로젝트는 투자 기대수익률이 높아 민간 투자자금들이 적극적으로 참여할 것이지만, 시장성이 낮은 중앙아시아 지역의 도로건설 프로젝트에는 민간 투자자금들이 참여를 꺼릴 것이다.

이 문제를 해결하기 위해 중국정부가 제시한 원칙이 바로 앞에서 언급한 "열린 금융지원(開放式金融支持)" 원칙과 철저한 "프로젝트 베이스(Project Base)"의 사업추진 원칙이다. 다시 말해 '일대일로'의 커다란 구상 내에 계획되어 있는 여러 프로젝트들을 철저하게 시장원칙에 의거하여 프로젝트 단위로 추진한다는 것이다.

예를 들면 수익성이 높을 것으로 예상되는 프로젝트들에는 민간 투자자들이 프로젝트 파이낸싱(Project Financing)에 경쟁적으로 참여하여 낮은 이자율로도 자금을 조달하여 특수목적회사(SPV)를 쉽게 세워서 사업을 추진할 수 있을 것이다. 반면 수익성이 낮을 것으로 예상되는 프로젝트들은 민간 투자자들의 참여를 유도할 수 있도록 공적인 부문에서 지원하거나 공적인 부문에서 참여를 확대할 수 있을 것이다.

전형적으로 중국정부가 흔히 사용하는 점진적으로 상황에 맞추어 준비해 나가는 추진전략이다. 따라서 현 단계에서는 전체적으로 법제화된 지원조건이나 절차가 없는 것이 어쩌면 당연한 것이고, 프로젝트들을 추진해 나가면서 이러한 조건들이 상황에 맞추어 제시될 것이다.

■ 그림 3 PPP 모델에서 프로젝트 파이낸싱과 특수목적회사의 개념도[18]

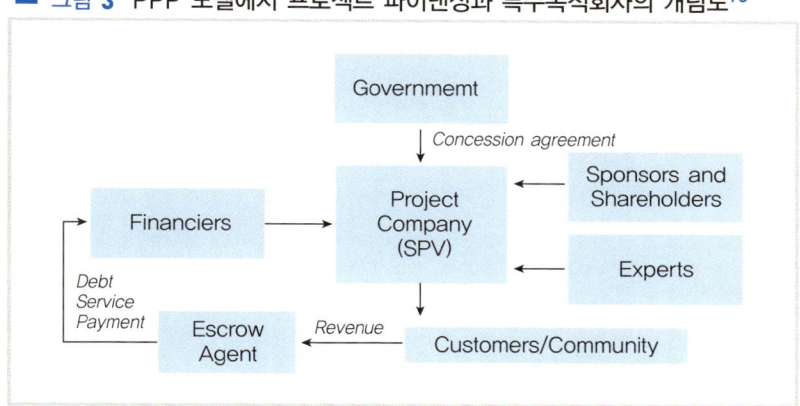

출처 : Economic and Social Commission for Asia and the Pacific 홈페이지.

5 '일대일로' 와 위안화 국제화

　마지막으로 '일대일로'에 필요한 자금을 전혀 새로운 개념의 자금원을 통해 창출할 수도 있는데, 그것이 바로 위안화 국제화이다. 만약 위안화가 현재의 달러처럼 기축통화로서 국제적으로 통용된다면 중국정부는 '일대일로' 구상의 실현에 필요한 위안화를 찍어내면 될 것이기 때문이다. 사실 2015년 상반기까지만 해도 중국 내에서는 '일대일로'를 위안화 국제화의 추진력으로 삼아야 한다는 내용의 글이 매우 흔하게 언급되었다.[19]

　예를 들면 2015년 3월 28일 중국 국무원과 국가발전개혁위원회, 상무부 등의 승인을 받아 발표된 〈실크로드 경제벨트 및 21세기 해상실크로

---

[18] http://www.unescap.org/ttdw/ppp/ppp_primer/21_ppp_structure.html
[19] 예를 들면 "借力人民幣國際化的東風— '一帶一路' 戰略研究," 《銀行家》 2015년 4月 29日.

드 건설 비전과 행동계획(推動共建絲綢之路經濟帶和21世紀海上絲綢之路的願景與行動)〉 등에서는 '일대일로'와 위안화 국제화를 연결하기 위해 어떠한 금융 시스템을 구축해야 하는지 대략적인 추진 방향성을 다음과 같이 제시하면서 그 핵심은 위안화 국제화라고 주장하고 있다(國務院新聞辦公室網站).[20] 그 내용으로는 '일대일로' 투자대상 국가들과 상호 화폐교환 시스템을 구축하고, 양국 통화 결제의 범위와 규모를 확대한다. 동시에 아시아 채권시장의 육성과 발전을 추진하고, '일대일로' 투자대상 국가들의 금융시장 발전을 지원한다는 것이다.

추상적인 이 내용을 중국이 추진하고 있는 실제 국제금융시장에서의 변화와 연결해보면 보다 구체적인 윤곽이 파악된다. 먼저 상호 화폐교환 시스템이라는 말은 위안화가 해당 지역의 청산결제 통화 등으로 사용된다는 말로, 한국과 중국 간에 체결된 원-위안화 직거래와 같은 방식이다. 이는 사실상 위안화의 국제화가 빠른 속도로 추진될 수 있는 여건을 마련한다는 의미이다. 또한 아시아 채권시장의 육성이나 대상국가의 금융시장 발전을 추진한다는 말은 해외에서 위안화 채권발행이나 해외 자본시장 등을 통해 다양한 형태의 위안화 자금조달을 확대한다는 것이다. 즉 해외에서의 위안화 수요를 확대함으로써 위안화 국제화를 추진하겠다는 의미이다.

예를 들면 2015년 6월 중국은행(BOC)은 '일대일로' 프로젝트 자금조달을 위해 미국 달러화, 유로화, 싱가포르 달러화, 위안화 등 4가지 통화 표시 채권을 발행한다. 그 규모는 최소 30억 달러에 달할 것이라고 한다.[21]

사실 중국정부는 2008년 글로벌 금융위기 이후 위안화 국제화를 매우

---

20 "一帶一路"資金融通重在系統化, 國務院新聞辦公室網站, 2015-05-25.
http://www.scio.gov.cn/ztk/wh/slxy/31215/Document/1434912/1434912.htm
21 http://www.ajunews.com/view/20150624100056076

적극적으로 추진하고 있으며, 그 성과도 놀라울 정도이다. 전 세계 무역 결제에서 위안화 결제의 비중은 2011년 0.3%에서 2014년 말 2.2%로 급증하였다. 중국의 월별 위안화 역외무역결제 금액은 [그림 4]에서 보듯이 2012년 1월 1,284억 위안에서 2015년 8월 7,559억 위안으로 꾸준히 증가하고 있다.

■ 그림 4 중국의 위안화 역외 무역결제 금액 추이 (억 위안)

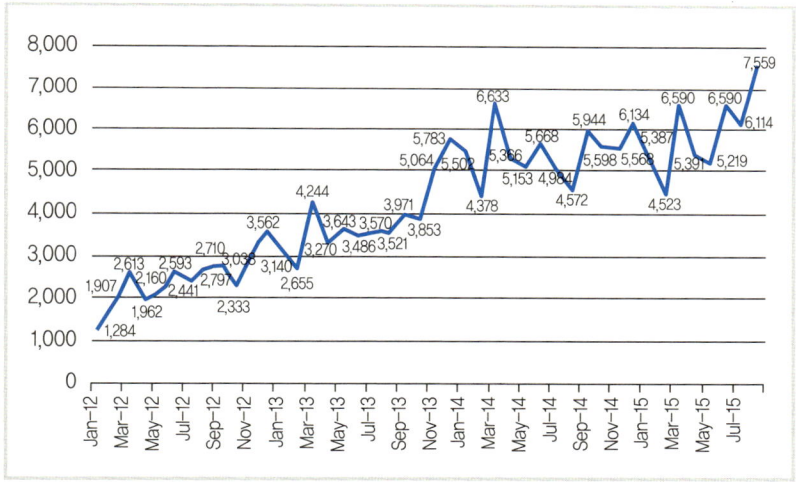

출처 : 中國金融信息網.

하지만 이러한 위안화 국제화의 실현 가능성이나 위안화 국제화를 통한 '일대일로' 자금조달의 가능성에 대해서 부정적인 의견을 제시하는 경우도 적지 않은 것이 사실이다. 불과 얼마 전까지만 해도 위안화 국제화는 중국정부의 정책적인 의사결정에 의해서 이루어지는 것일 뿐이고, 시장의 원리에 맞지 않기 때문에 지속가능하지 못할 것이라는 것이 서구 국제금융학계의 지배적인 견해였다. 중국은 자본시장이 완전히 개방되어 있지 못하고, 완전한 변동환율 제도를 시행하고 있지도 못하며, 금융시장도 관치금융 위주이기 때문에 효율적인 리스크 관리가 불가능한 상황이기 때문에 위안화 국제화가 중국경제의 불안정성을 오히려 확대할 것이라는 우려도 존재한다.

실제로 2015년 6월 이후 중국 주식시장의 폭락과 8월 중국의 전격적인 위안화 평가절하가 이어지면서 위안화 국제화의 실현 가능성에 대한 부정적인 전망이 더욱 확대되고 있다. 하지만 위안화 국제화의 실현이나 이를 통한 '일대일로' 자금조달의 실현은 결국 시장에서 결정될 문제이다. 위안화 국제화에 대해 중국정부가 공식적으로 정책방향을 전환하지 않는 한, 위안화 국제화를 통한 '일대일로' 자금조달은 속도가 다소 늦어지더라도 천천히 진행될 것이라고 전망할 수 있다.

6 '일대일로'와 한국의 기회와 위기

앞에서 언급하였듯이 막대한 자금이 필요한 '일대일로' 구상을 추진하기 위해 중국정부는 많은 자금을 이 지역에 투자할 것이고, 그보다 더 많은 자금이 '일대일로' 프로젝트에 참여하기를 희망하고 있다.

한국에게 '일대일로'는 기회이면서 동시에 위기이다. 먼저 위기의 측면을 살펴보자. 지난 수년간 중국의 ASEAN 지역에 대한 투자와 기업진출 확대로 중국의 ASEAN 지역에 대한 수출은 큰 폭으로 증가하고 있다. '일대일로' 구상이 진행될수록 이들 지역과 중국경제의 통합은 더욱 가속화될 것이다. 반면 한국의 ASEAN 지역에 대한 수출은 지난 수년간 꾸준히 감소하고 있다. 2015년 상반기에는 수출증가율이 평균 −20%에 달하는 큰 폭으로 감소하기도 하였다. 물론 환율 문제 등 외부적인 영향도 있었지만, 기본적으로 ASEAN 지역에서 한국기업들의 입지가 중국기업들에 비해 상대적으로 약화되고 있는 구조적인 문제도 있다.

이는 향후 한국기업들이 ASEAN 지역에서의 기존 경제적 기반을 더욱 강화하기 위해 많은 노력을 기울여야만 한다는 것을 의미한다. '일대일로' 구상이 현실화된다면 ASEAN 지역은 향후 수십년간 일정 수준 이상의 성장률이 기대되기 때문에 이를 기회로 활용해야 한다.

표 3 한국의 對ASEAN 수출 추이 / 중국의 對ASEAN 수출 추이 비교

	2014년		2015년 6월	
	수출금액 (천달러)	증가율(%)	수출금액 (천달러)	증가율(%)
베트남	22,351,690	6	13,712,457	27.2
싱가포르	23,749,882	6.6	7,585,916	-44.6
대만	15,077,398	-4	6,330,614	-15.9
필리핀	10,032,489	14.2	4,469,771	-13.2
인도네시아	11,360,656	-1.8	4,249,591	-30.2
말레이시아	7,582,611	-11.7	3,788,240	-5.6
태국	7,599,142	-5.9	3,300,138	-12.9
	2014년		2015년 6월	
	수출금액 (천달러)	증가율(%)	수출금액 (천달러)	증가율(%)
베트남	63,736,325	31.2	31,402,917	14.8
싱가포르	48,194,504	6.7	24,829,038	15.3
대만	46,284,835	13.9	21,751,708	3.7
필리핀	23,474,425	18.2	12,065,600	14.2
인도네시아	39,059,495	5.8	17,775,768	-6.7
말레이시아	46,399,122	0.9	22,858,331	7.1
태국	34,296,258	4.8	17,877,181	17.7

출처 : KOTRA 무역자료.

한국의 건설사들에게도 '일대일로'는 기회일 수 있다. 앞에서 언급된 관민합작(PPP) 모델로 단독 혹은 공동으로 '일대일로' 관련 특수목적회사(SPC)를 설립하거나 그 산하의 개별 프로젝트를 진행할 수도 있다. 일부 프로젝트의 경우 민간 투자자금 유치를 위해 일정 정도의 안정적인 수익을 보장해 주는 사업모델, 예를 들면 과거 한국의 민자(民資)도로와 같은 사회간접자본 투자에 맥쿼리(Macquarie) 등 해외투자자금을 활용했던 방식이 도입될 가능성도 있기 때문이다.

마지막으로 '일대일로' 관련 많은 금융투자 기회도 있을 것이다. 따라서 민간 투자자금뿐만 아니라 공적인 투자자금까지 '일대일로'와 관련된 프로젝트 파이낸싱 사업에 주목할 필요가 있다. 예를 들면 단순히 '일대일로' 관련 채권에 투자한다거나 PF 대출을 제공할 수도 있고, 특수목적회사(SPC)에 사모펀드를 활용한 지분투자자(LP: Limited Partnership)로 참여할 수도 있다.

하지만 이러한 금융투자의 가장 중요한 핵심은 개별 프로젝트의 사업 신용 리스크를 정확하게 평가(credit rating)하는 금융역량이라는 것을 잊지 말아야 한다. 이러한 국제금융역량이 확보되지 않은 상황에서 무리하게 투자를 진행하면 언제나 위기로 이어지기 때문이다.

'일대일로'와 서부지역*

김수한 (金修漢)

1 머리말

2015년 6월 29일 중국 베이징에서 아시아인프라투자은행(AIIB) 57개 회원국 대표들이 AIIB협정문에 서명하였다. 이로써 2013년 시진핑(習近平) 중국 국가주석이 주창한 '일대일로(一帶一路)' 구상의 실현을 위한 중요한 첫발을 내딛게 되었다. 육상의 실크로드 경제벨트와 해상의 21세기 해상실크로드를 양대 축으로 추진되는 중국의 '일대일로' 구상은 동아시아 경제권과 유럽경제권을 연결하는 것을 목표로 한 프로젝트다.[1]

---

* 이 글은 『성균차이나포커스』 2015년 '일대일로' 특집판 및 『IDI도시연구』 제9호(2015년 9월 30일 발간)의 도시리뷰에 실린 내용을 일부 수정·보강하여 작성한 것임을 밝힙니다.

[1] '일대일로' 구상의 보다 자세한 내용은 다음을 참조. 주장환(2015), "중국, 뉴 유라시아 육교 건설 현황과 시사점," 『INChina Brief』, Vol. 292, pp. 7-13

AIIB와 같은 국제금융기구의 설립, 접경국가와의 협력을 통한 교통·물류 인프라 구축 등의 내용으로 인해 '일대일로' 함의에 대한 논의 및 전망은 주로 국제정치·경제 측면에 초점을 맞추어 진행되고 있다.[2]

그러나 '일대일로' 구상은 기본적으로 권역별 성장거점 육성 및 이의 연계망 구축에 박차를 가하고 있는 중국 지역발전 전략에 기초하고 있다는 점에 주목해야 한다. '일대일로', 즉 실크로드 경제벨트와 21세기 해상실크로드는 그 명칭에 담겨 있는 바와 같이 기본적으로 선이자 네트워크로서의 특성을 지닌다. 따라서 '일대일로' 구상의 순조로운 추진여부를 가늠하고 보다 정확한 미래전망을 위해서는 네트워크를 구성하는 노드(node)인 중국 권역 거점도시에 대한 이해가 선행되어야 한다.

이 글에서는 '일대일로' 구상이 기본적으로 "선으로써 점을 꿰고, 점으로써 면을 견인하는(一線串點,一點帶面)" 중국 공간발전 기조와 그 흐름을 같이하고 있다는 점에 주목하여, 육상 실크로드벨트를 구성하고 있는 서부 주요 거점도시들의 역량 검토를 통해 '일대일로' 구상의 성공을 가늠하고 전망할 수 있는 또 다른 이해의 틀을 제공하고자 한다.

2 중국 권역 거점도시 연계망 구상과 서부대개발

1) 권역 거점도시 연계망 관련 정책 동향

중국은 개혁개방 이후 추진해 온 동부 연해 중심의 불균형 발전전략으

---

[2] 신실크로드 경제벨트의 전략적 함의를 다루고 있는 중국 내 대표적인 논의로는 다음을 참고할 수 있다. 胡鞍鋼(2014), "'絲綢之路經濟帶': 戰略內涵, 定位和實現路徑," 『新疆師大學學報』, 35(2) 외에 정치외교 관점에서 '일대일로'를 다룬 내용으로는 2015년 『성균차이나포커스』 '일대일로' 특집판에 실린 보고서를 참고할 수 있다.

로 인한 지역 간 격차가 매우 중요한 사회적 문제로 대두되었다. 중국정부는 1996년부터 시작된 제9차 5개년(9·5)계획을 기점으로 권역별 성장전략 기조를 모색하기 시작했으며, 2000년부터 서부대개발, 2002년 동북진흥 그리고 2006년 중부굴기 등 각 권역 발전전략을 차례로 수립하여 추진하고 있다.[3]

중국에서 권역 발전을 강조하는 기조가 확립됨에 따라 각 권역 중심도시와 도시군(城市群) 육성이 지역발전의 핵심 정책으로 자리 잡게 되었다. 공간적으로 특정 지역에 집중하여 분포하고 있는 도시집합체를 의미하는 도시군은 서로 다른 규모·유형의 여러 도시들이 하나 또는 수개의 특대도시를 중심으로 한 도시체계를 형성, 일정한 자연환경과 교통조건을 기초로 도시 간의 내재적 연계를 강화하면서 도시네트워크로 발전하게 된다.[4]

중국정부는 도시인구를 전국 차원에서는 분산하되 지역 차원에서는 집중시키는 대규모 분산 집중식(decentralized concentration) 도시화를 통한 생산구조의 고도화, 소비규모의 확대를 도모하고 있다. 거점도시와 도시군을 통해 경제활동의 지역적 집적도를 높임으로써 지역별 성장 동력과 내수시장 확보를 기대하는 이 같은 중국 지역발전 전략의 변화는 새로운 관점에서 동남 연해지역 중심의 성장일변도 정책으로 인한 지역 간 불균형 문제를 해결하려는 시도라고 볼 수 있다. 즉, 기존의 고도성장 전략이 낳은 불균형 문제를 해결할 수 있는 새로운 형태의 고도성장 전략을 창출하기 위한 전략기조로서 궁극적인 목적은 새로운 성장동력 발굴에 있고 지역균형은 부차적인 결과라 할 수 있다.

---

[3] 중국 권역별 지역발전 전략의 배경 및 그 내용에 대해서는 김수한·김현수(2013), 『랴오닝 지역발전에 관한 연구—도시군 형성 및 역량분석을 중심으로』, 인천발전연구원 2장 참고.
[4] 중국 도시군 형성 및 그 주요 내용에 대한 것은 다음을 참조. 김수한(2014), "중국 권역거점 도시 발전·분포 현황과 시사점," 『INChina Brief』, Vol. 259, pp. 9-11.

2008년 글로벌 금융위기 이후 중국은 세계경제의 침체 속에서 권역별 거점도시와 도시군 육성을 통한 내수경제 성장의 중심축 육성에 박차를 가해 왔다. 권역거점 지역발전 전략을 통해 연해지역에 새로운 발전도시 및 도시연계망이 부상하고 내륙의 중서부지역에 성장거점 대도시가 나타나는 등, 중국의 경제·사회적 공간구조 재편이 가속화되고 있다.[5]

중국정부는 2015년 3월 개최된 중국 제12차 전국인민대표대회 3차 회의를 통해 변화된 지역발전 전략을 제기하였다. 즉, 기존의 동부, 동북, 중부, 서부의 4대 권역 중심 지역발전 전략에서 3가지 지지대, '일대일로', 창장경제벨트(長江經濟帶), 징진지(京津冀) 전략으로 재편하게 되었다.[6]

■ 그림 1 3대 지역발전 전략과 권역 도시군 분포

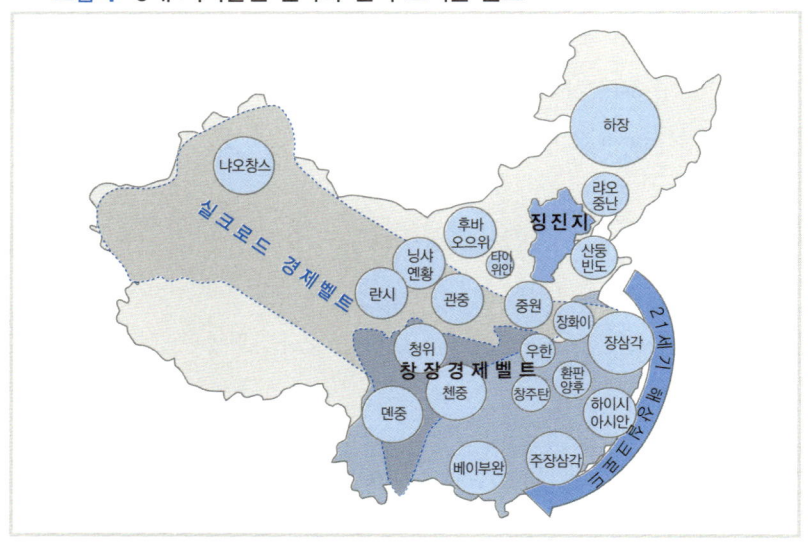

---

[5] 중국 내륙 중부 지역 도시군 분포 및 발전에 관한 자세한 내용은 다음을 참조. 김수한·김현수(2014), 『중부 지역발전에 관한 연구─권역 거점도시 육성과 역량분석을 중심으로』, 인천발전연구원, 4장.
[6] 중속성장의 신창타이 시대 인식에 따른 중국정부의 지역발전 전략 재편에 대한 자세한 내용은 다음을 참조. 김수한·유다형(2015)b, "중국 신창타이 시기 지역발전의 재구성," 『INChina

이는 [그림 1]에서와 같이 기존 권역 도시군 육성의 성과에 기초하여 행정권역을 초월한 초광역경제권을 형성, 저성장의 신창타이 시대에 대내외 연계와 개방 확대를 통해 성장동력 창출을 도모하고자 하는 중국의 정책 변화를 의미한다. 시진핑 중국지도부는 이미 2014년 중국 도시화 종합계획인 〈국가신형도시화계획(國家新型城鎭化規劃, 2014~2020)〉 발표를 통해 수출의존형 성장전략에서 내수주도형 성장전략으로 발전방식을 전환해야 하는 시대적 과제에 직면했음을 강조하며, 2개의 횡축과 3개의 종축을 중심으로 분포한 도시군을 초광역네트워크로 연결하는 구상을 제기한 바 있다.[7]

2) 실크로드 경제벨트의 권역 거점도시 및 도시군

2015년 3월 28일 중국정부는 '일대일로' 구상의 청사진이라 할 수 있는 〈실크로드 경제벨트 및 21세기 해상실크로드 건설 비전과 행동계획(推動共建絲綢之路經濟帶和21世紀海上絲綢之路的願景與行動)〉을 발표했다. 이에 따르면 중국 31개 성(省)급 행정단위 중 18곳이 '일대일로' 사업에 참여하게 되는데 특히 실크로드 경제벨트와 관련하여 서부 각 지역 거점도시들의 역할과 지향을 명시하고 있다.[8]

예컨대 중앙아시아로 이어지는 서북권에서는 신장(新疆)이 교통·물류 허브이자 문화·과학·교육 중심으로서 실크로드 경제벨트의 핵심 지역으로 육성된다. 산시(陝西)성의 시안(西安)시는 새로운 내륙개방경제 핵심

Brief』, Vol. 288.

[7] 중국 신형도시화 계획의 주요 내용 및 그 함의에 대해서는 다음을 참조. 김수한(2014)a, "중국 신형도시화계획의 주요 내용과 시사점," 『INChina Brief』, Vol. 265.
[8] 「推動共建絲綢之路經濟帶和21世紀海上絲綢之路的願景與行動」의 6장 참고.

지역으로, 깐수(甘肅)성의 란저우(蘭州)시와 칭하이(靑海)성의 시닝(西寧)시는 내륙개방형 경제실험구로 육성된다. 한편 인력자원이 풍부하고 산업기초가 상대적으로 잘 갖추어져 있는 충칭(重慶)시와 쓰촨(四川)성의 청두(成都)시는 서부개발과 대외개방의 중요한 버팀목이자 내륙개방형 경제기지로서 역할을 담당하게 된다.

이 같은 내용은 앞서 살펴본 중국의 권역별 지역발전 전략 기조 및 성과에 기초해 있다. 2000년부터 실행해 온 서부권역의 종합발전계획인 서부대개발 전략 역시 인프라를 확충하고 시장시스템을 확립하고 생태환경을 개선하는 등 경제발전의 기반을 조성하는 1단계(2000~2010년)를 거쳐, 현재 인프라 확충을 토대로 개발거점을 형성하고 각 지방의 특성에

■ **그림 2** 서부지역 중점경제구 및 거점도시 분포 현황

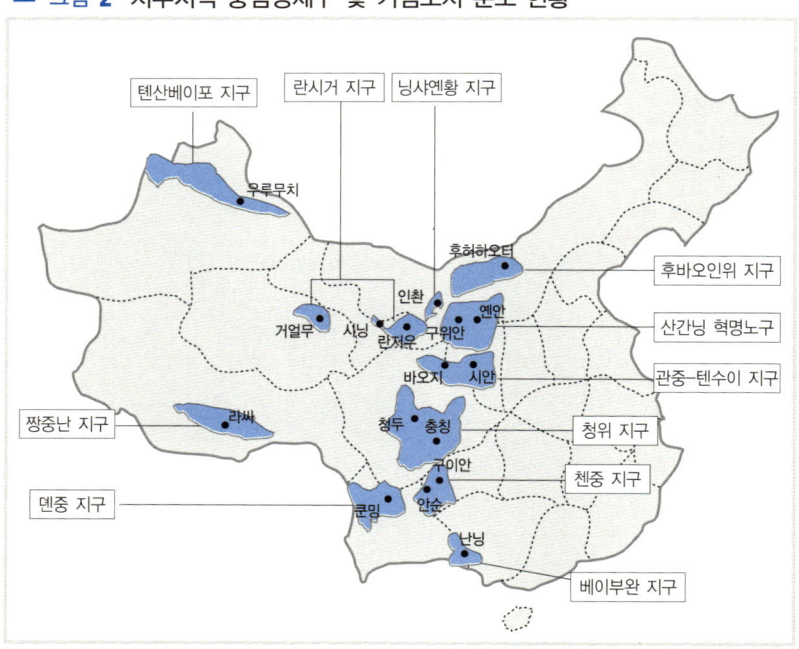

출처:「西部大開發12·5規劃」그림 수정.

맞는 경쟁력 있는 특화산업을 육성하는 본격적인 추진단계(2011~2030년)에 진입해 있다. 중국정부는 〈서부대개발 12·5규획(2011~2015년)〉에서 권역별 성장지대로서 중점경제구(重點經濟區) 조성과 이를 통한 대내외개방 확대를 핵심 방침으로 제시하였다.[9] [그림 2]와 같이 서부 권역별 교통요충지와 중심도시에 기초하여 11개의 중점경제구가 조성되고 있다.

3 실크로드 경제벨트와 서부 거점도시 역량 분석

실크로드 경제벨트에 속해 있는 서부지역 거점도시들의 경제현황 및 성장세는 어떤가? '일대일로' 계획에서 명시하고 있는 바와 같이 서부 거점도시들이 개방형 도시로 거듭나고 새로운 성장지대로 자리매김할 수 있는 충분한 역량을 갖추고 있는가? 중국 실크로드 경제벨트의 절점인 서부지역 거점도시들이 '일대일로' 구상에 부합하는 지역 산업 강점을 갖추고 있는지, 그리고 경쟁력 있는 대외경제와 소비경제 역량을 구비하고 있는지 간략히 살펴본다.

1) 서부 거점도시들의 산업구조 특성

서부 거점도시들의 산업특화도를 살펴보기 위하여 2013년 기준 업종별 종사자수 수치를 활용하여 〈표 1〉과 같이 입지상(Location Quotient: LQ) 계수를 산출할 수 있다. 입지상 분석은 비교대상지역의 전 산업에서 차지하는 비중에 대한 특정지역 산업의 전국의 동일한 산업에서 차지한

---
9 「西部大開發12·5規劃」 내용 참고.

표 1 중국 서부 거점도시의 입지상(LQ) 분석 (2013년)

		충칭	청두	시안	란저우	시닝	인촨	우루무치	라싸
	채광업	0.78	0.10	0.01	0.64	0.37	2.84	0.90	0.74
	제조업	0.69	0.67	0.77	0.64	0.72	0.48	0.41	0.12
2	전력, 가스, 용수	0.53	0.63	0.66	1.49	2.19	3.32	1.61	1.05
	건축업	1.23	1.05	1.12	1.41	1.04	0.71	1.01	0.43
	교통운송 · 우정	0.98	1.19	1.45	0.86	2.62	0.96	3.67	1.10
	도소매업	**2.14**	**2.84**	0.67	0.77	0.90	0.98	0.80	**3.85**
	숙박 · 요식업	**3.01**	**3.79**	1.47	1.06	0.51	0.42	0.83	**3.49**
	부동산업	1.25	1.37	1.35	1.26	0.93	1.27	1.10	0.19
3	임대 · 비즈니스	0.96	2.00	1.15	1.01	0.59	1.78	1.28	1.41
	정보전달, SW	0.71	1.30	**4.01**	0.72	1.25	0.61	0.64	0.78
	금융업	0.54	0.46	1.11	1.22	1.34	1.98	1.29	0.81
	과학연구 · 기술	0.50	1.10	2.92	**2.45**	**2.33**	1.38	1.75	0.82
	교육	0.51	0.50	1.02	1.18	0.91	0.98	0.86	0.36

출처 : 《中國城市統計年鑒2014》 자료 활용.

비중의 상대적 크기로 나타낼 수 있는 데, 그 결과는 한 지역의 특정산업의 특화 또는 전문화 정도를 파악하는 데 사용될 수 있다.

$$LQ_i = \frac{j\text{도시의 } i\text{산업의 고용인구 } / \ j\text{도시의 총고용인구}}{\text{전국 } i\text{산업의 고용인구 } / \ \text{전국 총고용인구}}$$

서부 거점도시들의 산업의 특화 정도를 판단하는 기준으로 입지상 계수가 1.25 이상인 산업을 특화산업, 0.75 이상 1.25 미만이면 보통산업으로 간주하여 살펴보도록 한다. 우선 2차 산업의 제조업 분야에서 0.77을 보인 시안을 제외하고는 특화도를 보인 도시는 없다.

반면 충칭, 청두, 시안의 선도 도시를 제외한 서부 거점도시들의 전력·가스·용수의 생산과 공급업 관련 계수가 높아 서부지역에 에너지산업이 특화되어 있음을 알 수 있다. 한편 라싸와 인촨을 제외한 조사 대상 서부 거점도시의 건축업 계수가 높을 뿐만 아니라, 관련 부동산업과 임대 비즈니스 서비스업의 계수 역시 높다. 이는 서부지역의 인프라 건설업 및 이와 연계된 서비스업이 특화되어 있다는 점을 나타내고 있다.

서부 거점도시들의 교통운송·우정 서비스업 계수가 전반적으로 높은 가운데 우루무치가 3.67을 기록, 교통물류 거점으로서 관련 서비스산업이 고도로 특화되어 있음을 알 수 있다. 충칭과 청두의 도소매업 계수는 각각 2.14와 2.84로 분석되어 소비시장이 비교적 발달되어 있는 것으로 판단되며, 기타 서부 거점도시들 도소매업 계수 역시 보통 수준 이상을 나타내고 있다. 한편 티벳의 라싸는 숙박·요식업 계수가 3.49를 기록, 지역의 관광산업과 관련 서비스업이 발달한 것으로 보여진다.

한편 서부 거점도시들의 경우 정보전달, 소프트웨어와 같은 지식전달 서비스업의 계수가 비교적 높은데, 특히 시안의 경우 관련 계수가 4.01로 월등히 높아 IT산업이 고도로 특화되어 있음을 알 수 있다. 시안은 과학연구·기술업 2.92 그리고 교육 1.02를 기록하여 지식기반 서비스업의 기반이 상당히 우수한 것으로 나타났다.

이 같은 서부 거점도시들의 특정산업 분포와 특화 정도는 에너지 및 교통·물류 인프라 구축에 주안점을 두었던 서부 대개발 1단계의 정책이 유효한 성과를 거두었음을 나타낸다. 입지상 분석 결과처럼 서부 거점도시들은 에너지와 건설 관련 제조업이 특화되어 있으며, 권역의 교통·물류 중심이자 소비시장을 선도할 수 있는 산업 특화도를 지니고 있는 것으로 볼 수 있다. 또한 시안시가 갖는 지식기반 서비스업 강점은 향후 내륙경제 개방 핵심 기지로 발전하는 데 중요한 토대로 작용할 것으로 판단된다.

2) 서부 거점도시들의 대외·소비경제 역량

그렇다면 서부 거점도시들은 '일대일로' 구상을 이끌어 갈 수 있는 충분한 대외경제 역량을 갖추고 있는가? 또한 권역 소비시장 활성화를 가져올 수 있는 소비경제 역량을 구비하고 있는가?

우선 서부 거점도시의 대외경제 역량을 가늠하기 위해 해외직접투자 및 수출입 규모 그리고 각 지표의 최근 5년간 평균 증가율을 〈표 2〉와 같이 정리할 수 있다. 수출입 측면에서 충칭, 청두 그리고 시안이 상대적으로 강한 역량을 보이고 있는 반면 다른 도시들의 수출입량은 매우 미미한

표 2 중국 서부 거점도시 수출입 및 FDI 규모 및 증가율 (2013년)

	수출입		FDI	
	규모(백만 달러)	5년 평균증가율(%)	규모(백만 달러)	5년 평균증가율(%)
우루무치	7,797.7	14.8	177.92	29.8
시안	17,982.46	21.8	3,129.94	20.8
인촨	2,418.29	23.8	129	73.6
시닝	1,241.15	18.1	24.8	34.6
란저우	4,064.26	53.6	21.32	12.8
라싸	3,205	55.0	-	-
충칭	68,704.10	73.3	8,524.18	7.1
청두	50,584.94	28.5	11,215.99	39.0

출처: 《中國統計年鑒2014》.

수준이다. 충칭시의 경우 서부지역 최대 수출입 총량규모를 가질 뿐만 아니라 최근 5년 평균 증가율 역시 73.3%에 달하고 있다.

해외직접투자에 있어서 청두, 충칭, 시안과 다른 서부 거점도시 간의 격차는 보다 분명하다. [그림 3]과 같이 중국 전역의 직할시 및 부성급시와 비교해 보았을 때 청두시와 충칭시는 1사분면에 위치, FDI 규모에 있어 전국 거점도시 평균 수준을 웃돌 뿐만 아니라 그 증가율에 있어서도 수위를 차지하고 있다.

서부 거점도시들이 소비시장으로서 갖는 역량과 잠재력을 측정하기 위해서 각 도시들의 소비품총액, 1인당 가처분 소득의 규모 및 증가율을 정리하면 〈표 3〉과 같다. 2013년 서부 거점도시 소비품 판매총액을 살펴보면 충칭, 청두 그리고 시안이 상대적으로 큰 규모를 보이고 있지만 다른

■ 그림 3 중국 서부 거점도시 FDI 규모·증가율 분포 (2013년)

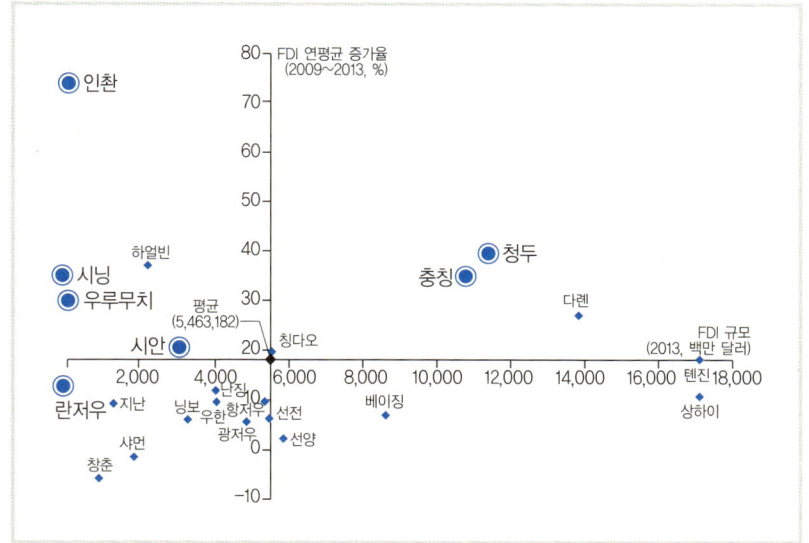

출처 : 《中國統計年鑑2014》 자료에 기초하여 필자 작성.

표 3 중국 서부 거점도시 소비품 판매총액 및 1인당 가처분소득 (2013년)

	소비품총액		1인당 가처분소득	
	규모(십억 위안)	5년 평균증가율(%)	규모(위안)	5년 평균증가율(%)
우루무치	81.1	14.2	21,304	11.6
시안	258.0	17.0	33,100	16.9
인촨	34.8	17.5	23,776	10.9
시닝	36.5	16.5	19,444	10.3
란저우	85.1	16.6	20,767	12.2
라싸	14.4	18.0	21,427	9.0
충칭	505.6	18.7	29,968	12.1
청두	377.0	18.4	25,216	11.9

출처:《中國統計年鑒2014》.

그림 4 중국 서부 거점도시 소비품총액 규모 및 증가율 분포 (2013년)

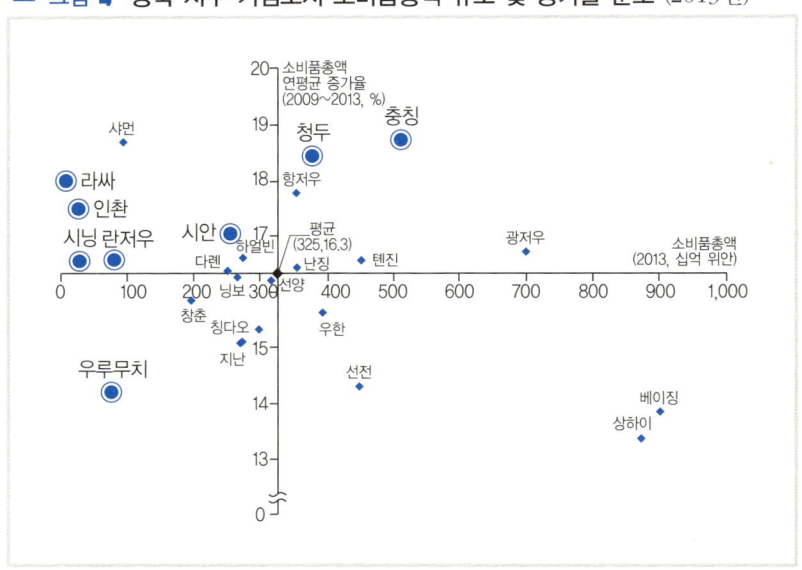

출처:《中國統計年鑒2014》자료에 기초하여 필자 작성.

도시들의 규모는 미미한 수준이다. [그림 4]와 같이 서부 거점도시의 소비품 판매총액 규모와 그 증가율을 중국 직할시 및 부성급 도시와 비교하여 보면 충칭과 청두의 경우 1사분면에 위치함으로써 그 규모 및 성장률에 있어 상당한 경쟁력을 갖추고 있음을 보여주고 있다.

1인당 가처분소득의 측면에서 보면 서부 거점도시의 인구 규모 및 밀접도 등의 차이로 인해 다른 경제지표에 비해 큰 차이를 나타내고 있지 않다. [그림 5]에서 보여주고 있는 바와 같이 시안은 1사분면에 위치하고 있어 평균 이상의 1인당 가처분소득 수준뿐만 아니라 빠른 성장세를 보이고 있다.

■ 그림 5 중국 서부 거점도시 1인당 가처분소득 규모·증가율 분포 (2013년)

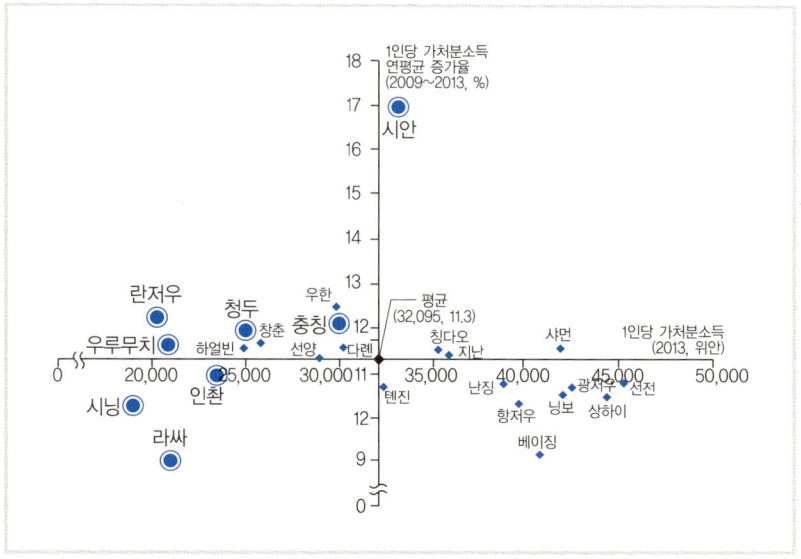

출처 : 《中國統計年鑒2014》 자료에 기초하여 필자 작성.

4 맺음말

이상에서 살펴본 바와 같이 '일대일로' 구상에서는 서부 거점도시들의 산업 특성 및 강점에 기초하여 그 역할과 지향을 제기하고 있다. 그러나 충칭, 청두, 시안의 선도 도시와 기타 도시들이 갖는 경제 역량은 상당한 격차를 보이고 있다. 우선 충칭시와 쓰촨성의 청두의 경우 서부 대개발의 버팀목이자 '일대일로' 구상을 선도할 상당한 대외경제 및 소비경제 역량을 구비한 것으로 판단할 수 있다. 시안시 역시 내륙형 개방경제 거점이자 '일대일로' 네트워크의 핵심 도시로서 역할을 수행할 것으로 보여진다. 특히 시안의 상대적으로 빠른 1인당 가처분소득 증가율은 향후 권역의 빠른 소비시장 발달을 가져올 요인으로 작용할 것이다. 그러나 충칭, 청두, 시안의 선도 도시를 제외한 다른 서부 거점도시들의 대외경제 및 소비경제 역량은 현재 매우 낮은 수준이다. 비록 일정한 증가율을 보여주고 있기는 하지만 그 총량 규모가 작아 실질적인 경쟁력을 갖추기에는 상당한 시간과 자원투입이 불가피할 것으로 예상된다. 향후 '일대일로' 등 중국 지역발전 전략 연구에 있어서 각 도시들이 갖는 역량에 기초하여 권역을 보다 세부적으로 분류한 접근과 분석이 필요하다.

'일대일로' 구상은 향후 중국 중앙부서 및 각 지방정부의 이해와 선호, 그리고 능력을 강력하게 규정하고 제약하는 제도요인으로 작용할 것이다. 현재 중국정부 각 부서는 '일대일로' 구상에 보조를 맞추어 관련 정책 방침을 발표하고 있다. 예컨대 중국 상무부 등 10대 중앙부서는 2015년 6월 1일, 중국 각 지역 유통핵심을 지정하는 〈중국 유통 핵심도시 규획(全國流通節點城市布局規劃, 2015~2020)〉을 공동 발표했다.[10] 이를 통해

---

[10] 중국 권역거점도시의 네트워화 전략의 정책패키지 일환으로서 유통핵심도시 선정 등에 대한 정책 내용은 다음을 참고. 김수한·유다형(2015)a, "중국 전국 유통핵심도시배치계획의 주

중국 전역의 유통 핵심도시를 국가·권역·지역으로 등급화하여 정책지원 정도와 역할을 분담, 각 권역 특징에 적합한 유통산업을 육성하게 된다. 이 문건을 통해 '일대일로' 계획에서 명시된 서부 거점도시들은 모두 국가급 유통중점도시로 선정되었고 향후 관련 정책 지원이 집중될 것으로 보여진다. 중국 각 지방정부 역시 '일대일로'를 지역경제발전을 위한 기회로 삼아 이에 편승하기 위한 지역전략과 정책을 준비 중인 것으로 알려졌다. 중국 중앙 각 부서 및 지방정부의 정책동향에 대한 지속적인 관찰과 조사가 필요하며, 이를 통해 글로벌 거대전략인 '일대일로' 구상을 보다 체계적으로 분석하고 면밀히 조망할 수 있는 토대 자료를 축적해 나갈 수 있을 것이다.

 참고문헌

김수한(2015), "중국 실크로드경제벨트의 결절점, 서부거점도시 역량 검토," 『성균차이나포커스』, 성균중국연구소.
김수한(2014)a, "중국 신형도시화계획의 주요 내용과 시사점," 『INChina Brief』, Vol. 265.
김수한(2014)b, "중국 권역거점 도시 발전·분포 현황과 시사점," 『INChina Brief』, Vol. 259.
김수한·김현수(2014), 『중부 지역발전에 관한 연구―권역 거점도시 육성과 역량분석을 중심으로』, 인천발전연구원.
김수한·김현수(2013), 『랴오닝 지역발전에 관한 연구―도시군 형성 및 역량분석을 중심으로』, 인천발전연구원.

요 내용 및 시사점", 『INChina Brief』, Vol. 296.

김수한·유다형(2015)a, "중국 전국 유통핵심도시배치계획의 주요 내용 및 시사점," 『INChina Brief』, Vol. 296.
김수한·유다형(2015)b, "중국 신창타이 시기 지역발전의 재구성," 『INChina Brief』, Vol. 288.
주장환(2015), "중국, 뉴 유라시아 육교 건설 현황과 시사점," 『INChina Brief』, Vol. 292.

胡鞍鋼(2014), "'絲綢之路經濟帶': 戰略內涵, 定位和實現路徑," 「新疆師範大學學報」, 35(2).
「中國統計年鑒(2014)」.
「中國城市統計年鑒(2014)」.
『全國流通節點城市布局規劃(2015~2020)』.
「政府工作報告(2015)」.
「推動共建絲綢之路經濟帶和21世紀海上絲綢之路的願景與行動(2015)」.
『國家新型城鎮化規劃(2014~2020)』.

'일대일로'와 동북지역

탄훙메이(譚紅梅), 우커량(吳可亮)

오늘날 중국의 동북 3성은 비교적 큰 경기 침체에 직면해 있다. 2015년 상반기 전국 31개 성(省)의 GDP 증가속도 순위에서 랴오닝성은 전국에서 최하위를 차지했으며 헤이룽장성과 지린성은 각각 끝에서 3위와 4위에 머물렀다. 동북지역 노후 공업기지 진흥전략이 시행된 지 10년이 지난 지금까지도 동북 3성의 경제는 집단적인 침체기에 매몰되어 있다. 동북 3성이 경기 침체에서 벗어나기 위해서는 경제의 전환과 업그레이드가 필요하다. 자원집약형 산업에 대한 과도한 의존에서 탈피해야 하고 업계의 기준과 기술 표준을 제고해야 한다. 또한 대외 개방을 더욱 확대해야 하고 특히 광범위한 연계가 가능한 인프라 구축을 통해 지역의 대외개방 및 협력 조건을 개선해야만 동북아지역의 고정자산투자 감축 추세를 효율적으로 억제할 수 있을 뿐만 아니라 경제를 전환시키고 업그레이드를 추진할 수 있다. 2015년, 중국정부는 '일대일로' 구상을 제시하며 동북지역의 경제 전환과 발전을 위한 새로운 기회를 제공하였다. 3월 28일, 국무원의 승인을 거쳐 국가발전개혁위원회, 외교부와 상무부가 공동으로 공포한「실크로드 경제벨트 및 21세기 해상실크로드 건설 비전과 행동계획」에는 '일대일로' 구상을 추진함에 있어 각 성의 역할과 대외협력 중점 방향이 명시되어 있고, 동북 3성은 북쪽으로의 개방을 위한 창구로 명시되었다. 북쪽으로의 개방을 위한 창구 신설은 중국정부가 '일대일로' 계획에서 동북지역을 위해 선정한 목표와 방향이다.[1] 그러나 시행적인 측면에서 보면, 중국-러시아-몽골 경제회랑을 실현하는 것으로, 즉 '일대일로' 추진 방향에 의거하여 ▷ 주요 거대 노선을 기반으로 ▷ '일대일로' 노선 내 중점도시를 거점으로 ▷ 중점 경제무역산업단지를 협력 플랫폼으로 하는 새로운 유라시아 대륙을 연결하는 교량이자 중·러·몽 국제 경제협력회랑을 함께 조성하는 것이다.

1 동북 4성 지역과 러시아, 몽골 경제무역 협력 현황

1) 랴오닝

(1) 랴오닝성의 對러시아 무역

21세기에 들어선 이후, 러시아가 국내 경제의 발전과 더불어 세계화 추세를 가속화함에 따라 중국의 對러시아 무역은 급격히 발전하는 추세를 나타냈고, 랴오닝성의 對러시아 무역 역시 빠르게 증가하였다. 의류,

---

[1]「실크로드 경제벨트 및 21세기 해상실크로드 건설 비전과 행동계획」의 여섯 번째 부분인 "중국의 각 지역 개방 추세"에는 네이멍구는 러시아와 몽골을 연결하는 지리적 우위를 발휘해야 하고 헤이룽장은 러시아와 연결되는 철도 및 지역 철로 네트워크를, 헤이룽장, 지린, 랴오닝은 러시아 극동지역과 육상-해상 복합운송 협력을 완비함으로써 베이징-모스크바 고속철 구축을 추진하며 북쪽으로의 개방을 위한 중요한 창구를 건설해야 한다고 명시되어 있음.

신발, 모자, 생필품, 소형 가전제품부터 농산품, 자동차, 전자제품 등을 수출하였고, 무역 형태 역시 과거의 보따리 장사에서 전문적인 기업 수준까지 발전하였다. 중·러 무역에서 랴오닝성은 지리적인 우위를 확보하며 동북 3성 가운데 가장 많은 무역총액을 기록하고 있으나 전체 무역총액에서 對러시아 무역총액이 차지하는 비중은 상대적으로 낮은바, 지리적인 위치와 경제 총량이 비례하지 않는 실정이다. 랴오닝성이 거래하는 19개 국가(대만은 별도로 계산) 가운데 러시아는 12위에 불과할 뿐만 아니라 점유율 역시 2%에 불과한 실정이다.[2] 랴오닝성의 대러시아 주요 수출품은 전력·기계 설비, 철강, 방직, 의류, 해산물과 내화벽돌(fire brick) 등으로, 이중 전력·기계 설비, 철강, 해산물이 증가 추세를 보이며 랴오닝성의 對러시아 수출품 가운데 절반 이상을 차지하고 있다. 랴오닝성에서 러시아로부터 들여오는 3대 수입품은 해산물, 목재, 광산품으로, 이들이 전체 수입품의 90% 이상을 차지하고 있으며 주요 무역 형태는 수탁·위탁가공무역이다.[3] 랴오닝성에서 러시아 무역이 주로 이뤄지는 지역은 다롄(大連)과 선양(沈陽)으로, 최근 안산(鞍山), 후루다오(葫蘆島) 등에서도 적극적으로 추진하고 있으나 그 규모는 비교적 작은 편이다. 랴오닝성은 동북아 노후 공업기지의 주요 지역으로 에너지, 원자재 등에 대한 수요가 비교적 큰 반면, 러시아는 에너지 및 자원 대국인바, 양자 협력의 가능성이 매우 크다. 그러나 양자 간 무역량은 여전히 적은 편으로, 양자 협력의 잠재력이 아직 표출되지 않고 있다. 향후, 랴오닝성은 러시아에 대한 관심도와 협력을 더욱 확대할 것이다.

---

[2] "調整出口構造遼寧迎來'俄羅斯機遇'," 『華商晨報』, 2012年 8月 23日.
[3] 張弛, "中國東北地區與俄羅斯東部地區經濟合作模式硏究," 經濟科學出版社, 2013年 1月版, p. 108.

표 1 랴오닝성의 對러시아 무역 통계

(단위: 억 달러)

연도	수출입총액	수출액	수입액	연도	수출입총액	수출액	수입액
2000	2.37	0.85	1.52	2007	13.50	7.98	5.52
2001	2.62	1.02	1.60	2008	16.02	6.74	9.28
2002	3.29	1.29	2.00	2009	11.60	6.20	5.40
2003	3.73	1.65	2.08	2010	16.01	7.49	8.52
2004	5.32	2.14	3.18	2011	33.18	21.67	11.51
2005	8.05	3.39	4.66	2012	24.54	10.98	13.56
2006	10.07	5.45	4.62	2013	24.18	11.35	12.83

출처 : 랴오닝성 대외무역경제협력청.

(2) 랴오닝성의 對몽골 무역

최근 랴오닝성과 몽골의 경제무역 협력은 꾸준히 증가하면서 대몽골 무역과 투자에서 일정한 성과를 이룩하였다. 2013년, 랴오닝성과 몽골의 무역액은 4,780억 달러를 기록하였다. 2013년까지, 랴오닝성의 대몽골 투자 항목은 35개로, 총 1.21억 달러에 이르렀다.[4] 2014년 4월 1일, 랴오닝성과 주중몽골대사관은 선양에서 몽골투자설명회를 개최함으로써 랴오닝 소재 기업과 몽골의 협력을 위한 새로운 플랫폼을 신설하였다. 7월 말부터 8월 초까지, 랴오닝성 우호대표단은 몽골을 방문하여 랴오닝-몽골 협의회, 랴오닝-중앙성정부 경제무역 상담회, 랴오닝 기업과 몽골 내 중국자본기업 간 매치메이킹(matchmaking) 미팅 등의 활동을 개최함으로써 랴오닝 기업이 몽골에 투자하거나 몽골과의 무역을 전개하기 위한 플랫폼을 구축하였다.

---

[4] 蒙古國投資說明會在沈陽擧行, 人民網-遼寧頻道.
http://ln.people.com.cn/n/2014/0401/c340349-20905475.html.

2) 헤이룽장

(1) 헤이룽장성의 對러시아 무역

헤이룽장성은 러시아와의 접경선이 3,038km에 이른다. 25개의 국가1급 항구를 보유하고 있는 헤이룽장성은 중국의 對러시아 경제기술협력을 위한 중요한 창구이자 연결고리로, 헤이룽장성 대외경제협력에서 對러시아 경제무역협력이 차지하는 비중은 큰 편이다. 21세기 들어 헤이룽장성의 對러시아 무역은 빠르게 증가하였고 2007년에는 최초로 100억 달러를 돌파하였다. 글로벌 금융위기의 영향으로 2009년에는 대폭 하락하였으나 2010년에 들어서며 성장 추세를 회복하였다. 2011년, 수입이 크게 증가(전년 동기대비 359% 증가, 동기 수출은 1.5% 증가)하면서 헤이룽장성의 對러시아 무역액은 154% 증가하였고 무역총액 역시 189.9억 달러까지 증가하였다.[5] 2012년, 헤이룽장성의 對러시아 무역액은 최초로 200억 달러를 돌파하며 213.09억 달러를 기록하였다. 이는 전년 동기대비 12.2% 증가한 수치로, 중국 전체 對러시아 무역액의 20% 이상을 차지하며 1위에 위치하였다.[6] 2013년 상반기, 수입이 감소하면서 헤이룽장성의 對러시아 무역액은 102.6억 달러로 전년 동기대비 5% 감소하였다. 이는 수출총액은 27.4억 달러를 기록하며 28% 증가한 반면, 수입총액은 75.2억 달러로 12% 감소하였기 때문이다.[7]

---

[5] 馬江榮·譚映輝, "黑龍江對俄貿易已占全國近四分之一," 『中華工商時報』, 2012年 2月 6日. http://finance.sina.com.cn/roll/20120206/000111315665.shtm
[6] "黑龍江2012年對俄進出口突破200億美元" http://news.xinhuanet.com/fortune/2013-03/05/c_114896241.htm
[7] 劉玉海·楊曙霞, "黑龍江對俄貿易謀變 力爭沿邊開發上昇國家戰略," 『21世紀經濟報道』, 2013年 7月 25日. http://www.21cbh.com/2013/7-25/2MNjUxXzczMDY2MQ.html

표 2　헤이룽장성의 對러시아 무역 통계

(단위: 억 달러)

연도	수출입총액	수출액	수입액	연도	수출입총액	수출액	수입액
2000	13.75	4.65	9.10	2007	107.28	81.70	25.57
2001	17.99	7.80	10.19	2008	110.63	79.71	30.93
2002	23.33	9.72	13.60	2009	55.77	32.68	23.09
2003	29.55	16.38	13.17	2010	74.74	42.85	31.89
2004	38.23	21.54	16.69	2011	1,889.90	43.50	146.40
2005	56.76	38.36	18.40	2012	213.09	51.55	161.53
2006	66.87	45.40	21.47	2013	223.64	69.09	154.55

출처:『黑龍江省統計年鑑』 및 기타 인터넷 자료를 수집하여 정리.

　무역제품의 품목별 구성으로 볼 때, 헤이룽장성의 對러시아 수출품은 주로 의류, 신발, 방직, 섬유, 농산품, 전력·기계 설비이며(의류, 신발 및 방직품의 비중이 50% 이상을 차지, 이밖에 채소, 과일, 곡류 등 농산품은 48만 톤을 수출), 품목수는 2,500여 개에 이르는 것으로 나타났다. 주목할 점은, 중국의 對러시아 자동차 수출이 회복세를 나타내며 2,185대를 수출하였고(533% 증가), 이 중 트럭의 수출은 전년 동기대비 207.25% 증가하였다.[8] 헤이룽장성의 對러시아 수입품은 주로 원목, 원유, 비료, 철강, 펄프 등이다. 2011년 1~11월까지 철광석, 목재와 펄프의 수입량은 각각 84.75%, 52.7%, 32.3% 증가하였고 원유는 1,273만 톤을 수입하였다. 상기 품목이 차지하는 비율은 59.3%에 이르는 것으로 나타났다.[9]

　헤이룽장성의 對러시아 투자는 에너지, 임업, 농업, 광산, 건축자재, 물류, 금융, 관광 등의 분야에서 비교적 빠르게 증가하였다. 2012년 말까

---

[8] 李高超, "俄羅斯入世黑龍江外貿獲益機何?",『國際商報』, 2012年 1月 12日, 관련 수치는 2011년 DB.
http://ibd.shangbao.net.cn/a/75890.html
[9] Ibid.

지 헤이룽장성에서 비준을 받은 러시아진출 투자기업은 976개로, 투자 규모는 40.57억 달러에 이른다. 현재 러시아진출 투자기업 가운데 비교적 큰 규모의 프로젝트는 400여 개에 이르고, 이는 전국의 對러시아 투자 총액의 1/3 이상을 차지하고 있다.[10]

(2) 헤이룽장성의 對몽골 무역

최근 중국과 몽골의 관계가 빠르게 발전함에 따라 헤이룽장성과 몽골의 경제무역 역시 활발해졌다. 양측은 경제무역협력, 자원개발, 전력, 건축 등의 분야에서 순조롭게 협력하며 풍부한 성과를 창출하고 있다. 2007년 헤이룽장성의 對몽골 무역총액은 1억 달러를 돌파하며 1.1억 달러를 기록하였다. 이는 중국 전체 對몽골 수출입총액의 5.4%에 해당하는 수치이다. 2010년, 헤이룽장성의 對몽골 무역총액은 사상 최대인 1.53억 달러에 이르렀다. 2011년, 전기·기계제품의 수출이 감소하면서 헤이룽장성의 對몽골 수출입총액은 다소 하락한 1.50억 달러를 기록하였다.[11] 2014년 1~7월까지 헤이룽장성의 對몽골 수출입총액은 9,051억 달러로 (약 5.6억 위안) 전년 동기대비 1.2배 증가하였다(중국 전체 對몽골 수출입총액의 2.6%).[12]

---

10 "黑龍江省對俄經貿繼續領跑全國," 黑龍江日報 2013年 4月 14日.
http://www.chinaneast.gov.cn/2013-04/14/c_132306877.htm
11 張秀桀, "新形勢下黑龍江省擴大對蒙古國經貿合作的戰略選擇分析," 『對外經貿』, 2012年 第11期, pp. 27-28.
12 栗溶·蔡亞軍, "1至7月份中蒙貿易突破200億元 整體呈現穩增長態勢," 呼和浩特新聞網
http://www.northnews.cn/2014/0905/1720176.shtml.

3) 지린

(1) 지린성의 對러시아 무역

러시아는 지린성의 중요한 무역 파트너로, 지린성의 제2대 수출시장이다. 2007년 이전까지 양측의 무역액은 비교적 빠른 속도로 증가하였으나 글로벌 금융위기와 러시아의 "회색통관(불법통관)"에 대한 단속 강화로 인해 급격히 감소하였다. 2010년부터 성장세를 회복하면서 2012년에는 8.22억 달러를 기록하며 최고조에 이르렀으나 2013년부터 글로벌 경기 침체와 우크라이나 사태로 인해 양측의 무역액은 재차 하락하였다. 최근 몇 년 동안의 무역 현황을 살펴보면, 현재의 협력 기반이 비교적 취약하다는 사실을 알 수 있다. 지린성의 대러시아 수출품은 주로 원목, 석탄, 해산물 등 1차제품인 반면, 수입품은 의류, 방직품, 신발, 가방, 자동차 및 차체(車體) 등 대다수가 노동집약형 제품으로서 대체가능한 제품임은 물론 러시아의 정책에 영향을 받기 쉬운 품목들로 구성되어 있다. 더욱이 지린성에 인접한 러시아 영토는 러시아에서 극동지역으로 분류되는데 이 지역은 러시아에서도 비교적 낙후된 지역이기 때문에 지린성과 러시아의 무역 협력에 영향을 미치고 있다. 그러나 중·러 양자 무역으로 보면, 2009년 무역량이 크게 감소한 것을 제외하면 최근 10년간 매년 증가 추세를 나타내고 있다. 현재 1,000억 달러 규모에 근접했을 뿐만 아니라 러시아 극동지역이 자원이 풍부한 우위를 가지고 있기 때문에 지린성과 러시아의 협력 잠재력은 매우 크다고 할 수 있다.

표 3 지린성의 對러시아 무역 통계 (단위: 억 달러)

연도	중·러 무역총액	지·러 무역총액	중·러 수출총액	지린성 對러시아 수출총액	중·러 수입총액	지린성 對러시아 수입총액
2005	291	1.79	132.1	0.36	158.9	1.42
2006	333.9	4.39	158.3	3.77	175.6	0.61
2007	481.65	8.01	284.88	7.23	196.77	0.78
2008	568.3	7.55	–	6.75	–	0.80
2009	388	4.74	175.2	3.82	212.8	0.91
2010	554.5	6.24	296.1	5.39	258.4	0.84
2011	792.4	7.05	389.1	6.39	403.4	0.65
2012	881.6	8.22	440.6	6.78	441	1.43
2013	892.1	7.00	495.9	6.07	396.2	0.93
2014	952.8	5.75	536.8	4.48	416	1.27

출처 : 관련 자료 수집하여 필자 정리.

(2) 지린성의 對몽골 무역

최근 지린성과 몽골의 무역 관계는 지속적으로 발전하였으나 무역 규모는 여전히 비교적 작은 편으로, 연간 무역액이 1,000만 달러를 초과한 횟수가 몇 회에 불과하다. 2015년 1/4분기, 몽골의 잣 생산량이 증가함에 따라 지린성 잣가공업체의 수입이 크게 증가하면서 수입액이 전년 동기대비 341배 증가한 1,150만 달러를 기록하였다. 지린성의 대몽골 수출품은 주로 시멘트, 화학공업제품, 기계·기구, 약품 등이며, 수입품은 견과류, 플라스틱 제품 등이다. 2014년 말까지 지린성 기업이 몽골에 설립한 투자기업은 17개로, 투자액은 3,001만 달러 규모이다. 이들 기업은 주로 광산자원 개발, 자동차 및 부품, 철골 구조와 전자 제품, 프로젝트 수주 등에 투자하였다.

표 4 지린성의 對몽골 무역 통계 (단위: 만 달러)

연도	중·몽 무역총액	지·몽 무역총액	중·몽 수출총액	지린성 對몽골 수출총액	중·몽 수입총액	지린성 對몽골 수입총액
2005	81,640	118	30,320	68	51,320	50
2006	141,440	1,125	36,500	144	104,940	981
2007	206,200	473	56,890	113	141,140	360
2008	243,800	611	89,870	374	163,590	237
2009	191,400	120	52,500	62	138,900	58
2010	398,400	247	145,000	125	253,400	122
2011	633,000	698	196,000	353	437,000	345
2012	659,500	1,013	265,300	401	394,200	612
2013	595,600	547	245,000	308	350,600	239
2014	721,800	546	218,900	300	502,900	246

출처 : 관련 자료 수집하여 필자 정리.

4) 네이멍구

(1) 네이멍구의 對러시아 무역

네이멍구자치구는 러시아와 1,051km에 이르는 접경선을 맞대고 있으며, 5개의 국가급 항구를 보유하고 있다. 중·러 무역의 60% 이상이 이 항구들을 통해 이루어지고 있는바, 러시아 동부지역과의 협력에서 가장 두드러진 지역적 우위를 확보하고 있다. 최근 네이멍구의 對러시아 무역액은 매년 증가하고 있다. 2008년 글로벌 금융위기의 영향으로 다소 감소했으나 이후 조정을 거쳐 점차 회복세를 나타내고 있다. 네이멍구통계국이 공포한 자료에 의하면, 2013년 1월, 네이멍구자치구의 對러시아 누적 수출액은 2.02억 달러로, 전년 동기대비 16.73% 감소하였다. 이 중 수출액은 전년 동기대비 28.26% 증가한 0.21억 달러인 반면, 수입액은 20.04% 감소한 1.81억 달러로 조사되었다. 네이멍구의 對러시아 수출품은 주로 식품, 화학공업제품, 도자기, 유리, 합금 주철, 완구, 전력·기계 설비이고, 수입품은 목재, 원유, 화학공업제품 등 부가가치가 비교적 낮은 1차제품인 것으로 나타났다.

표 5 네이멍구의 對러시아 무역 통계 (단위: 억 달러)

연도	수출입총액	연도	수출입총액
2000	7.47	2007	29.85
2001	10.50	2008	21.60
2002	11.59	2009	23.96
2003	12.48	2010	25.49
2004	15.96	2011	28.93
2005	17.58	2012	27.86
2006	22.93	2013	27.52

출처 : 중국해관 통계.

(2) 네이멍구의 對몽골 무역

네이멍구자치구는 중·몽 교류협력의 최전선이자 교두보로, 지역 내 9개 항구에서 중·몽 무역의 95%가 이루어지고 있으며, 얼렌하오터(二連浩特)[13]는 중국 최대의 대몽골 교역항구이다. 2013년, 네이멍구의 대몽골

---

13 2014년 6월 5일, 국무원이 네이멍구 엘렌하오터시를 중점 개발개방시범지구로 설립한다고 승인함에 따라 명실상부한 실크로드 경제벨트의 중요한 거점이 됨.

무역 역시 글로벌 금융위기의 영향을 받았으나 전년 대비 감소폭이 축소되었다. 연간 수출총액은 전년 동기대비 3.2% 하락한 31.56억 달러로, 이 중 수출액은 전년 동기대비 8.6% 증가한 11.45억 달러, 수입액은 전년 동기대비 8.8% 하락한 20.11억 달러인 것으로 조사되었다. 수입액이 하락한 주요 원인으로는 석탄 수입이 비교적 크게 감소하면서 수량과 금액 모두 각각 16.9%와 25.3% 감소하였다.[14] 2014년, 글로벌 경기가 회복되면서 네이멍구의 대몽골 무역 역시 점차 회복세로 돌아섰다. 1~10월까지 양자 간 무역액은 전년 동기대비 30.9% 증가한 31.95억 달러를 기록하였다.[15] 네이멍구의 수입품은 자원인 반면, 수출품은 전통적인 노동집약형 제품인 철강과 기계·전력 설비인 것으로 나타났다.[16] 2014년 7월, 네이멍구자치구 정부는 몽골 경제발전부와 울란바토르에서 2014년 네이멍구-몽골 투자설명회를 개최하였다. 네이멍구 8개 맹(盟)과 시(市)의 70여 개에 이르는 광산, 농목업, 금융, 물류, 무역 종사 기업과 150여 개 몽골 기업이 참여하여 9개 사업, 1.74억 RMB 규모의 협력 계약을 체결하였다.[17] 같은 달, 중국 동북지역에서 몽골까지 357.6km에 이르는 두 번째 철로가 개통되었다. 이 철로는 네이멍구 통랴오(通遼)시 주스화(珠斯花)에서 시린궈러맹(錫林郭勒盟) 주은가다부치(珠恩嘎達布其) 항구까지 연결되어 있다. 10월 24일, 몽골 국가의회(Great Hural)는 주은가다부치 항구와 연계된 후어터(藿特)-비치거투(畢其格圖) 신노선을 개통하기로 확

---

14 "去年內蒙古對蒙俄貿易現回暖," 中俄蒙諮詢網.
15 薩其, "內蒙古對蒙古國雙邊貿易同比增長30%以上," 新華網.
  http://www.elht.gov.cn/mejm/mggjmxx/201412/t20141210_57706.html
16 만저우리 세관의 데이터에 따르면, 2014년 1~3분기 네이멍구가 몽골에서 수입한 구리광석 및 정광(精鑛)은 73.7억 RMB로, 이는 전체수입량의 55.6%에 이름. 몽골에 수출한 노동집약형 제품은 15.8억 RMB에 이르는 것으로 나타남.
17 "2014年內蒙古-蒙古國投資貿易合作洽談推介會在蒙古國成功擧辦," 內蒙古自治區商務廳.
  http://www.nmg.gov.cn/zwgk/jrnmg/jrnmg_1809/201407/t20140715_314068.html.

정하고, 이를 중국과 동일한 궤간(철로 폭 1,435mm)으로 건설한다고 밝혔다. 이로써 몽골 동부지역의 석탄을 중국으로 운송하기 더욱 양호한 기반이 형성되었다.

2 동북 4성 지역과 '일대일로' 계획

1) 국가적 측면 : 중·러·몽 경제회랑

2014년 9월, 시진핑 주석은 중국, 러시아, 몽골 등 삼국 정상이 모인 자리에서 실크로드 경제벨트를 제기하며 실크로드 경제벨트를 러시아의 '유라시아 횡단철도', 몽골의 '초원의 길' 구상과 연계하여 중·러·몽 경제회랑을 구축하자고 제안했고,[18] 이에 대해 러시아와 몽골은 환영의 뜻을 나타냈다.

(1) 동력 : 강력한 경제적 상호보완성

중국의 제안을 러시아와 몽골이 환영한 동력의 근원은 비교적 강력한 경제적 상호보완성에 있다. 최근 2년 동안, 국제 유가의 급격한 하락으로 인해 러시아의 전통적인 에너지 경제 모델이 지속되기 어려워짐에 따라 극동지역의 개발 추진, 경제발전 공간 확대 등에 대한 절박함이 나날이 증가하였기 때문에 극동지역 개발에 대한 중국의 태도가 의문에서 환영으로 전환되었다. 몽골은 경제발전을 광물 수출에 의존하고 있을 뿐만 아

---

[18] "習近平 : 打造中蒙俄經濟走廊," 新華網.
http://news.xinhuanet.com/world/2014-09/12/c_1112448804.htm

니라 수출의 절대적인 비율을 중국이 차지하고 있는바, 중국의 입장에서 보면 몽골의 중요성은 더 이상 말할 필요가 없다. 중국은 현재 전 세계 2위의 경제대국으로, 다양한 공업이 발달되어 있을 뿐만 아니라 인프라 역시 양호하다. 경제발전 단계가 다르기 때문에, 미국이나 유럽 시장에 비해 중국은 경제 성장에 더욱 많은 원자재와 에너지가 필요하고 이는 러시아와 몽골에 더욱 거대한 수출시장을 조성해 줄 수 있음을 의미한다. 중국의 입장에서 보면 러시아, 몽골과의 협력 강화는 원자재와 에너지의 안정적인 공급을 의미할 뿐만 아니라 진출가능한 광활한 시장을 의미하기도 한다.

(2) 제약 : 낙후된 인프라

현재로서 중국과 러시아, 중국과 몽골의 협력에 가장 큰 제약 요인은 낙후된 인프라이다. 러시아와 몽골 모두 역사적으로 인프라 구축에 심각한 문제를 가지고 있다. 러시아 극동지역에는 시베리아 횡단철도가 유일한 연결 수단이고, 몽골 역시 울란바토르 철로를 통해서만 대외적으로 연결된다. 심각하게 낙후된 인프라로 인해 양국의 광산제품 및 에너지자원 생산 원가가 급격히 증가될 수밖에 없고, 이는 글로벌 경쟁력을 약화시켰다. 따라서 제품의 수출은 물론 경제발전 추세에도 영향을 미쳤다. 상호연결, 경제회랑 구축은 중국이 '일대일로'를 추진하는 기본적인 주장이다. 따라서 중·러·몽 경제회랑 구축에서의 최우선 과제는 인프라 조성을 추진하는 것이라고 할 수 있다.

(3) 위치 : 유라시아 대륙을 관통

왕이 외교부장이 외교부 홈페이지를 통해 발표한 성명에 따르면, 중·

러·몽 경제회랑의 구축은 중국이 제시한 '일대일로'와 몽골의 '초원의 길', 러시아가 추진 중인 '유라시아횡단철도' 건설이 유기적으로 결합된 것으로, 삼국이 구축한 유라시아 대륙을 횡단하는 "새로운 협력회랑"은 삼국의 발전에 새로운 플랫폼이 될 것이라고 밝혔다.[19] 이 과정에서 동북지역의 역할은 러시아, 몽골과 연계되는 지리적 우위를 활용, 베이징-모스크바 고속철 구축 추진, 북쪽으로의 개방을 위한 중요한 창구 건설 등이다.[20]

2) 지역적 측면 : 관련 성(省)들의 발전구상

(1) 헤이룽장

'일대일로'에 더욱 적극적으로 참여하기 위해 헤이룽장성은 헤이룽장 육상-해상 실크로드 경제벨트 구축에 관한 구상을 제시하였다. 즉 헤이룽장이 러시아 극동지역과 인접한 지리적 우위를 충분히 활용하고 쑤이만(綏滿: 쑤이펀허(綏分河)시와 만저우리(滿州裏)시를 연결하는 1,527km의 고속도로) 등 고속도로와 철도를 기반으로 국경 내외에 소재하는 對러시아 산업단지를 발전시키고 범지역적인 산업체인을 조성하겠다는 계획이다. 또한 발달된 수출지향형 산업체계를 구축하여 개방범위가 넓은 무역 국면을 형성하고자 한다. 헤이룽장 육상-해상 실크로드 경제벨트는 동북아 국가와 지역은 물론 유럽까지, 특히 러시아와 EU에 중점적으로 영향력이 투사된다. 대내적으로 보면, 중국의 동북, 화북, 화동, 화남 지역, 특

---

[19] 中國提議: 建設中蒙俄經濟走廊, 穿過蒙古境內是亞洲通往歐洲的最短運輸路線. http://mt.sohu.com/20150402/n410732809.shtml
[20] 『共建 '一帶一路' 願景與行動文件發布』(全文), 新華社. http://gb.cri.cn/42071/2015/03/28/6351s4916394.htm

히 환보하이(環渤海), 장삼각(長三角) 경제벨트, 주삼각(珠三角) 경제벨트까지 영향력이 투사된다.[21] 구체적으로 보면, ▷ 하얼빈(哈爾濱)-쟈무스(佳木斯)-통쟝(同江), 쑤이펀허(綏分河)-만저우리(滿州裏), 하얼빈-헤이허(黑河), 연안철도가 중심이 되고 ▷ 주변의 도로, 해운, 항공, 수도, 전력망, 케이블을 보조로 하며 ▷ 관련된 역, 터미널, 항구, 공항을 거점으로 하는 유럽과 아시아가 연계된 국제적인 화물운송노선을 구축한다. 헤이룽쟝 육상-해상 실크로드 경제벨트와 주요 교통노선을 기반으로 하고, ▷ 중점도시와 교통·비즈니스 도시를 거점으로 하며, ▷ 연해도시의 중점 산업단지가 지원하고, ▷ 하얼빈-창춘 도시군 등을 중점지역으로 하는 국내외 산업집적지를 조성하고 범지역적인 산업체인을 구축한다. 즉, "一核四帶一環一外"[22]를 주요 내용으로 하는 산업발전 구도를 조성한다는 계획이다.

(2) 랴오닝

랴오닝성은 도로 건설을 기반으로 몽고와 러시아, 동북아와 유럽까지 남북을 연결하는 현대적인 물류기지를 구축함으로써 '일대일로'에 참여할 계획이다. 랴오닝성은 다롄, 잉커우(營口), 진저우(錦州)와 단둥(丹東)을 주요 거점으로 하고, 다롄항과 잉커우항을 기점으로 하여, 선양, 창춘, 만저우리를 거쳐 모스크바와 함부르크까지 연결되는 랴오닝-만저우리-유럽, 랴오닝-몽골-유럽의 해상-철로 복합운송노선을 계획하고 있다. 랴오닝-몽골-유럽 노선은 동부선과 서부선으로 갈라진다. 서부선은 진

---

21 『"黑龍江陸海絲綢之路經濟帶建設規劃"摘要發布』
http://news.163.com/15/0414/22/AN6PK90L00014AEE.html
22 一核 : 하얼빈도시군, 四帶 : 하얼빈-다칭(大慶)-치치하얼(齊齊哈爾) 산업벨트, 하얼빈-무단장(牧丹江)-쑤이펀허-둥닝(同寧) 산업벨트, 하얼빈-쟈무스-쑤앙야샨(雙鴨山) 산업벨트, 하얼빈-쑤이화(綏化)-베이안(北安)-헤이허 산업벨트, 一環 : 연안에 형성된 산업벨트, 一外 : 해외 산업단지.

저우항을 따라 연결된 츠펑(赤峰)-진저우(錦州)선, 츠펑-시린궈러선, 닝푸신(寧阜新)-파옌우라(巴彥烏拉)선, 시린궈러-주은가다부치항선 등의 철로를 네이멍구 주은가다부치항을 거쳐 몽골 챠오바산(喬巴山)까지 연결하는 노선이다. 동부선은 단둥항을 따라 연결된 선양-단둥선, 베이징-하얼빈선, 스핑(四平)-치치하얼선, 바이청-아얼샨(阿爾山)광구(몽골)선 등의 철로를 네이멍구 아얼산광구를 거쳐 챠오바산까지 연결하는 노선이다. 이 두 노선은 러시아의 보르자(Borzya)를 거쳐 유럽으로 연결된다. 즉 해상-철도 복합운송노선을 기반으로 물류기지 구축을 강화함으로써 몽골, 러시아, 동북아 및 유럽으로 향하는 남과 북이 연결된 현대적인 물류기지를 건설하겠다는 계획이다.[23] '일대일로' 전략은 랴오닝성의 과잉 생산 문제와 산업의 전환 및 업그레이드 추진에 더욱 유리한 환경을 조성할 것으로 전망된다. '일대일로'의 상호연계 인프라 구축 건설의 참여를 통해 랴오닝성은 고속철, 고속도로 등 인프라 건설의 우위를 확보할 수 있을 뿐만 아니라 시멘트, 철강 등 원자재와 제품 수출을 촉진함으로써 과잉생산 문제를 해결하고, 산업의 전환 및 업그레이드는 물론 산업구조 조정 및 최적화를 할 수 있을 것이다.

(3) 지린

중·러·몽 경제회랑의 육상-해상 복합운송 핵심지구 조성은 '일대일로' 전략을 실현하기 위한 지린(吉林)성의 새로운 구상이다. 동쪽으로는 러시아의 자루비노(zarubino)항 등 항구를 임대하여 북극해 노선을 개척하여 유럽을 직통하는 노선을 확보하고, 서쪽으로는 네이멍구를 거쳐 몽

---

[23] 劉東庚, "'一帶一路'遼寧戰略全梳理".
http://epaper.syd.com.cn/syrb/html/2015-07/01/content_1078372.htm

골 동부와 러시아 시베리아철도가 연결되는 러시아-몽골-유럽의 육상-해상 복합운송노선을 확보함으로써 국제적인 물류 환적허브를 조성한다는 계획이다. 이와 함께 창지투(長吉圖) 국가전략을 충분히 활용한다. 훈춘(琿春) 국제협력시범지구를 기반으로 옌지(延吉)중점개발·개방시험지구와 창춘싱룽(長春興隆)종합보세지구 등 국제협력단지를 중점적으로 개발하고 장춘을 중·러·몽 경제회랑의 거점도시로 조성할 계획이다. 한편, 하얼빈-창춘도시군(群)을 육성하여 글로벌 생산협력을 추진함으로써 중·러·몽 경제회랑 구축에 중요한 통로이자 관문, 플랫폼으로 발전시킬 계획도 수립하였다.

(4) 네이멍구

2015년 네이멍구자치구 양회에서는 정부가 실시하는 '일대일로' 전략을 기회로 삼아 러시아 및 몽골과의 협력 메커니즘을 혁신적으로 전환하고 초원 실크로드 경제벨트 조성을 추진하며 국가발전계획에 부합하는 발전공간을 확대할 방침이라고 천명하였다. 네이멍구교통운송사업회의 자료에도, 국가의 북부 개방을 위한 주요 관문인 네이멍구는 2015년에 '일대일로' 전략을 러시아 및 몽골과의 협력을 더욱 최적화하는 중요한 기회로 간주하여 간치마오뚜(甘其毛都)항과 린허(臨河) 등 항구를 연결하는 도로 건설을 시작함으로써 네이멍구를 러시아, 몽골 및 주변 지역의 중요 거점을 연결하는 최고 수준의 통로로 발전시키겠다는 계획이 명시되어 있다. 이와 함께 린허에서 신장(新疆)의 하미(哈密)를 연결하는 고속도로를 개통하여 실크로드의 북부를 연결함으로써 네이멍구가 실크로드 경제벨트에 빠르게 융합될 수 있는 기반을 구축하겠다는 구상도 포함되어 있다. 뿐만 아니라 네이멍구는 실크로드의 영향력이 투사되는 지역의 도로망 구축을 가속화하고 통랴오(通遼)-루베이(魯北) 고속도로를 개통하는 등 동쪽과 남쪽에서 연해의 항구까지 직통으로 연결함으로써 21세기 해상실크로드와 연계되는 도로망을 확충할 계획도 수립하였다. '일대일로' 전략을 통해 네이멍구의 경제 발전에서 새로운 국면을 맞이하기 시작했다. 네이멍구는 '일대일로'에 주동적으로 참여하는 과정에서 스스로의 위치를 정확히 선택하고 역할을 발휘해야 한다. 인프라 건설 확대와 산업 협력 강화 이외에도, 상호연계, 상호보완적인 경제권을 조성해야 한다. '일대일로' 전략은 네이멍구 경제 발전과 개혁에 새로운 분기점이 될 것이다.

3 '일대일로' 전략 중 동북 4성 지역의 상호연계

1) '일대일로' 참여를 위한 동북 3성 간 상호협력 메커니즘 구축

헤이룽장성은 러시아와 지리적, 경제적, 인문적 관계가 밀접하며 중·러·몽 경제회랑을 '일대일로'와 연계할 수 있는 우위를 확보하고 있다. 랴오닝성 연해경제벨트는 양호한 항구와 해양 운송 조건을 갖추고 있는 바, '일대일로' 해상전략의 거점으로서 우위를 확보하고 있다. 네이멍구 자치구는 얼롄하오터와 만저우리항(중국의 對몽골, 對러시아 최대 교역항)을 보유하고 있는데다 언어가 통하고 풍습이 유사한 우위를 갖추고 있기 때문에 러시아 및 몽골과의 협력에서 지리적 우위가 분명하다. '일대일로'는 중국이 새로운 시대를 맞이하여 제안한 국제적인 협력 무대이기 때문에 협력 분야가 광범위할 뿐만 아니라 협력 대상 역시 다양하다. 이는 모든 성(자치구와 도시까지)이 함께 참여할 수 있는 광활한 무대가 마련되었다는 의미로, 성(省) 간에 제로섬 게임과 같은 경쟁을 할 필요가 없다. 이러한 개방적인 포용성은 지린성이 헤이룽장, 랴오닝, 네이멍구와 비록 일정한 경쟁을 할 수도 있겠지만 개방적인 협력, 연계 발전, 윈-윈(win-win)을 통해 '일대일로'에 함께 참여할 수 있는 공간이 더욱 크다는 것을 의미한다.

'일대일로'에 적극적으로 참여하기 위해서는 중·러·몽 경제회랑 구축을 위해 함께 노력해야 한다. 2014년 4월 29일, 지린성, 랴오닝성, 헤이룽장성의 경제무역 부문과 상무 부문은 '일대일로' 참여를 위한 동북 3성의 상호 협력 메커니즘 구축에 관한 MOU를 체결하였다.[24] 3성 간 협력을 통해, 지린성과 헤이룽장성의 기업이 랴오닝-만저우리-유럽, 랴오닝-몽골-유럽의 해상-철로 복합운송노선을 이용할 수 있게 되었고, 랴오닝성의 다롄항, 잉커우항, 단둥항, 진저우항 등을 통해 한국, 일본은 물론 동남아 국가들과 해상 무역을 전개할 수 있게 되었다. 랴오닝성 역시 헤이룽장성의 러시아협력 플랫폼을 이용하여 랴오닝성 소재 기업들이 러시아 기업들과 협력할 수 있게 되었다. 이로써 동북 3성은 상호연계되고 상호보완적인 협력을 통해 중·러·몽 경제회랑을 구축하고 공동의 발전을 추진할 수 있는 기반을 갖추게 되었다.[25]

MOU 체결 이후, 동북 3성은 발빠른 움직임을 통해 협력 메커니즘을 구축하고 중·러·몽 경제회랑 전략의 개선안(upgrade version)을 공동으로 준비하였다. 최근 이미 착수하거나 추진될 협력 내용은 다음과 같다. 첫째, 3성이 지역협력을 통해 국가급 정책사업, 해외 프로젝트, 협력기금

---

[24] 3성이 체결한 협력 메커니즘에는 비즈니스(해외 포함) 정보네트워크 플랫폼 및 개방형 대외무역 협력 플랫폼 구축, 3성 상무청 청장급 회담 제도 설립, 긴밀한 공업연계 메커니즘 구축 등의 내용도 포함됨.
[25] "東北三省開啓合作機制 共同參與 '一帶一路' 建設," 遼寧日報, 2015년 4월 30일. http://news.xinhuanet.com/local/2015-04/30/c_127751860.htm

등을 수주한다. 둘째, 3성의 운송시스템을 연계하고 도로 개설을 강화하며 범지역적인 물류 발전을 통해 3성의 무역과 투자를 공동으로 촉진한다. 셋째, 성내 기업이 다른 두 성에 투자하는 것을 지원 및 장려하고 이를 러시아 및 몽골 등에 대한 투자로 확대한다. 또한 3성 내에 조성된 산업단지 간 경제협력을 추진한다. 넷째, 3성 간 경제무역 정보네트워크와 협력 플랫폼을 공유하고 이를 對러시아, 對몽골 비즈니스 정보네트워크와 효율적으로 연계한다. 다섯째, 중요한 투자설명회와 경제활동 개최 시 3성 간 상호지원한다. 여섯째, 3성 간 긴밀한 공업연계 메커니즘을 구축한다.[26]

2) 동북지역과 동북아 국가 간 협력 강화

동북지역에서 '일대일로'를 시행하기 위한 핵심적인 사안은 ▷ 동북아 주변국과의 연계사업 추진, ▷ 동북지역 내 고속철, 고속도로, 공항 건설 확대 ▷ 중·러 송유관, 가스관 건설 및 송전망 구축 추진, ▷ 변경지역 항구 인프라 개선 및 통관역량 강화, ▷ 육로와 항구의 연계 개선, ▷ 국제 항공노선과 육상-해상 복합운송노선 확대 등이다. 이러한 상호연계사업은 동북지역과 동북아 국가들의 협력에 새로운 기회를 제공할 것이다. '일대일로' 전략을 추진하기 위해 동북지역은 중·러·몽 경제회랑 구축에 적극 참여하고 철로, 관광, 물류, 인문, 통신, 항구 등 연계사업을 추진해야 한다. 이와 함께 중·러·몽 정부 간 고위급 협상과 대화를 확대함으로써 전면적이고 전략적인 협력을 심화시켜야 한다.

---

26 孫大衛, 東北三省抱團打造昇級版中蒙俄經濟走廊, 2015年 5月 12日.
http://www.fs024.com/news/newsshow-35480.html

먼저, 몽골과의 협력을 강화해야 한다. 중·몽 양국 간 고위급 인사의 상호방문 메커니즘을 통해 광물자원 개발, 건설, 철로, 관광, 농업, 금융, 노무, 중계운송 등 핵심적인 문제에 관한 제도화된 협상 및 해결 메커니즘을 구축한다. 대기업의 몽골 투자를 권장하며 외자기업 등록, 다국적기업 설립 등의 방법을 통해 몽골에 투자할 수 있다. 또한 중국의 '일대일로'와 몽골의 '초원의 길' 전략이 효율적으로 연계될 수 있는 방안에 대해 논의하고 중·몽 철로 및 고속도로 연계사업을 확정지어야 한다. 이와 함께 중국은 중계운송, 무역 간소화 등 분야에서 몽골에 정책적인 지원을 확충해야 한다. 문화적 교류와 협력 역시 확대해야 한다. 다양한 형태의 민간 문화교류활동을 개최하여 몽골정부에서 파견하는 유학생 규모를 확대함으로써 민간차원에서의 이해와 신뢰를 제고해야 한다. 아울러 몽골에 대한 공익활동도 확대해야 한다. 학교 설립, 도로 보수, 의료 활동, 인재 양성 등 다양한 방식을 통해 몽골 내에서 중국의 영향력을 확대해야 한다.

둘째, 중·러 관계가 양호한 시기를 활용하여 '일대일로'와 러시아의 유라시아횡단철도 사업을 연계해야 한다. 에너지, 고속철 등 대규모 프로젝트와 관련된 협력을 추진하고 기업의 해외진출을 적극 권장하며 자원개발, 항구, 농업, 관광 등 분야에서의 협력을 확대함으로써 중·러 관계의 경제적 기반을 굳건히 다져야 한다.

셋째, 한·중 협력을 강화하고 '일대일로'와 한국의 '유라시아 이니셔티브'를 효율적으로 연계해야 한다. 한국이 제시한 '유라시아 이니셔티브'는 유라시아 국가와의 경제 협력을 통해 한국의 대외 무역을 확대한다는 구상이다. '일대일로'와 '유라시아 이니셔티브'가 지향하는 방향이 일치한다. 모두 서쪽을 향하고 있을 뿐만 아니라 방식 역시 경제협력의 확대로 동일하다. 참가국에 대한 제한이 없다는 점도 일치한다. 동시에,

한·중 FTA를 충분히 활용하여 동북아지역에서 한국과의 경제무역 협력을 확대해야 한다.

넷째, 범국가적인 도로 개통, 접경지역 항구 개발, 관광사업, 인문 교류 등 상호연계사업을 중심으로 동북지역과 북한, 동북지역과 일본의 양자 협력을 확대해야 한다. 민간 또는 지역적 다자협력 메커니즘과 협력 플랫폼을 구축하고 상호유대를 기반으로 주변국가들이 '일대일로' 전략에 참여하도록 유도함으로써 동북지역과 동북아 국가들의 교류와 협력을 촉진해야 한다.

III
'일대일로' 와 한국의 대응

'일대일로' 와 '유라시아 이니셔티브' (원동욱)

'일대일로' 와 AIIB (최필수)

'일대일로'와 '유라시아 이니셔티브'

원동욱 (元東郁)

1 서론

고대 실크로드가 부활하고 있다. 주도 국가나 세력이 없이 유라시아의 각국과 지역의 다양한 경제적, 문화적 수요가 통합되었던 협력 네트워크로서의 실크로드가 최근 중국 주도의 '일대일로(一帶一路: One Belt, One Road)' 전략구상에 따라 새로이 복원되고 있다. 시진핑 정부의 장기적 국가발전전략이자 핵심적 외교전략이라 할 수 있는 '일대일로' 전략구상은 공식 출범 이후 약 1년여의 짧은 시간에도 불구하고 이론설계에서 전략적 계획의 완성이라는 단계를 넘어 이미 본격적인 실행단계에 접어든 상태로서, 중국 주도의 유라시아 지역통합이 가속화되고 있다.

중국이 제안한 '일대일로' 전략구상은 실질적으로는 장쩌민 시대부터 준비되어 온 신실크로드 전략의 연장선에서 진행되고 있으며, 국제정치·안보적, 경제·산업적 측면의 복합적 계기 및 동기가 상호 연계되어 복선을 깔고 진행되는 지전략적 접근(geostrategic approach)에 따른 중국 주도의 유라시아 연계 프로젝트라 할 수 있다. 오늘날 중국에게 이 구상은 '발전과 균형'이라는 중장기 국가발전전략의 틀 내에서 광활한 영토의 통일, 사회적 통합, 지역 간 경제적 연계라는 국내적 차원의 고려 속에서 추진되고 있다. 또한 미국의 견제와 봉쇄를 넘어 슈퍼파워로서 부상하고자 하는 중국의 입장에서 이 구상은 초국경 협력개발을 통한 유라시아 경제의 주도적 통합과 대외경제관계의 발전, 그리고 해외 에너지·자원의 합리적 개발과 안정적 운송로 확보를 위한 대외적 차원의 고려가 맞물려 있다. 즉, 중국의 '일대일로' 전략구상은 국내적 차원을 넘어 자국 중심의 국제운송회랑의 구축을 통해 아시아 나아가 유라시아 경제의 주도권을 확보하기 위한 전략적 의도라 할 수 있다.

이와 같이 중국의 '일대일로' 전략과 주변외교의 파상적 전개를 통해 유라시아의 지각이 요동치는 가운데 주요 강대국 간 복잡한 게임이 전개되고 있는 상황에서, 박근혜 정부가 주창하고 있는 '유라시아 이니셔티브'는 심각한 도전에 직면해 있다고 할 수 있다. 실제로 중국의 '일대일로' 전략이 구상단계를 넘어 지전략적 접근을 통해 이미 국제운송회랑을 중심으로 하는 복합적 프로젝트가 가동되고 있는 상황에도 불구하고, '유라시아 이니셔티브'는 여전히 구상의 단계에 머물러 있는 것이 현실이다. 즉 구체적 실행방안이 결여된 상태에서 '유라시아 이니셔티브'의 선도적 사업이라 할 수 있는 러시아와의 나진-하산 프로젝트조차 제대로 된 사업진척이 이루어지고 있지 않으며, 더욱이 남북한 관계의 지속적 악화와 긴장고조로 인해 사업추진의 가능성에 대한 회의적 시각마저 제기되고 있는 상황이다. 이러한 점에서 유라시아 경제통합을 주도하고 있는 중국의 '일대일로' 구상과 한국의 '유라시아 이니셔티브'의 상호 연계 및 협력가능성에 대한 논의는 매우 중요한 의미를 가진다. 즉, 유럽과 아시아를 하나의 대륙으로 연결하는 적극적·주도적 노력을 통해 새로운 경제성장의 동력을 확보하고, 나아가 한반도 평화통일의 역동적 모멘텀을 확보할 수 있을지, 아니면 분단국가의 현실적 제약을 극복하지 못한 채 유라시아라는 대륙권에서 배제되어 공허한 구호에 머물 것인지는 바로 여기에 달려 있다고 해도 과언이 아니다.

이러한 문제의식 아래 본 글은 중국의 '일대일로' 전략 추진을 계기로 새로운 한중 간 협력공간의 기회를 적극 창출하고, 동시에 이를 통해 한반도 평화통일에 이바지할 수 있는 방안을 모색한다. 또한 국제운송회랑의 새로운 지정학적 접근을 통해 유라시아 실크로드 구축의 적극적 역할을 담당할 수 있는 실제적 협력방안의 기본 방향을 설정해 보고자 한다.

2 '유라시아 이니셔티브' 제안의 의미와 한계

2013년 10월 박근혜 정부는 '한반도 신뢰프로세스'와 '동북아 평화협력구상'에 이어, ▷하나의 대륙, ▷창조의 대륙, ▷평화의 대륙을 기치로 하는 '유라시아 이니셔티브'를 주창한 바 있다. 이는 세계 최대 단일 대륙이자 거대시장인 유라시아 역내 국가 간 경제협력을 통해 경제활성화 및 일자리 창출의 기반을 만들고, 유라시아 국가들로 하여금 북한에 대한 개방을 유도함으로써 한반도 긴장을 완화하여 통일의 기반을 구축한다는 구상이다. 이를 위해 부산-북한-러시아-중국-중앙아시아-유럽을 관통하는 '실크로드 익스프레스(SRX)'의 실현, 북극항로의 개발을 통한 유라시아 양 끝의 해상연계, 전력·가스·송유관 등 에너지 네트워크 구축의 필요성 등이 제기되었다.

'유라시아 이니셔티브'는 구상의 발표와 함께 2014년 말 로드맵이 구축되었으나 아직까지 구체적 실행방안에 대한 단계로까지 나아가고 있지는 않지만, 제안된 구상에 기초해 그 내용을 분석 및 평가하자면 다음과 같이 정리해 볼 수 있다. 우선, 유라시아 전역을 소통·개방·창조·융합의 단일한 경제공간으로 만들기 위해 단절된 링크를 물리적으로 연계하는 교통물류·에너지 인프라 구축을 핵심으로 무역 및 투자 활성화를 위한 법적, 제도적 차이와 장벽을 해소함으로써 명실상부한 지역통합의 과정으로 나가자는 것이다. 둘째, 경제체제의 질적 전환을 모색하는 유라시아 관련국들의 추세에 기반하여 개별국가의 창조경제 모색을 넘어 유라시아 대륙 차원에서 창조경제를 하드웨어 및 소프트웨어 측면에서 구현함으로써 새로운 발전동력을 확보하자는 것이다. 셋째, 남북한 간 신뢰 및 한반도 통일기반 구축, 그리고 동북아 평화협력 구상에 대한 유라시아 국가들의 적극적 공감과 지지를 통해 북한의 개방을 유도함으로써 경제통상과 문화교류의 장애가 되는 '평화와 안보에 대한 위협'을 제거해 나가겠다는 것이다.

■ 그림 1 박근혜 정부의 '유라시아 이니셔티브'

출처 : 동아일보, 2013.10.18.

구체적으로 살펴보면, 우선 '유라시아 이니셔티브'는 분단 이후 공식적으로는 처음으로 '유라시아'를 한국의 외교 역량이 투사되는 전략적 협력 공간으로 언급하고 있다는 점에서 나름 중요한 의미를 갖는다고 볼 수 있다. 주지하다시피 한국은 반도라는 해양과 대륙이 교차하는 위치에도 불구하고 분단 이후 지정학적 이유로 인해 '고립된 섬'으로서 유라시아 대륙으로의 정치적, 경제적, 문화적 출로가 차단되어 왔다. 더욱이 냉전질서가 지속되어 오면서 대륙의 DNA를 상실한 채 미국, 일본에 편향된 해양의존적 생존방식이 굳혀져 왔다. 물론 탈냉전시기를 맞아 북방정책을 통해 유라시아의 중심국가인 구소련, 중국과의 수교가 이루어졌고, 민주정부 10년간 북한과의 관계개선과 교류협력을 통해 반도로서의 위상과 기능을 회복하기 위한 다양한 노력이 전개되기도 하였다. 하지만 이명박 정부 시기 '북한붕괴론'에 입각한 대북 교류협력의 중단과 압박이 이어져 왔으며, 그로 인해 집권 후반기 '신북방정책'이 제기되기도 하였으나 유라시아는 그저 상상의 공간에 머물렀던 것이 사실이다. 이러한 점에서 박근혜 정부의 '유라시아 이니셔티브'는 그간 북방정책과 대북 화해 및 포용정책 등으로 한반도의 분절선을 넘어 대륙으로 향하던 흐름을 다시 회복하여 유라시아를 전략적 협력공간으로 확보하려는 의미가 존재한다.

더욱이 2008년 이후 글로벌 금융위기의 여파로 세계경제의 침체가 지속되고 있는 상황에서 유라시아 대륙은 새로운 성장 잠재력을 보이는 다수의 국가가 존재하며, 경제체제의 질적 전환을 꾀하고 있는 상황이다. '유라시아 이니셔티브'에서 제시하고 있는 '하나의 대륙', '창조의 대륙'은 바로 이들 국가와 교통물류 및 에너지 인프라의 연계구축을 통해 호혜의 단일시장을 구축함으로써 우리나라의 새로운 성장공간을 확보하고 동반성장을 꾀할 수 있는 유력한 방안이라 할 수 있다. 또한 '유라시아 이니셔티브'는 중국의 부상과 미국의 재균형전략이 격돌하는 아시아의 미·중 간 갈등구도에서 벗어나 균형외교를 취할 수 있는 유력한 방안이 될 수 있다. 과거 냉전시기의 한·미·일 동맹체제에 대한 결박을 풀고 해양세력에 의존하던 안보의 불안정한 지정학적 구도에서 벗어나는 것은 한반도 및 동아시아 평화구도 정착에 필수적인 상황이라 할 수 있다. 따라서 북한에 대한 일정한 영향력을 갖고 있는 중국, 러시아 등과의 긴밀한 협력을 통해 북한의 개혁개방을 유도하고, 한반도에 잔존하고 있는 냉전적 질서를 해체하는 방법론으로서 '유라시아 이니셔티브'가 취하고 있는 지경학적 접근은 나름의 긍정적 의미가 있다고 판단된다.

하지만 상술한 '유라시아 이니셔티브'의 긍정적 의미에도 불구하고, 현재까지의 실질적 진행과정을 살펴보면 적지 않은 문제점과 한계를 지적하지 않을 수 없다. 우선 박근혜 정부의 '유라시아 이니셔티브' 제안은 협력의 대상이 되는 대륙국가들에 대한 다차원적인 고려와 배려가 배제된 채 주로 러시아에 초점을 맞춘 외교적 수사의 측면이 강하다는 점이다. 즉 유라시아가 함축하고 있는 역사성과 구체성이 결여된 채, 새로운 시장 및 에너지·자원 확보에 치중할 뿐 국가별로 특성화된 호혜적 프로젝트의 제시가 구체적으로 이루어지지 않고 있다는 점이다. 또한 유라시아를 구(舊)소련에 해당하는 러시아, 중앙아시아 등 CIS권으로 인식하고 있는 오류가 여전히 시정되지 않은 채 실제적 사업의 대상에서 중국, 인도, 몽골 등 유라시아의 주요 국가들이 배제된 채 논의되었다는 점이다. 특히 한반도와 접경하고 있으며, 독자적인 유라시아 경제공동체 구상을 제안한 중국과의 정책적 조율이 결여된 채 진행되는 '유라시아 이니셔티브'는 그 실행가능성에 실로 의문이 제기될 수밖에 없다. 더욱이 '유라시아 이니셔티브'에서는 대륙으로의 접근을 가로막는 핵심적 요소로서 분단이라는 현실적 제약을 돌파하기 위한 구체적인 방법론이 결여되어 있다는 점이다. 물론 '평화의 대륙'에서 북한을 개방으로 유도하기 위해 관련국들의 공감과 지지를 촉구하고 있지만, 정작 협력의 교착상태에 빠진 북한과의 관계를 정상화하기 위한 실천적 대안이 결여되어 있다고 할 수 있다. 이 외에도 '유라시아 이니셔티브'는 유라시아 대륙을 강조하다 보니 한반도가 갖는 대륙과 해양의 교차지대로서의 지경학적 우위를 충분히 드러내지 못했을 뿐만 아니라, 미국, 일본 등 기존의 해양세력과 대륙세력 간 지정학적 충돌의 가능성을 피할 수 있는 지전략적 예방조치를 제대로 마련하지 못했다는 점이다.

3 '유라시아 이니셔티브'에 대한 중국의 인식 : 기대와 우려의 교차

2013년 10월 18일 박근혜 대통령의 '유라시아 이니셔티브'가 발표된 직후, 정부차원의 공식적 입장 표명은 없었다. 하지만 일부 중국 내 신문과 인터넷에서는 이 구상을 통해 한국의 4강 외교 방식이 과거 미국, 일본 중심에서 점차 중국, 러시아 등과의 외교적 균형을 모색하는 방식으로 새로운 변화를 보이는 것이 아닌가 하는 기대가 표출되기도 하였다. 이러한 기대는 단기적으로는 박근혜 정부의 '유라시아 이니셔티브'가 동북아 지역의 역내협력을 촉진하고, 특히 '실크로드 익스프레스(Silk Road Express)'에 의한 남북한 간 철도의 관통을 통해 북한의 개혁개방과 체제안정을 도모함으로써 한반도의 핵문제 해결에 도움이 될 것이라는 것에서 기인한다. 또한 장기적으로는 한국이 중국, 러시아 및 중앙아시아를 향한 대륙경제로의 편입을 통해 미국 일변도의 외교에서 벗어날 수 있으리라는 기대이다. 물론 중국은 이러한 구상이 한국의 일방적 희망으로만 실행될 수 있는 것은 아니며, 중국, 러시아 등과의 협력이 필수불가결하다는 사실을 강조하고 있다. 북한에 대한 비판적 입장을 견지하고 있는 중국 중앙당교의 장롄쿠이(張璉瑰)는 "만일 한국이 중국, 러시아 등 강대국과의 관계, 특히 이들과의 경제관계가 더욱 밀접해진다면, 북한에 대한 압력이 더욱 커질 것이며, 이러한 점에서 이 구상은 훌륭한 전략적 선택이라 할 수 있다"라고 대륙국가와의 관계 강화를 전제로 나름 긍정적 평가를 내리고 있다. 한편 홍콩 중국평론사(中評社)의 논설위원인 궈즈쥔(郭至君)은 "이 구상은 현재까지 아직 성패를 예측할 수는 없지만, 한국이 미국의 수중과 의도에서 벗어날 수 있는가의 여부에 따라 그 결과가 달라질 것"이라고 지적하고 있다.

기본적으로 박근혜 정부의 '유라시아 이니셔티브'는 "부자가 되려면 먼저 길을 닦아야 한다(要致富, 先修路)"는 중국인의 일반적 사고와 인식에 부합한다고 볼 수 있다. 즉 한국이 새로운 성장동력을 확보하기 위해서는 기존의 미국, 일본 중심의 협력구도에서 경제성장의 잠재력이 큰 중국, 러시아 등 유라시아 대륙국가들과의 협력을 강화하는 방향으로 나아가야 하는 불가피한 대응으로 이해하는 것이다. 하지만 중국 내부에서는 이 구상에 대해 다소 부정적인 우려의 목소리도 존재한다. 첫째는 이 구상이 중국의 부상에 편승하여 경제적 이익만을 챙기는 반면, MD 및 TPP 등 미국의 대중국 봉쇄전략에 한국이 편입되는 것과 연동하여 추진되거나 북한의 고립이나 흡수를 전제로 추진되는 경우 중국의 기본적 이해관계에 반한다는 우려이다. 둘째는 이 구상이 유라시아 대륙경제의 주도권을 둘러싸고 전개되는 중국과 러시아의 경쟁구도의 틈새를 이용하여 중국을 배제하고 유라시아 경제협력의 주도권을 잡으려는 의도로 읽혀지는 경우이다. 특히 '유라시아 이니셔티브'의 실질적 협력사업이 러시아와의 나진-하산 프로젝트에 치중되어 나타날 뿐, 중국과의 구체적 협력구상이나 사업이 드러나 있지 않다는 점이 이러한 우려를 더해 주었다고 할 수 있다.

　이처럼 '유라시아 이니셔티브'에 대한 중국의 기대와 우려가 교차하는 상황에서, '유라시아 이니셔티브'의 성패는 박근혜 대통령이 직접 언급하고 있듯이 "신뢰형성이 협력의 전제"임에도 불구하고, 신뢰로 나아갈 수 있는 '초기조건'을 결여하고 있다고 볼 수 있다. 미국의 '아시아 재균형' 전략에 대응하여 '일대일로'라는 전략구상을 제안한 중국의 의도에 대한 파악은 물론이고, 해양세력과 대륙세력 간 지정학적 충돌의 가능성이 내재된 한반도 및 동아시아에서 이들과의 사전적 정책조율은 필수적이라 할 수 있다. 단순히 경제는 중국, 안보는 미국이라는 이분법적 시각과 제한된 인식만으로는 이러한 지정학적 딜레마에서 벗어날 수 없다. 중국 등 대륙세력에게는 "과연 견고한 한·미·일 동맹체제에 결박된 상태에서, 지난 60여 년간 지속되어 온, 일방적으로 해양세력에만 의존해 온 국가발전 벡터의 기형적 구조를 해체하지 않은 상태에서 과연 대한민국이 유라시아 경제공동체의 일원이 될 수 있는지"에 대한 물음에 답해야 할 것이다. 또한 미국, 일본 등 해양세력에게는 '유라시아 이니셔티브'가 이들과의 전통적 동맹관계에서 벗어나 균형외교를 넘어 대륙세력 중심의 외교전략으로의 수정이 아닌가라는 물음에 대해 답해야 할 것이다. 또한 중국과의 경쟁구도하에서 유라시아의 주도권을 행사하려던 러시아가 최근 우크라이나 사태로 인한 미국 등 서방세계의 외교적 고립을 탈피하기 위해 중국과의 보다 긴밀한 협력 속에서 '일대일로' 전략구상에 적극 동조하는 모습으로 변화하고 있다는 점에 주목할 필요가 있다. 애초 '유라시아 이니셔티브'를 제안하던 시기, 유라시아 중심국가인 러시아와의 협력을 통해 물류·에너지 인프라의 연계구축을 시도하는 과정에서 또 다른 핵심적 대륙국가인 중국을 충분히 고려하지 못했던 것이 사실이다. 그 결과 중국을 배제하고 유라시아 경제협력을 추진한다는 우려를 낳기도 하였다. 2014년 5월 왕이(王毅) 중국 외교부장이 박근혜 대통령을 예방한 자리에서 "중국이 구상 중인 '일대일로'와 한국의 '실크로드 익스프레스'를 연계하여 양국이 아시아 개척과 새로운 국제협력의 모델을 찾아보자"고 제안한 것은 '유라시아 이니셔티브'에 대한 기대 외에도 이러한 중국의 우려를 불식하고자 하는 동기가 내재되어 있음을 간과할 수 없다.

4 중국의 '일대일로'와 '유라시아 이니셔티브'의 협력을 위한 제언

한반도는 지경학적으로 환태평양과 유라시아를 연결하는 전략적 관문이다. 반면 남북한 간의 오랜 분단과 긴장으로 인해 그동안 이러한 지경학적 우위를 발휘하지 못해 왔던 것이 사실이다. 박근혜 정부의 '유라시아 이니셔티브'에 따른 '실크로드 익스프레스(SRX)' 구상은 기존 참여정부 시기 동북아철도망 연결사업의 연속으로서, 한반도종단철도(TKR)를 시베리아횡단철도(TSR) 및 중국횡단철도(TCR)와 연결하여 한국이 북한과 중국, 러시아, 중앙아시아, 유럽까지 관통하는 국제운송회랑을 구축함으로써 유라시아 통합경제권 형성을 촉진하려는 협력구상이다. 따라서 이 구상은 궁극적으로 한국이 유라시아 물류네트워크의 시종점이라는 전제하에서 추진될 수밖에 없으며, 이를 위해서는 무엇보다 해양과 대륙으로의 접근성이나 연계성이 강화되어야 한다. 이 점에서 중국의 '일대일로' 전략구상에 따른 국제운송회랑 건설 및 확충은 한국이 유라시아 대륙으로의 접근성과 연계성을 확대하고 강화하는 데 도움이 된다는 점에서 긍정적 의미를 담고 있다. 더욱이 세계 경제 3대 중심축의 하나인 동북아지역의 역동적인 경제성장은 역내 국가 간 교역과 투자의 활성화에 기인할 뿐만 아니라 여타 지역과의 상호교역의 활성화에서 그 지속성이 확보된다는 점을 감안한다면, 교역의 활성화에 따른 국가 간, 지역 간 물류 수요의 급증에 대응하여 궁극적으로는 유라시아를 하나로 묶는 국제운송회랑의 구축이 무엇보다 시급하다. TCR, TMR, TMGR 등 중국을 관통하는 국제운송로는 바로 이러한 복합적 유라시아 물류네트워크를 구축하는 중요한 경로이자 수단이며, 러시아 및 중앙아시아 등 관련 국가들 간 호혜(win-win) 전략에 기초하여 합리적 연계 및 운영방안이 마련되어야 할 것이다.

이를 위해 우선 '유라시아 이니셔티브'의 실제적 내용과 로드맵, 실행방안을 마련하는 과정에서 기존의 해양세력과 대륙세력 간 지정학적 대결과 충돌을 피할 수 있는 효과적 예방전략이 모색되어야 하며, 대륙과 해양이 교차하는 한반도의 지전략적 우위를 드러낼 수 있는 구체적 프로젝트가 입안되어야 할 것이다. 또한 중국이 제안한 '일대일로' 구상과 '유라시아 이니셔티브'의 협력방안을 마련하기 위한 적극적 노력이 요구된다. 이는 동북아 국제운송회랑과 관련하여 우리가 이미 러시아와 공동으로 추진하고 있는 나진-하산 프로젝트와 중국이 북한과 공동으로 추진하고 있는 나진-훈춘 프로젝트의 상호결합을 통해 협력의 구도를 기존의 남·북·러 3자구도에서 남·북·중·러 4자구도로의 전환하는 것에서 시작할 수 있다. 그리고 이와 별도로 5·24 조치의 해제 등 북한과의 적극적 관계 개선을 통해 중국과의 남·북·중 3자 협력을 전개함으로써 '유라시아 이니셔티브'가 중국을 배제하거나 북한을 우회해서 북한에 대한 고립 및 봉쇄를 꾀하는 폐쇄적 구도가 아님을 적극 피력해 나가는 것이 필요하다.

2014년 3월에 한국이 유라시아 국제운송로와 관련한 국제기구인 국제

철도협력기구(OSJD)에 '제휴회원' 자격으로 가입한 것은 한반도종단철도와 유라시아철도를 연결하는 '실크로드 익스프레스(SRX)' 구상을 관련 국가들과 조율할 수 있는 계기를 마련해 주었다는 점에서 나름의 의미가 있다. 주지하다시피 이 구상의 실현을 위해서는 무엇보다 유라시아 국가들이 망라되어 있는 국제철도협력기구(OSJD)와의 협력논의가 필수적이기 때문이다. 하지만 한국이 이 기구에 정회원으로 가입하기 위해서는 27개 회원국이 만장일치로 찬성해야 하며, 북한이 한국의 가입을 찬성하고 있지 않다는 점에서 '실크로드 익스프레스' 구상의 실현은 여전히 쉽지 않다. 더욱이 '실크로드 익스프레스'는 북한을 통과해야 한다는 점에서 궁극적으로 북핵문제 해결의 진전과 남북관계의 안정적 발전이 전제되지 않고서는 거의 불가능하다고 할 수 있다. 그럼에도 불구하고 그간 북중 접경지역에 고속철도 건설사업이 추진되어 완공을 앞두고 있는 상황으로, 중국이 '일대일로' 전략구상의 연장선상에서 '유라시아 고속철도망 계획'의 하나로 이 사업을 고려하고 있다는 점에서 '실크로드 익스프레스' 구상의 성공적 모멘텀을 확보하기 위한 한국 정부의 보다 전향적인 접근이 필요하다고 판단된다. 더욱이 고속철도와 관련한 중국의 우위, 즉 낮은 건설비용과 풍부한 자금력을 기초로 한국 고속철의 설계 및 감리 기술, 그리고 운영 노하우를 서로 결합한다면 남·북·중 3자간 고속철도 연계프로젝트는 '유라시아 이니셔티브'에서 제기하고 있는 '하나의 대륙', '창조의 대륙', '평화의 대륙'을 유기적으로 결합할 수 있을 것이다. 또한 중국의 '실크로드 경제벨트'의 핵심적 구성요소인 '유라시아 고속철도망 계획'에서 결여된 동북아 고속철도망을 '실크로드 익스프레스' 구상으로 보완함으로써 궁극적으로는 중국의 '일대일로' 구상과 우리의 '유라시아 이니셔티브'의 정합성을 제고할 수 있는 유력한 방안이라고 할 수 있다.

장기적으로는 박근혜 정부의 '유라시아 이니셔티브'를 중국 시진핑 국가주석이 제안한 '일대일로', 러시아 푸틴 대통령에 제안한 '유라시아 연합' 구상 등과 연계해서 볼 필요가 있다. 특히 '실크로드 익스프레스'는 중국이 추진하고자 하는 '유라시아 고속철도망 계획', 러시아가 해저터널을 통해 이루려는 '유라시아-미주 철도연계 구상'과 상당히 합치되는 부분이 존재한다. 한국이 참여하여 전체 유라시아 대륙이 고속철도망을 통해 하나로 연결될 수 있다면, 중국이 추진하는 '실크로드 경제벨트'의 성공에 있어 중요한 역할을 수행할 수 있을 것이다. 또한 한국과 중국의 각자 구상이 서로 결합되어 추진된다면, 러시아의 참여가능성은 더욱 커질 수밖에 없다. 그리고 이렇게 한·중·러 3국이 각자의 구상을 협력적으로 조율해 나간다면 한국-중국-중앙아시아를 경유하는 유라시아 실크로드의 핵심벨트가 우선 조성되고, 나아가 유럽과 고속철도로 연결되는 장기적인 실크로드 구상의 완성이 가능할 것으로 기대된다. 또한 초장기적 구상이기는 하지만 '유라시아 고속철도망 계획'에서 제기된 베링해협을 경유한 중국-러시아-캐나다-미국 노선과 러시아의 '유라시아-미주 철도연계 구상'을 기초로 미국, 캐나다를 협력의 파트너로 이끌어 낼 수 있는 '유아태(유라시아·태평양) 고속철도망 구상'의 가교 역할을 우리가 자임할 수도 있을 것이다. '유라시아 이니셔티브'에 이러한 협력구상을 포함하여 미국, 일본을 포함한 다자간 협력기제를 창출할 수 있다면, 해양세력과 대륙세력 간의 지정학적 대결구도를 넘어설 수 있는 효과적인 방안이 될 수도 있다.

물론 미국이 중국의 '일대일로' 구상을 전통적인 지정학적 관점에서 바라보고 있으며, 이를 실현하려는 금융적 토대라 할 수 있는 아시아인프라투자은행(AIIB)에 대해 부정적 입장을 보이면서, 한국에 대해서도 공식적·비공식적으로 이에 참여하는 것을 반대한 바 있다. 미국의 유럽 동맹국인 영국, 프랑스, 독일 등의 AIIB 참여에 따라 주저하던 한국 역시 뒤늦게 그 대열에 참여하기는 하였지만, 동맹체제의 결속으로부터 결코 자유롭지 못한 박근혜 정부로서는 앞으로도 중국이 반대하는 싸드의 한국 배치와 같은 미국의 요구를 무시할 수 있는 상황이 아니다. 이러한 점에서 한국이 비록 AIIB에 참여한 상태이기는 하지만 한중 양국 간 유라시아 전략구상의 정합성을 찾으려는 노력은 결실을 맺기가 순탄치 않을 전망이며, '유라시아 이니셔티브'의 미래도 불투명하다. 더욱이 중국과의 협력은 물론 북한의 참여가 배제된 상황에서 '실크로드 익스프레스' 구상은 헛된 공념불에 불과하다. 해양세력이나 대륙세력 어느 일방에 기대어 지정학적 대결구도에 함몰되는 역사적 우를 범하지 않기 위해서는, 무엇보다 중견국으로서의 위상에 부합하는 '유라시아 이니셔티브'의 새로운 모색이 이루어져야 할 것이다. 이는 구체적으로 유라시아 실크로드 구축과 관련해 인도, 중앙아시아, 아세안, 몽골 등 중견국들과의 협력강화를 통한 독자적 세력화를 모색하는 것이다.

결론적으로 '유라시아 이니셔티브'는 아직 완성된 개념이나 구상이 아니며, 더욱이 구체적 로드맵과 실행방안이 결여되어 있는 초보적 구상에 머물러 있다. 이러한 점에서 우리에게 잃어버린 대륙의 DNA를 복원하고, 해양적 우위를 활용한 지전략적 접근방법으로서의 '유라시아 이니셔티브'는 어떠한 방향성을 갖고 나아갈 것인가, 어떻게 협력의 내용과 대상을 유기적으로 결합할 것인가에 따라 여전히 유효할 수 있다. 이를 위해서는 우선 '일대일로' 전략구상에 내재된 미국중심의 국제정치경제질서의 대척점에서 중국중심의 세력균형 시도로 비춰질 수 있는 '힘의 투사'를 벗겨내야 한다. 즉 '일대일로'에서 제기된 이익공동체, 운명공동체라는 것이 '제국'의 관성이 지배하는 무한한 시장확장이 아니라, 계층 및 국가 간 격차를 극복하고 서로가 공생할 수 있는 새로운 유라시아 경제협력 및 발전모델의 제시로 유도해야 한다. 또한 미국의 '아시아로의 회귀(pivot to Asia)' 역시 중국의 부상을 억제하고 봉쇄하려는 패권적 관성에 의한 동맹체제 강화와 같은 갈등고조 방식을 지양하고, 아시아의 역동적 발전의 잠재력을 공동으로 발화시키는 파트너로서의 위상과 역할로 재조정해야 할 것이다.

따라서 중국이 주도하는 AIIB가 기존의 ADB나 World Bank, IMF를 대체하는 것이 아니라 이들이 갖는 한계와 사각지대를 보완해 주는 기능을 수행하도록 유도해야 하며, 유라시아 지역의 평화와 공동번영으로 이끌 수 있는 호혜적 프로젝트를 발굴하고 그 타당성과 실천 계획을 이해당사국들과 협력하여 현실적 기구로서의 기능을 발휘할 수 있도록 이끌어야 할 것이다. 이는 '유라시아 이니셔티브'에서 결여된 재원조달 및 금융지원 방안의 마련과 결합되어 추진할 수 있다. 예를 들면 위에서 언급한 '유라시아 고속철도망'의 핵심적 고리로서 '동북아 고속철도망' 구축과 관련하여 AIIB의 시범사업(pilot project)으로 추진해 볼 수 있다. 이는 지역의 경제적 효율성이나 평화 촉진의 측면에서 매우 적합하며, 북한을 포함한 동북아 국가들이 상호호혜(win-win)의 구도에서 추진할 수 있는 사업이라 할 수 있다. 이 경우, 중국 주도의 새로운 제도구상이 미국중심의 기존 질서를 위협함으로써 갈등을 고조시키는 역기능보다 기존의 국제경제기구가 할 수 없는 순기능을 발휘할 수 있다는 점에서 그 성공가능성이 높다고 하겠다. 유라시아라는 대륙을 향한 주사위는 이미 던져졌다. 이제 남은 것은 패권과 갈등의 구도를 벗어나 해양과 대륙을 모두 품어안는 실질적이고 유력한 지전략적 접근으로서 '유라시아 이니셔티브'의 진화이다.

참고문헌

원동욱, "'일대일로', 유라시아를 향한 그랜드 디자인: 한중 간 협력을 위한 제언," 『성균차이나포커스』 제19호, 2015.8.1., pp. 26-35.

원동욱, "유라시아 이니셔티브와 한반도 평화통일 : '일대일로' 와의 정합성을 중심으로, 2014.12.19. 부산우리민족 심포지엄 발표문.

서정경·원동욱, "동아시아 지역주의와 중국의 대응전략," 『한국정치학회보』 제43집 제2호, 2009.

서정경·원동욱, "시진핑 시기 중국의 주변외교 분석 : 동아시아 지역주의에 대한 인식 변화를 중심으로," 『국제정치연구』 제17집 제2호, 2014.

성원용, "유라시아 이니셔티브와 국제운송회랑의 지정학," 『교통』 제191권, 한국교통연구원, 2014.

성원용·원동욱·임동민, 『대륙철도를 이용한 국제운송로 발전전략 비교 연구 : 러시아, 중국을 중심으로』, 한국교통연구원, 2005.

신범식, "신거대게임으로 본 유라시아 지역질서의 변동과 전망," 『슬라브학보』 제23권 제2호, 2008.

신범식, "유라시아 지정학적 환경변화와 러시아의 대응," 『국제정치논총』 제43집 4호, 2003.

동아일보, 2013년 10월 18일자.

한겨레신문, 2015년 3월 16일자.

Min Ye, "China's Silk Road Strategy: Xi Jinping's real answer to the Trans-Pacific Partnership,"
http://foreignpolicy.com/2014/11/10/chinas-silk-road-strategy (검색일: 2014.11.28.).

Jeffrey Robertson, "Seoul's Middle-Power Turn in Samarkand?",
http://thediplomat.com/2014/07/seouls-middle-power-turn-in-samarkand/ (검색일: 2014.12.2.) 참조.

http://www.wsj.com/articles/chinas-new-trade-routes-center-it-ongeopolitical-map-1415559290 (검색일: 2014.12.9.)

陳玉榮, "從地緣政治和對外開放新格局看 '一帶一路',"
http://www.360doc.com/content/14/1206/10/20625606_430768008.shtml (검색일: 2015.3.12.)

新華網, "習近平主持加強互聯互通夥伴關系對話會並發表重要講話,"
http://news.xinhuanet.com/politics/2014-11/08/c_1113170919.htm (검색일: 2014.12.21.)

新浪網, "陳文壽: 將 '一帶一路' 比作 '馬歇爾計劃' 不恰當,"
http://finance.sina.com.cn/china/20141207/093421015465.shtml (검색일: 2015.2.4.)

王敬文, "習近平提戰略構想: '一帶一路' 打開 '築夢空間',"
http://www.ce.cn/xwzx/gnsz/szyw/201408/11/t20140811_3324310.shtml (검색일: 2014.12.11.)

"中俄加美高鐵開始規劃: 國人有望乘高鐵去美國,"
http://sh.sina.com.cn/news/economy/2014-05-08/101594112.html (검색일: 2014.12.3.)

http://baike.baidu.com/view/12241799.htm?fr=aladdin (검색일: 2014.11.21.)

'일대일로' 와 AIIB

최필수 (崔弼洙)

중국을 중심으로 한 AIIB(아시아 인프라 투자은행)의 설립은 아시아 지역의 인프라 설립에 새로운 기여를 할 것으로 기대된다. 이미 AIIB에 가입한 우리나라는 그것을 잘 활용하기 위해 중국의 전략이 무엇인지, 그것이 가져올 질적·양적 변화가 무엇일지를 가늠해야 한다. 본 글은 AIIB와 관련된 제반 이슈와 우리나라의 대응방안을 제시한다.

1 AIIB의 주요 배경: '일대일로'

중국의 AIIB 설립에 대해 여러가지 설명이 가능하다. 첫째, 중국은 그동안 해외진출에 있어 아프리카 개발 펀드, 실크로드 펀드와 같은 개발기금을 즐겨 운용해 왔으나 좀 더 본격적인 금융기구인 은행을 설립해 보고 싶어한다. 그동안 금융 분야에서 막대한 수업료를 지불해 가며 개혁개방을 실시해 오다가 드디어 직접 해볼 자신감을 얻은 것이다. 중국은 은행 개혁 과정에서 전략적 외국인 투자에게 지분을 양도해 가며 선진 금융 기법을 배우고자 노력해 왔다. 둘째, 세계은행과 IMF 체제에서 G2에 걸맞은 역할을 주지 않자 새로운 체제를 만들고자 한다. 셋째, '일대일로(一帶一路)' 전략 실천을 위한 금융 지원 조직이다. 이상의 설명이 모두 일리가 있으나 AIIB의 등장 시점이나 그것이 실제로 수행할 프로젝트의 내용을 짐작해 보면 '일대일로'가 가장 중요한 계기였다고 생각할 수 있다.

'일대일로'를 이해하는 데 있어서 중국정부의 공식적 발표에 한정시켜 이해하려는 태도는 부적절하다. 2013년 가을 시진핑 주석이 처음 이를 언급했고 2014년 보아오 포럼에서 리커창 총리가 이를 기조연설에서 언급했다. 그리고 2015년 3월에는 시진핑의 보아오 포럼 연설에서 "실크로드 경제벨트 및 21세기 해상실크로드 건설 비전과 행동계획"이 천명됐다. 그러나 이것들은 모두 이념과 개념에 가깝지 구체적인 프로젝트를 담고 있지 않다. '일대일로'의 실체는 계획이 아닌 현실에 있다. 그것이 어떤 브레인이 구상한 기획이 아니라 일종의 열린 플랫폼이기 때문이다. 서부대개발 · 범북부만개발 · 동북진흥과 같은 것들이 사실상 '일대일로'의 내용이다. 또 중국 기업들이 중앙아시아와 동남아에서 활발한 활동을 하고 있는데 그것도 '일대일로'의 실체이다. 즉, '일대일로'가 무엇이냐고 묻지 말고 무엇이 '일대일로'냐고 물어야 한다.

'일대일로'의 가장 큰 배경으로 낙후지역 개발을 통한 신성장동력 발굴을 들 수 있다. 2020년까지 2010년 GDP의 두 배를 만들겠다는 공약을 실천하기 위해 중국 공산당은 당분간 6~7%대의 지속적인 경제성장률을 달성해야 한다. 현재 해외 소비와 국내 소비가 모두 여의치 않은 상황에서 고정자산 투자만이 정부가 마음대로 구사할 수 있는 거의 유일한 성장 엔진이다. 고정자산 투자 중 부동산 투자는 시장을 왜곡시킬 수 있고 제조업 투자도 과잉을 초래할 수 있다. 인프라 투자가 정부가 주도적으로

할 수 있는 영역이지만 국내 인프라가 포화상태에 다다른 것이 문제이다. 일례로 지린성의 고속철도는 성도(省都)인 창춘에서 시작하여 투먼을 지나 북한 접경지역인 훈춘에 이르렀다. 이 고속철도 라인은 북한으로의 출로가 확보되지 않는 이상 과잉투자의 혐의를 벗기 어렵다. 윈난에서 출발하는 남아시아 철도도 마찬가지다. 중국 국내의 인프라는 완성단계이나 상대방인 미얀마는 아직 그렇지 않다. 이런 상황에서 '일대일로'를 추진하면 기존 투자도 살고 추가 투자도 할 수 있다. 국내의 과잉 건자재 설비를 해외에서 소화할 수도 있다.

'일대일로'의 현황을 소개하기는 어렵다. 앞서 설명했듯, 그것이 닫힌 기획물이 아니라 열린 플랫폼이기 때문이다. 주로 언론보도를 이용하여 현재 벌어지고 있는 일들을 정리하면 아래 〈표 1〉과 같다.

표 1 '一帶' 추진 현황

시기	주요 이슈	현황
2013.6.	파키스탄-중국 서북 연결 철도	과다르항-쿤저랍-키쉬가르 철도 건설 논의
2013.7.	중국 허난성 정저우-독일 함부르크	국제화물열차 시범운행
2013.9.	중국-우즈베키스탄	양국 협력 강화 및 철도 조기 착공 합의
2013.11.	중국 광동성 둥관-러시아 모스크바	국제화물철도 개통
2013.11.	중국 시안-카자흐스탄 알마티	중국 시안-러시아 모스크바 노선의 일부 개통
2014.2.	중국-러시아 시베리아 횡단 철도	중국의 新실크로드 구상과 연계방안 논의
2014.5.	중국-휘얼거스 카자흐스탄 제티겐 철도	확장공사 완료에 따른 철도물류센터 (롄윈강) 착공

시기	주요 이슈	현황
2014.5.	방글라데시-중국-인도-미얀마 경제회랑(BCIM)	2013년 5월 중국·인도의 제안으로 논의, 2014년 9월 시진핑의 인도방문 전 추진 제안 해상실크로드와도 연결
2014.7.	터키 내 철도 건설	유럽기준에 준하는 철도를 건설
2014.8.	중국-라오스 철도	중국 NDRC, 중국 쿤밍-라오스 비엔티엔 연결 노선 투자 계획 밝힘
2014.9.	중국-몽골-러시아 경제회랑	3국 정상회담에서 중국의 실크로드 경제벨트와 러시아의 유라시아 철도, 몽골의 초원길 이니셔티브 연계 논의
2014.10.	베이징-모스크바 고속철도	우선 러시아 모스크바-카잔 고속철 사업에 중국이 주도적으로 참여하는 계약 체결
2014.11.	인도 델리-첸나이 고속철도	인도 고속철 건설 협력 합의
2014.11.	남아시아 교통망과 남북 경제회랑 노선	중-태국 정상회담, 태국-미얀마-라오스-중국 (태국 치앙콩-라오스 훼이사이-중국 쿤밍)
2015.7.	70여 개 경제협력지대 설립	상무부, 일대일로 참여국가들과 접경지역을 중심으로 70여 개 경제협력지대 설립 표명, 인프라 구축에 80억 달러 투자 예정.

표 2 '一路' 추진 현황

시기	주요 이슈	현황
2013.2.	파키스탄 과다르항 운영권 및 추가 개발권 보유	2014년 2월 중국 신장과 파키스탄 과다르항을 연결하는 경제협력지대 건설 가속화 합의
2013.2.	방글라데시 치타공 항만 건설 합의	2014년 6월 방글라데시, 추가 투자유치 의사 표명
2013.3.	탄자니아 바가모요항 개발 협정 체결	2015년부터 건설 예정

2013.7.	미얀마 가스파이프라인 연결	미얀마 착퓨-운남 루이리를 연결하는 1,564km의 송유관 완공
2013.8.	스리랑카 콜롬보 국제 컨테이너 터미널 운영	중국 초상국이 투자하여 운영 개시, 중국이 차관 제공한 함반토다항 운영 중
2013.11.	예멘 아덴항 및 모카항 컨테이너 부두 확장	중-예멘 정상회담에서 항만 확장 건설 및 에너지 관련 양해각서 체결
2014.6.	방글라데시 소다니아 심수항 건설	중국 자본에 의한 건설 논의
2014.6.	중-그리스 무역투자 협정 체결	해운 및 조선 협력 강화. 피레우스항을 기점으로 유럽을 관통하는 철도 인프라 사업에 투자의사 표명
2014.9.	중국 친저우-말레이시아 콴탄항 자매결연	두 도시에 상호 협력 산업단지 건설 중
2014.9.	몰디브 해상 실크로드 참여	시진핑 주석 몰디브 방문, 해상실크로드 참여 요청

출처 : 대외경제정책연구원(2014), 원동욱(2014), 각종 언론 보도를 바탕으로 정리.

'일대일로'는 중국의 의도대로 상당 부분 진행될 것으로 전망할 수 있다. 중국과 상대방의 이익에 모두 부합하기 때문이다. 그동안 ADB가 제대로 커버하지 못한 인프라 투자에 중국이 나선다는 것은 명분과 실리가 모두 뒷받침된다. 인도·러시아·영국 등이 AIIB에 선뜻 가입했다는 것을 보아도 알 수 있다. 가장 큰 장애요인은 중국에 대한 반감과 두려움일 것이다. 영토 분쟁을 겪는 인도, 중국의 팽창이 두려운 중앙아시아, 다른 외교적 대안을 가지고 싶은 미얀마와 캄보디아 등이 중국의 접근에 제동을 걸 수 있다. 중국이 '일대일로'와 AIIB라는 새로운 명함을 들고 접근하려는 것도 바로 그 이유다. 한편 중국에 대한 부담감이 우리나라에게 좋은 기회일 수 있는데 이에 대해서는 추후에 상술(詳述)한다.

2 ADB 체제의 아시아 인프라 투자 부족 현상과 동북아 투자의 필요성

아래 〈표 3〉에서 보듯 ADB는 1966년에 설립된 이래 아시아에서 독점적 지위를 누려 왔다. 다른 대륙에서는 여러 다자간개발은행(MDB)이 다양한 층차로 존재해 왔다. 특히 프랑스계, 무슬림계, 석유자본계 등의 대안 자본 세력이 있었다. 아프리카와 미주의 몇몇 개발은행들은 프랑스의 지원으로 설립됐고 공식언어도 프랑스어를 쓰는 곳이 많다. 이슬람권과 OPEC를 중심으로 한 자본 세력도 스스로 개발은행을 세웠다. 한편 아시아에서 중국이 막대한 외환보유고를 바탕으로 대안 세력이 될 수 있었으나 그동안 '은행'을 설립하지 않고 '펀드'나 '원조'와 같은 형태로 돈을 써 왔다. 2007년 50억 달러의 중국-아프리카 개발 펀드나 최근 500억 달러의 실크로드 펀드 같은 것들이다. 중국수출입은행과(China

표 3 세계 다자간개발은행(MDB) 체제(설립년도)

World Bank Group	IBRD(1945), IDA(1960), IFC(1956), MIGA(1988), NDB(2015)			
	아시아	미주	유럽	아프리카
Regional Development Banks(RDBs)	ADB(1966) AIIB(2015)	IDB(1959) FSO(1959) IIC(1986)	EIB(1958) EBRD(1991)	AfDB(1964) AFREXIMBANK (1993)
Subregional Development Banks (SRDBs)	SCOB*(?)	BCIE(1960) CDB(1969)	NIB(1975) BSTDB(1997)	EADB(1967) AFESD(1971) BDEAC(1972) BOAD(1973) BADEA(1973) IsDB(1975)

출처 : 최필수(2015)를 바탕으로 정리.
* Shanghai Cooperation Organization Bank

Eximbank) 중국개발은행(CDB)이 매년 수십억 달러씩 자국 기업을 통해 개도국들에게 제공하는 양허성 차관도 있다. 이러한 펀드나 원조는 자본금을 레버리지화할 수 없고, 단기적이고 특수한 운용에 그친다는 점에서 은행보다 소극적이다.

ADB는 독점 체제의 문제점은 절대적인 지원 금액 부족과 동북아에 대한 소홀한 투자를 들 수 있다. ADB는 아시아 지역에서 2010년부터 2020년까지 총 8조 달러의 인프라 투자가 소요된다고 추산했다(ADB 2009). 분야별로는 에너지 4조, 통신 1.1조, 교통 2.5조, 수자원 0.4조와 같다(아래 〈표 4〉 참조).

표 4 아시아의 인프라 투자 수요 (2010~2020) (단위: 2008년 million USD)

Sector/Subsector	New Capacity	Replacement	Total
Energy (Electricity)	3,176,437	912,202	4,088,639
Telecommunications	325,353	730,304	1,055,657
Mobile phones	181,763	509,151	690,914
Landlines	143,590	221,153	364,743
Transport	1,761,666	704,457	2,466,123
Airports	6,533	4,728	11,260
Ports	50,275	25,416	75,691
Railways	2,692	35,947	38,639
Roads	1,702,166	638,366	2,340,532
Water and Sanitation	155,493	225,797	381,290
Sanitation	107,925	119,573	227,498
Water	47,568	106,224	153,792
Total	5,418,949	2,572,760	7,991,709

출처 : ADB(2009), p.181.

그렇다면 실제로 얼마만큼의 자금이 아시아 인프라에 투자되는가? 이를 자체 조달 자금과 외부 공여 자금으로 나눌 수 있다. 자체 조달 자금에 대해서는 이인구 외(2013)가 아래 〈표 5〉와 같이 정리했다. 2011년까지 매년 1,000억 달러 정도이고 민간의 비중이 절반을 약간 넘는다. MDB 등 외부 자금은 임호열 외(2015)가 2004년부터 2013년까지 총 2,360억 달러의 자금이 공여됐다고 정리했다. 즉 매년 236억 달러 정도이며 이 중 ADB는 연간 약 120억 달러를 투입했다.

표 5　아시아 인프라투자 추이　(단위: 십억 달러)

	2004	2005	2006	2007	2008	2009	2010	2011
민간	25.5	34.2	49.8	53.8	54.0	60.1	97.4	54.3
공공	31.8	35.9	34.1	36.6	39.8	40.7	45.0	47.9
총액	57.3	70.2	83.9	90.4	93.8	100.8	142.4	102.3

출처: 이인구 외(2013)에서 재인용.

이를 종합하면 최근 아시아에서 매년 약 1,200억 달러의 인프라 투자가 이뤄졌고 그중 민간자본의 비중이 50%, 정부 재정의 비중이 40%, 외부 공여 자금의 비중이 10% 정도임을 알 수 있다. 외부 공여 자금의 절반 정도를 ADB가 담당한다. 즉 정부 및 민간, 국제기구를 다 합쳐도 연 7,000억 달러의 투자 수요에 훨씬 못 미치며, ADB의 역할도 극히 제한적인 것이다.

표 6 ADB의 Subregional Program(2010~2013) 현황

	프로젝트 숫자	비중	지출액 (백만불)	비중	자본금 비중	투표권 비중
중앙아	114	27.6%	5,565	22.4%	3.5%	5.4%
남아시아	114	27.6%	7,113	28.6%	10.3%	10.0%
동남아	107	25.9%	7,337	29.5%	13.3%	13.6%
태평양	27	6.5%	235	0.9%	7.6%	11.1%
동북아	17	4.1%	797	3.2%	5.7%	5.2%
동아시아	27	6.5%	3,792	15.2%	7.5%	6.8%
기타	7	1.7%	46	0.2%		
계	413	100%	24,885	100%		

주 : 동북아에는 몽골과 중국 동북삼성, 한국이 포함됨. 이를 위해 동북삼성의 인구비중(10%)을 사용함. 동아시아에는 동북삼성을 제외한 나머지 중국이 포함됨. 지역별 프로그램에 대한 직접적 지출액을 집계한 것이므로 전체 조달 금액과 차이가 날 수 있음.
출처 : ADB 홈페이지, 최필수(2014)에서 재인용.

또한 ADB는 우리나라가 관심을 가지고 있는 동북아 개발 이슈는 줄곧 무시해 왔다. 위 〈표 6〉에서 보이듯 ADB는 동북아에 3~4% 정도의 자원만을 할당해 왔다. 그러나 북한을 포함한 동북아지역은 국제사회의 개발 주도가 반드시 필요하며 그것이 우리나라가 동북아개발은행(NEADB) 설립을 주장해 온 이유이다. 극동 러시아도 적절한 인프라 개발을 통해 발전을 가져올 여지가 많으며 중국 동북삼성과 몽골도 동쪽으로의 출해(出海)에 커다란 관심을 가지고 동북아 개발을 염원하고 있다. 그러나 2002년 고이즈미 정부는 동경재단(東京財團)이 작성한 동북아개발은행 설립 검토 보고서를 기각했다. 개발자금이 북한으로 흘러들어가는 것을 우려한 까닭이다. 2014년 3월 박근혜 대통령이 이른바 드레스덴 선언에서 동북아개발은행 설립을 다시 한 번 호소했지만 ADB를 포함한 국제사회의

반응은 없었다.

3 AIIB의 특징과 주요 이슈

　우리나라의 대응방안을 제시하기 전 AIIB와 관련된 주요 이슈들을 살펴보자. 우선 중국의 절대지분 문제인데, 다음의 〈표 7〉과 같이 미국도 미대륙간개발은행(IDB)에서 30%의 지분을 가지고 있으므로 AIIB가 유래 없는 조직은 아니라는 것을 알 수 있다. 그러나 AIIB만의 특수성은 다음과 같은 면에서 분명하다. 첫째, 총재의 국적을 중국으로 한정한다. 미국은 많은 MDB 설립에 중요한 역할을 했지만 총재직은 현지에 맡겼다. AIIB의 경우는 일본이 대대로 ADB 총재를 독점하는 것과 비길 만하다. 둘째, AIIB에는 수원(受援)국, 공여(供與)국의 구분이 없다. 중국·인도·러시아는 자본 출자국이자 프로젝트 수혜국이 될 것이다. '일대일로'의 직접적인 대상이기 때문이다. 셋째, 지배구조에 있어서 사무국의 역할이 좀 더 강할 것으로 보인다. 표면상 이사회가 가장 중요한 의사결정 기구이나 이사들은 비상근직이고 이사회는 몇 달에 한 번씩만 열릴 것으로 보인다. 이는 이사가 상근하는 ADB는 물론 이사회를 매주 개최하는 IDB, 한 달에 두 번 개최하는 EBRD와 비교해도 매우 느슨한 운영이다.

　과연 이런 체제에서 중국이 거부권과 같은 강력한 영향력을 행사할 것인가? 2015년 3월 중국은 AIIB의 거부권을 포기한다고 선언한 바 있다. 당시 중국의 지분율이 50% 가까이 될 것으로 알려진 상황에서 이는 실제적 의미가 아닌 선언적인 의사표시였다. AIIB가 중국의 입김에 좌우되는 조직이 될 것이라는 미국의 저주 섞인 우려를 들으면서, 미국이 17% 정도의 지분으로 IMF와 WB에서 거부권을 행사하는 것을 상기시킨 것이

표 7 주요 MDB 현황

	AIIB	ADB	WB	IDB	EBRD
설립연도	2015	1966	1944	1959	1991
본부	베이징	마닐라	워싱턴	워싱턴	런던
총재 국적	중국	일본	미국	남미	영·독·프
설립목적	아시아 인프라 투자	아태지역 경제 성장	전쟁 복구, 개도국 지원	중남미 개도국 지원	동유럽 체제 전환 지원
회원국	57 역내 37, 역외 20	67 역내 48, 역외 19 수원 40, 공여 27	188	48 수원 26, 공여 22 모든 수원국은 역내국	64 수원 30, 공여 34
주요국 지분율 (%)	중국 30.34 인도 8.52 러시아 6.66 독일 4.57 한국 3.81 호주 3.76	일본 15.7 미국 15.6 중국 6.5 인도 6.4 호주 5.8 캐나다 5.2 한국 5.1	미국 17.1 일본 7.9 중국 5.1 독일 4.6 영·프 4.2 한국 1.7	미국 30.0 브라질 11.2 아르헨 11.2 멕시코 7.2 일본 5.0 한국 0.004	미국 10.1 프랑스 8.6 독일 8.6 이탤리 8.6 일본 8.6 한국 1.0
지배구조	총회 이사회 (비상근) 사무국	총회 이사회(상근) 사무국	총회 이사회 사무국	총회 이사회 (매주) 사무국	총회 이사회 (월 2회) 운영위원회
수권 자본금	$100bil	$163.8bil	$232.8bil	$170.9bil	30bil
투표권(%)	중국 26.06 인도 7.51 러시아 5.93 독일 4.15 한국 3.50 호주 3.46	일본 12.84 미국 12.75 중국 5.47 인도 5.39 호주 4.95 캐나다 4.50 한국 4.35	미국 16.1 일본 7.5 중국 4.8 독일 4.4 영, 프 3.9 한국 1.7	지분율에 비례	지분율에 비례

출처: 임호열 외(2015)와 각 조직 홈페이지를 참조하여 저자 보완.

다. 결과적으로 중국의 지분은 30%, 투표권은 26%로 정해졌지만, 현 상황에서도 절대 다수의 동의를 요하는 중요한 사안에 대해서는 중국이 거부권을 가지는 것과 마찬가지다. 국가수 기준 2/3 이상과 투표권 기준 75% 이상의 동의를 받아야 하는 이사회 선출, 총재 선출, 자본금 변경, 非회원국에 대한 지원, 은행의 수입 처분(income allocation)과 같은 사항에 대해서이다. 그러나 실제로 중국과 나머지 모든 회원국들의 의견이 대치된다는 것은 매우 상상하기 어려우므로 중국이 거부권을 행사할 수 있는 기회는 별로 없을 것이다.

그렇다면 AIIB가 중국의 이익을 위해서만 운용될 우려는 없는가? 가령 AIIB의 자금이 중국 기업의 수출 보조금으로 전락하거나 AIIB가 발주하는 프로젝트를 중국 기업이 독식한다거나 말이다. 그럴 가능성은 적어 보인다. '일대일로'와 AIIB 추진의 가장 큰 걸림돌이 주변국의 반감이고, 미국과 일본이 트집을 잡을 수 있는 상황에서 자국의 이익만 관철하는 것은 매우 근시안적인 행동이기 때문이다. 실제로 AIIB 홈페이지에는 프로젝트 집행에 있어 자금 지원국으로부터의 독립성을 의미하는 '비구속(untied)' 원칙을 명시적으로 밝혀 놓았다.

AIIB는 높은 신용등급을 받을 수 있을까? AIIB가 이윤의 제약을 받는 MDB라면 저금리 채권을 발행할 수 있는 높은 신용등급이 필요하다. AIIB는 ADB와 같은 AAA의 신용등급을 받기 어려울 수도 있다. 기존 MDB들이 높은 신용등급을 보유한 이유는 자본금을 납입한 회원국들이 우수한 신용등급을 가지고 있고, 운용의 노하우를 공인받았기 때문이다. 그런데 AIIB는 인도(BB-), 러시아(BB+), 한국(A+) 등 지분율 상위권으로 국가들의 신용등급이 초우량 선진국들보다 떨어진다. 호주(AAA)가 도움이 될 수 있고, 중국(AA-)이 30%의 높은 지분을 가진다 해도 국제 신용평가 기구들이 이를 어떻게 평가할지는 미지수이다. 그렇다면 결국 AIIB

가 발행하는 채권의 금리가 올라가게 되고 인프라 투자 수행 비용도 올라갈 수 있다.

AIIB는 북한을 지원할 수 있을 것인가? 기존 MDB들은 자금 회수가 불가능한 최빈곤국이나 이른바 불량국가를 대상으로는 사업 추진을 하지 않았다. 그런데 AIIB는 그럴 보장이 없다는 것이 바로 미국이 지적해 온 불투명한 거버넌스의 핵심 문제다. 중국도 이를 의식했는지 문제가 될 만한 나라는 최대한 배제했다. 북한을 포함하여 투르크메니스탄, 아프카니스탄, 이라크, 시리아, 예멘 등이 凡아시아권 국가 중 AIIB에 가입하지 않은 유일한 나라들이다. 폐쇄적 국가들이거나 정정(政情)이 불안한 나라들이다. 그러나 非회원국도 앞서 설명한 절대 다수의 동의가 있으면 지원할 수 있으므로 AIIB가 북한을 지원하는 것이 아예 불가능한 것은 아니다. 특히 북·중·러와 같은 다국적 협력 프로젝트를 위해 AIIB가 일정한 역할을 할 수도 있다.

4 AIIB의 전망

중국이 중심이 되어 설립되는 AIIB는 무사히 안착할 수 있을까? 일단 긍정적인 전망을 하게 된다. 영국·러시아·인도가 참여했다는 것 자체가 AIIB의 전망을 상징적으로 보여준다. AIIB의 장래를 긍정적으로 볼 수 있는 근거들은 다음과 같다. 우선 ADB 체제에서 인프라 개발 수요가 충족되지 못하고 있다. ADB가 아시아 전체 인프라 투자 공급의 5%만을 담당하고 있는 상황이기에 AIIB뿐 아니라 BRICS가 중심이 된 NDB까지 참여해도 여력은 충분하다. 게다가 AIIB는 '일대일로'라는 든든한 전략과 함께 간다. '일대일로'는 중국과 인접국의 이해가 자연스레 부합하는

35년짜리 그랜드 디자인이다. 최근 건설 중인 관련 인프라 건설 규모만 1.04조 위안(약 1,700억 달러)으로 2015년 한 해에만 4,000억 위안 가까운 투자 수요가 있을 것으로 보인다. 만약 AIIB가 새로운 투자 모멘텀을 제공한다면 각국 정부 및 민간의 투자도 이끌어 내는 촉매제 작용을 할 수 있다. ADB도 AIIB의 등장에 맞춰 융자능력을 확대하고, 융자 심사기간을 단축하고, 자본금 자체를 증자하는 방안을 검토하고 있다. 특히 AIIB가 인프라 건설에 집중하고 ADB가 빈곤, 위생, 교육 등의 문제에 집중한다면 두 은행은 시너지 효과를 낼 수도 있다.

한편 부정적인 요인도 있다. 만일 중국이 AIIB 운영에 있어 회원국들을 배려하지 않는 독단적인 모습을 보인다면 장기적인 성공을 보장할 수 없을 것이다. 투명한 운영에 대한 의구심이 커지면 결국 AIIB 자금이 차이나 머니와 동일시되면서 중국에 대한 거부감을 증폭시킬 것이다. 그러나 중국이 그렇게 어리석은 운용을 할 개연성은 크지 않다. 둘째, '일대일로'가 어떤 이유에서건 무너진다면 AIIB의 설립 명분도 약해지게 된다. '일대일로'의 성공에 있어 가장 큰 부정적 요소는 주변국의 중국에 대한 적대감이다. 셋째, AIIB 자체가 우수한 신용등급 획득에 실패할 경우 운신의 폭이 줄어들 것이다. 넷째, 미국이 금리 인상을 단행한다면 글로벌 금리도 높아지면서 AIIB의 자금 운용도 압박을 받을 것이다. 최근 5~6년간 전 세계는 선진국들의 양적완화로 인해 제로 금리 심지어 마이너스 금리 상태를 겪으며 수익성에 대한 요구수준(hurdle)이 많이 낮아진 상태이다. 중국이 '일대일로'와 AIIB에 더 쉽게 자금을 동원할 수 있는 구조이기도 했다. 이런 상황에서 국제 금리가 높아지면 AIIB의 신용등급이 떨어지는 것과 마찬가지로 경제적인 운신의 폭을 축소시킬 것이다. 단, 금리인상은 AIIB뿐 아니라 모든 분야에 보편적으로 영향을 미칠 것이기 때문에 다른 MDB와 견준 AIIB의 경쟁력 자체는 변함이 없을 것이다.

AIIB가 안착되면 다음과 같은 변화를 기대할 수 있다. 첫째, 교통과 수자원과 같이 인프라 투자의 갭이 큰, 다시 말하면 자본 수익률이 높지 않은 부문에서 특히 큰 변화가 발생할 수 있다. AIIB의 중점 투자 대상은 '일대일로' 전략이 시사하는 바와 같이 교통 인프라가 중심이 될 것이다. AIIB의 자금은 ADB와 같은 기존 MDB가 제공하는 것보다 더 낮은 금리를 조건으로 더 장기에 걸친 대출이 이뤄질 수 있다. 비록 AIIB가 중국수출입은행 수준의 저금리 차관을 구사하기는 어려울지라도 ADB보다는 좋은 조건으로 저수익 인프라 투자에 나설 공산이 크다.

둘째, ADB가 동북아를 무시해 온 반면 AIIB는 동북아에 대해 열린 접근을 할 수 있다. '일대일로'에 동북이 포함된 것으로 짐작컨대 중국은 '일대일로'를 활용해서 침체된 東北三省 경제를 진흥시키고자 할 것으로 보인다. 그때 극동러시아와 북한은 매우 긴요한 협력 파트너가 될 수밖에 없다. 융자 조건 거버넌스에 있어서도 ADB가 거버넌스 개선을 뒷짐지고 따라가는 조직이었다면 AIIB는 거버넌스 개선을 유도하는 자본 공급 전략을 구사할 수 있다.

5 한국의 수주 예상액과 종합적인 대응방안

그렇다면 AIIB에 가입한 우리나라는 어떤 전략을 가지고 있어야 할까? 프로젝트 수주 전략 수립, 동북아로의 자원 유인, 대안적 협력 파트너로 자리매김, 거버넌스에 적극 참여, 이상 네 가지를 제언하고자 한다.

우리나라가 AIIB에 가입을 결정한 것은 일차적으로 아시아의 인프라라는 매력적인 해외건설 시장에서 수주를 기대했기 때문이다. 우리나라가 어느 정도의 금액을 수주할 것인지 가늠하려면 AIIB의 발주 금액과 한국의 수주 비율을 생각해 봐야 한다.

　주요 MDB들은 자본금 대비 적게는 2.7%(IDB)에서 많게는 5.8%(WB) 정도를 조달시장에서 발주하고 있으며 ADB는 평균치인 4.8%이다. 만약 자본금 1,000억 달러인 AIIB에 5%를 적용하면 1년에 50억 달러 정도의 조달 및 공사가 발주될 것으로 기대할 수 있다.

　다음으로 우리나라가 얼마나 수주할 수 있을 것인가? 문진수(2015)는 우리나라가 ADB에 가입한 1966년 이래 2014년까지 전체 1,452억 달러 중 약 70억 달러를 수주하여 약 4.9%의 수주 실적을 냈음을 보고하고 있다. 장기적으로 우리나라의 지분율(5.1%)에 수렴한다. 그러나 연도별 편차는 매우 커서 2014년의 0.8%에서 2011년의 25.3%까지 다양하다. 최근 6년의 평균값은 11.3%로 총누계보다 월등히 높다. 다른 MDB를 보면 WB에서 우리나라의 수주 실적은 1.6%로 지분율(1.7%)과 대체로 일치하는 경우도 있고, IDB(2.9%)나 EBRD(2.9%)처럼 지분율(각각 0.004%, 1.0%)보다 높은 경우도 있다.

　우리나라의 AIIB 프로젝트 수주 비율을 지분율만큼인 3.8%를 최소치로, 최근 ADB에서처럼 10%를 최대치로 산정하고, 총발주금액을 연간 50억 달러로 산정하면 우리나라가 수주할 수 있는 금액은 연간 1.9억 달러에서 5억 달러가 된다. 단, 이에 대한 증가요인과 감소요인이 동시에 존재한다. 증가요인은 AIIB가 인프라 투자에 집중하는 기관이므로 발주액 자체가 많을 수도 있고 토목건설에 강점이 있는 우리나라가 더 우수한 수주 실적을 낼 수도 있다는 것이다. 감소요인은 AIIB의 신용등급이 낮아 파이낸싱 역량 자체에 제한이 있어서 발주 금액이 작아질 수 있다는 것이다. 그러나 이러한 추산은 어디까지나 평균치를 가늠해 본 것일 뿐 실제 수주와 발주는 어떤 프로젝트가 포착되느냐에 따라 결정될 것이다. 즉 연도별 편차가 매우 크게 나타날 것이다.

표 8 MDB별 조달시장 규모 및 한국기업 수주비중 (단위: 십억 달러, %)

	2009		2010		2011		2012		2013		2014		합계		자본금 대비 연간 조달시장 비중
	총액	비중	총액	비중	총액	비중	총액	비중	총액	비중	총액	비중	총액	비중	
WB	11.0	0.01	14.0	1.1	14.7	4.2	15.0	1.3	12.8	0.6			67.5	1.6	5.8%
ADB	10.7	7.6	6.9	8.1	7.3	25.3	7.7	2.3	7.1	19.7	7.0	0.8	46.7	11.3	4.8%
IDB	3.9	0	4.1	0	3.1	0	5.7	11.6	6.5	0.3			23.3	2.9	2.7%
EBRD	0.5	0	2.2	7.7	2.1	3.3	1.7	0	1.8	0			8.3	2.9	5.0%

주1. 소비 비중과 순위는 전 세계 소비에서 중국이 차지하는 비중과 순위.
주2. 천연가스 소비는 2014년도 기준, 이를 제외한 데이터는 2013년도 수치를 반영.
출처 : EIA, KESIS, 2015.

　　MDB 프로젝트 수주는 그냥 주어지는 것이 아니고 매우 입체적인 노력이 필요하다. 아시아권에서 인프라 토목건설 능력으로 따지면 중국 다음 한국이다. 일본도 해외건설 시장에서 활발하게 활동하지만 AIIB에 참여하지 않았으므로 우리의 운신의 폭이 더 넓어졌다. 만약 중국이 회원국들의 인심을 잃어가며 프로젝트를 독점하는 바보짓을 하지 않는 이상, 우리나라는 상당한 수주 실적을 기대할 수 있을 것이다.

　　오영일(2015)은 AIIB가 발주하는 프로젝트를 수주하기 위해서는 사업성에 대한 철저한 검토, 저개발 국가에서의 사업 수행 능력 함양, 수원국의 국가 전략 프로젝트의 파악이 필요하다고 주장한다. AIIB도 MDB와 같이 운영될 것이므로 기본적인 수익이 나는지를 우선적으로 검토하게 된다. 또한 아시아 인프라 투자의 특성상 저개발 국가에서 각종 리스크를 떠안고 사업을 수행하게 되는데 그것들을 잘 관리할 수 있는 역량을 길러야 하는 것이다. 또한 MDB가 아무 프로젝트나 선정해서 지원하는 것이 아니라 국가 차원에서 중요한 프로젝트를 선별 지원하므로 어떤 것이 전략 프로젝트인지 파악하는 것이 중요하다. AIIB의 경우에는 중국과 인접 국가들이 합의한 '일대일로' 관련 프로젝트들이 우선적으로 지원 고려

대상이 될 공산이 크다. 제2장에 등장한 각종 프로젝트들에 주목해야 할 이유이기도 하다.

정창구(2015)는 사업자가 수원국과 직접 협의하여 프로젝트를 발굴하여 MDB에 제안하는 적극적인 수주 전략을 주문한다. 수동적으로 주어지는 프로젝트를 기다리지 말고, MDB와 민간 금융기관, 현지 정부까지 포함한 종합적인 프로젝트 파이낸싱을 구상해야 한다는 것이다. 즉 민관협력사업(PPP: Public Private Partnership)이라는 큰 틀에서 AIIB를 활용해야 한다는 것이다. 본 원고는 수동적인 수주 금액을 앞서 5억 달러 정도로 추산했는데, 이는 2014년 우리나라 해외건설 수주액이 660억 달러였던 것을 감안하면 별로 의미 없는 금액이다. AIIB와 '일대일로'를 제대로 활용하려면 우리 스스로가 자금원이 되어야 한다. 갈수록 프로젝트가 대형화되고 있어서 다국적 건설사와 금융사가 금융 신디케이트를 결성하는 사례가 많아지고 있다. 이렇게 되면 건설회사의 차원을 넘어서 금융 부문이 나서야 할 문제가 된다.

우리나라 정부도 이러한 필요성을 느껴 최근 시중은행이 참여하는 해외 SOC 펀드를 조성키로 했다. 이는 AIIB를 직접적으로 겨냥한 조치라고 생각된다. 또한 우리나라만 이러한 필요성을 느끼는 것이 아니므로 다국적인 협력도 도모할 수 있다. 이미 한국과 중국 사이에는 "韓中 수출입은행 간 상호 리스크 참여약정(2013.6.28.)"이 맺어져 있어서 제3국 진출에 활용할 수 있다(최필수 외, 2013). 또한 한국정책금융공사는 한국 기업이 해외 투자를 할 경우 현지의 금융기관 및 기업과 공동으로 금융 리스크를 분담할 수 있는 글로벌 협력펀드(Global Cooperation Fund)를 2013년에 결성한 바 있다. 이렇듯 현재 존재하는 다양한 금융지원 기제들을 적극적으로 활용하고 확충하는 것이 필요하다.

우리의 두 번째, 그러나 가장 중요한 전략은 동북아로 AIIB의 자원을 끌어오는 것이다. ADB 체제에서 동북아는 상대적으로 홀대받아 왔고, 그것이 우리나라가 동북아개발은행 설립을 추진했던 이유이다. 동북아 지역은 '북중러', '남북중', '남북러' 등 다양한 단위의 다자간 협력이 시도되고 있는데 만약 국제 금융기구의 적절한 지원이 있다면 이러한 시도들은 훨씬 더 활성화되고, 이 지역의 개방과 번영을 초래할 수 있다. 즉, 북한을 직접 지원하지 않더라도 인프라 건설을 통해 북한의 변화를 유도할 수 있는 것이다. 만약 AIIB가 1,000억 달러 중 동북아지역 인프라 구축에 일정 지분—가령 10%— 이상의 자원을 할당한다면 독립된 동북아개발은행 설립의 필요성은 사실상 해소되는 것이나 마찬가지이다. 다행스러운 점은 최근 발표된 중국의 '일대일로 비전 및 행동'에 東北三省이 포함됐다는 것이다. 향후 우리나라가 '일대일로'·AIIB와 동북아를 엮을 수 있는 발판이 마련된 셈이다. 非회원국인 북한을 지원하기 위해서는 전체 회원 2/3의 동의가 필요하다. 이것이 다소 무리가 있을 수 있으므로, 북한에 대한 지원이 아닌 접경지역의 다국적 프로젝트를 지원하는 것을 우선적으로 고려해야 하는 것이다.

셋째, 한국은 아시아 국가들의 대안적 협력 파트너로 자리매김해야 한다. 아시아 국가들은 중국에만 올인하는 것보다 한국이라는 대안을 가지고 싶어한다. 예컨대 중앙아시아 국가들에게 있어 한국은 영토 야심이나 경제적 패권을 도모하지 않는 안전한 이웃이다. 중국과 국경을 맞대고 있는 키르기스스탄은 뿌리 깊은 중국 공포증이 있어서 한국과의 협력을 무척 반가워한다. 동남아에서도 한국은 중국과 달리 부담 없는 협력 대상으로 인식되고 있다. 미얀마의 경우 국제 제재를 받을 때 유일한 외교 파트너였던 중국이 너무 큰 존재감을 드러내는 것에 부담스러워하면서 한국과 같은 대안적 협력 파트너에 손을 내밀고 있다. 중국이 해외로 진출을 하면 할수록 이러한 한국의 입지는 점점 더 강해질 것이다. 어떤 면에서 한국이 중국에 업혀서 진출할 수 있는 여지가 있는 것이다. 심지어 중국 자신도 독자적인 사업 수행의 위험성을 알기에 한국이라는 파트너를 선호할 수 있다.

AIIB의 거버넌스에 적극적으로 관여해야 한다. AIIB는 아직 거버넌스 체계가 갖춰지지 않았다. 이런 면에서 한국이 적극적으로 개입하여 운영에 참여할 필요가 있다. 대표적으로 '1명 이상'으로 두게 돼 있는 부총재 자리를 확보할 여지가 있다. ADB의 부총재는 무려 6명이다. 아직 AIIB가 몇 명의 부총재를 둘지 알 수 없지만 인도·러시아·독일과 경쟁하게 될 가능성이 크다. AIIB 사무국 조직에 우리가 강점이 있는 ICT 분야를 전담하는 조직을 설립시킨다거나 지역적으로 동북아지역을 담당할 조직을 만드는 데 영향력을 행사할 수 있다. 또한 ADB에 우리나라 인원이 50명 정도 근무하고 있는데 AIIB에도 최대한 많은 인원이 배치될 수 있도록 해야 할 것이다. 관련 전문가를 발굴하고 육성해야 함은 물론이다.

참고문헌

대외경제정책연구원 (2014), 중국 일대일로 구상 추진 현황 및 향후 전망, 외교부 정책용역보고서.
문진수 (2015), 다자간개발은행(MDB)을 활용한 교통물류산업 해외진출 방안. 월간교통, 25-32.
오영일 (2015), AIIB 자금 활용하려면, 친디아 플러스 2015년 7월.
원동욱 (2014), 유라시아 이니셔티브와 한반도 평화통일: '일대일로(一帶一路)'와의 정합성을 중심으로, 2014.12.19., 부산우리민족 심포지엄 발표자료.
임호열·문진영·이민영·이성희 (2015), 『AIIB 추진 현황과 한국의 대응방안』,

대외경제정책연구원 오늘의 세계경제 2015년 4월 27일.

이인구ㆍ양두용 (2013), ASEAN+3 인프라 파이낸싱 활성화 방안 연구, 기획재정부 연구용역 보고서.

정창구 (2015), MDB 활용 해외건설 프로젝트, 친디아 플러스 2015년 7월.

최필수 (2015), AIIB 설립과 동북아 개발금융, 한중사회과학연구 34, 147-168.

ADB(2009), "Infrastructure for a Seamless Asia" A Joint Study of the Asian Development Bank and the Asian Development Bank Institute.

www.adb.org 아시아개발은행
www.worldbank.org 세계은행
www.aiibank.org 아시아인프라투자은행
www.ebrd.com 유럽부흥개발은행
www.iadb.org 미대륙간개발은행

[부록]

실크로드 경제벨트 및 21세기 해상실크로드 건설 비전과 행동계획

국가발전개혁위원회, 외교부, 상무부
2015년 3월

머리말

  2000여 년 이전, 아시아와 유럽의 근면하고 용감한 사람들이 아시아-유럽-아프리카를 잇는 무역과 인문교류의 길을 발견했다. 후대 사람들은 이를 '실크로드'라 칭했다. 오랜 시간이 흘렀지만 "평화와 협력, 개방과 포용, 상호학습, 상호원윈"이라는 실크로드 정신은 면면히 이어져 내려와 인류 문명을 발전시켰고, 연선국가들의 번영과 발전을 촉진시키는 중요한 유대를 형성했다. 이는 동서방 교류 및 협력의 상징이자, 세계 각국이 공유하는 인류의 문화유산이 되었다.

  21세기 "평화, 발전, 협력, 윈윈"의 새로운 시대에 접어들었지만, 국제 경제의 전반적 불황 그리고 복잡한 국제 및 역내 정세로 인하여 실크로드 정신을 되새기고 발양하는 것이 더욱더 중요하게 되었다.

  2013년 9월과 10월, 시진핑 중국 국가주석은 중앙아시아 및 동남아시아 방문기간에 '실크로드 경제벨트'와 '21세기 해상실크로드'를 구축하자는 중대한 제안을 했고, 이는 국제사회의 큰 반향을 일으켰다. 리커창 중국 국무원 총리는 2013년 중국-아세안 포럼에 참석하여 아세안 국가들을 향한 해상실크로드의 구축은 발전을 초래하는 전략적 근거지를 조성하는 것이라 강조했다. '일대일로'의 신속한 구축은 연선국가들의 경제 번영 및 역내 경제협력 추진에 도움이 될 것이며, 서로 다른 문명 간 교류와 상호귀감을 강화시킴으로써 세계 평화와 발전에 이바지할 것이다. 이는 세계 각국 인민들을 행복하게 만드는 위대한 사업인 것이다.

'일대일로'는 하나의 복잡하고도 체계적으로 이뤄져야 하는 사업이다. 공동상의(共商), 공동건설(共建), 공동향유(共享) 원칙을 견지해야 하며, 연선국가들의 발전 전략과 서로 어우러지도록 적극 추진해야 한다. '일대일로'라고 하는 이 중대한 이니셔티브를 실현시키기 위해서는 고대 실크로드를 활성화하여 새로운 활력을 얻게 하고, 새로운 형식으로 아시아-유럽-아프리카 국가 간 교류를 더욱 긴밀하게 만들어야 하며, 서로 협력하고 도움이 되는 새로운 역사의 서막을 열어야 한다. 이에 중국정부는 〈실크로드 경제벨트 및 21세기 해상실크로드 건설 비전과 행동계획〉을 제정하고 공포한다.

1 시대적 배경

오늘날 국제사회에는 복잡다단한 변화들이 전개되고 있다. 국제금융위기의 영향은 지속적으로 심도 있게 발휘되고 있다. 경제불황의 회복은 더디게 이뤄지고, 국가 간 발전 격차는 심화되었다. 국제투자무역 구도 및 다자간 투자무역 규칙은 점차 심도 있게 조정될 것이며, 각국이 처한 발전문제는 여전히 매우 심각한 상태다. '일대일로'의 공동건설은 세계 다극화, 경제 세계화, 문화 다양화, 정보화라는 시대적 조류에 순응하여, 개방적인 역내 협력 정신을 가지고, 국제 자유무역 체계 및 개방형 세계경제를 유지하는 데 주력하는 것이다. '일대일로'를 공동건설하는 목적은 다음과 같다. 경제 요인이 더 질서 있고 자유롭게 흐를 수 있도록 만들고, 자원을 효율적으로 배분하여 시장과 잘 융합되도록 하며, 더 나아가 연선국가들의 경제정책을 서로 조화롭게 만듦으로써 더욱 범위가 넓고, 수준이 높으며, 깊이 있는 역내 협력을 전개하고, 또한 개방적이고 포용적이며 균형적이고 모두에게 이득이 되는 역내 경제협력의 틀을 만드는 것이다. '일대일로'의 공동건설은 국제사회의 근본 이익에 부합하며, 인류사회의 공동이상의 선한 추구를 발현시키는 것이다. 이는 국제협력 및 전 세계 거버넌스의 새로운 모델을 적극적으로 탐색하는 것으로서 향후 세계 평화와 발전을 위한 새로운 건설적 역량을 보태는 것이다.

'일대일로'의 공동건설은 아시아-유럽-아프리카 대륙 및 부근 해양 간 호련호통(互聯互通)에 주력함으로써, 연선국가 간 호련호통적 파트너 관계를 수립하고, 전방위적·다차원적·복합적인 호련호통 네트워크를 구축하며, 연선국가들 간 다차원적이고 자주적이며 균형적이고 지속가능한 발전을 실현하려는 것이다. '일대일로'의 호련호통 프로젝트는 장차 연선국가들의 발전전략을 연결 및 결합시킬 것이며, 역내 시장 잠재력을 발굴함으로써 투자와 소비를 촉진시키고, 수요와 구직의 기회를 창출하게 될 것이다. 그리하여 연선 각국 인민들 간 인문교류와 문명 간 상호귀감을 증진시킴으로써 각국 인민들로 하여금 서로 더 자주 만나고 이해하며, 서로 신뢰하고 존중하고, 조화롭고 편안하며 부유한 생활을 함께 누릴 수 있도록 만들 것이다.

오늘날 중국경제는 세계경제와 밀접하게 연결되어 있다. 중국은 대외개방이라는 기본 국책을 일관되게 유지해 나갈 것이며, 전방위적 개방 구조를 구축할 것이며, 세계경제 체제에 심도 있게 융합되어 나갈 것이다. '일대일로'를 추진함으로써 중국은 대외개방의 필요성이 더욱 확대될 것이며, 아시아-유럽-아프리카 및 세계 각국과의 상호협력의 필요성도 더욱 커질 것이다. 중국은 능력이 되는 한, 더 많은 책임과 의무를 다함으로써 인류의 평화와 발전에 더 많이 공헌할 수 있기를 희망한다.

2 공동건설 원칙

유엔헌장의 목적과 원칙을 준수한다. 평화공존오개항 원칙을 준수한다. 즉 타국의 주권 및 영토를 존중하고, 서로 침범하지 않으며, 서로 타국의 내정에 간섭하지 않고, 평화공존하며, 평등하여 서로 이롭게 한다는 것이다.

개방협력을 견지한다. '일대일로'는 고대 실크로드에 기반하지만 보다 더 넓은 범위를 포함한다. 각국과 국제 및 역내 기구들이 모두 참여할 수 있다. 공동건설의 성과는 더욱 광범위한 지역과 나눈다.

조화와 포용을 견지한다. 문명 간 이해와 포용을 제창하고, 각국 발전 루트와 모델의 선택을 존중하며, 서로 다른 문명 간 대화를 강화시킨다. 구동존이(求同存異)하고, 모든 것을 두루 포함하며, 평화 공존하고 또한 함께 살고 함께 번영한다.

시장 메커니즘을 견지한다. 시장 규범과 국제원칙을 준수한다. 자원 배분상 시장이 갖는 결정적 역할 그리고 각종 기업의 주체적 역할이 충분히 발휘될 수 있도록 한다. 아울러 정부의 역할이 충분히 발휘될 수 있도록 한다.

상호원원을 견지한다. 각자의 이익과 관심을 살피고, 이익 간 결합점과 협력의 최대공약수를 도모한다. 각자의 지혜와 창의력을 구현시키고, 각자의 장점과 능력을 발휘하도록 함으로써 각자의 우세와 잠재력이 충분히 발휘될 수 있도록 한다.

3 구성 방향

'일대일로'는 공동발전을 촉진하고, 공동번영의 실현을 통한 협력적 윈윈의 길을 지향한다. 상호 이해와 신뢰를 증진하고, 전방위적 교류와 평화적 우의의 길을 강화하는 것이다. 중국정부는 평화협력, 개방포용, 상호귀감, 상호원윈의 이념으로 실무적 협력을 전방위적으로 추진함으로써 정치적 상호신뢰와 경제적 융합, 그리고 문화적 포용이 이뤄지는 이익공동체, 운명공동체 그리고 책임공동체를 만들 것이라 제창하였다.

'일대일로'는 아시아에서부터 유럽을 거쳐 아프리카까지 이어진다. 한쪽은 성장 중인 동아시아 경제권(圈), 한쪽은 이미 발전된 유럽 경제권, 그리고 그 중간에는 무한한 발전 잠재력을 지닌 광대한 국가들이 있다. '실크로드 경제벨트'의 주요한 노선을 살펴보면, 중국-중앙아시아를 거쳐 러시아-유럽(발트해)으로 이어진다. 중국에서 중앙아시아, 서아시아를 거쳐 페르시아만, 지중해까지 이어진다. 중국에서 동남아시아, 남아시아, 인도양까지 이어진다. '21세기 해상실크로드'의 주요 노선으로는 중국 연해항만에서 남지나해를 넘어 인도양, 그리고 유럽까지 이어지는 노선, 그리고 중국 연해항만을 거쳐 남쪽 남태평양까지 이어지는 노선이 있다.

'일대일로'는 육지에서 국제 대통로에 의지하고, 연선 중심도시를 기반으로 주요한 경제무역산업지대를 협력의 플랫폼으로 삼아 신유라시아 대륙교, 중국-몽골-러시아, 중국-중앙아시아-서아시아, 중국-중남 반도 등 국제경제협력 회랑을 공동건설하려는 것이다. 바다에서는 중점 항구를 접점으로, 안전하고 잘 뚫리며 고효율적인 운송로를 함께 건설하려는 것이다. 중국-파키스탄 경제회랑과 방콕-중국-인도-미얀마 경제회랑은 '일대일로' 건설과 긴밀하게 연관되는 것으로서, 한층 더 협력함으로써 더욱 큰 발전을 이뤄내야 한다.

'일대일로(一帶一路)'의 구축은 연선 각국의 개방 및 협력이라는 거대한 경제적 전망을 지향하는 것이다. 각국의 협력이 필요하며, 상호호혜 및 공동안전이라는 목표를 향해 함께 나아가야 한다. 다음과 같은 노력이 필요하다. 역내 인프라 구축의 완전성(完善)을 더욱 높여야 한다. 안전하고 고효율적인 육해공 운송 네트워크가 기본적으로 구축되고, 호련호통의 수준이 새로운 단계까지 도달해야 한다. 투자무역의 편의성이 한층 더 제고되고, 수준 높은 자유무역지대 네트워크가 기본적으로 구축됨으로써 경제 관계가 더욱 긴밀해지고, 정치적 상호신뢰도 더욱 심화되어야 한다. 인문교류는 더욱 광범위하고 심도 있게 이뤄져야 하며, 서로 다른 문명관 상호귀감 및 공동번영이 이뤄져야 하고, 각국 인민들은 서로 알고 교류하면서 평화롭고 우호적으로 지낼 수 있어야 한다.

4 협력의 중점

연선국가는 각자 풍부하고 다양한 자원을 가지고 있어 경제적 상호보완성이 비교적 강하고, 상호협력의 잠재력과 공간이 매우 넓다. 정책 소통, 시설(인프라) 연결, 무역 원활, 자금 융통, 민심 상통(民心相通)을 주 내용으로 하여 다음과 같은 여러 측면에서 협력을 강화할 것이다.

정책 소통. 정책 소통의 강화는 '일대일로'의 구축을 보장하는 중요 부분이다. 정부 간 협력을 강화하고, 정부 간 다차원이며 거시적인 정책소통 교류 메커니즘을 적극 구축하고 이익을 심도 있게 융합시킴으로써, 정치적 신뢰를 촉진하고 협력에 관한 새로운 공감대를 마련해야 한다. 연선국가는 경제발전 전략과 대책에 관하여 서로 간 충분한 교류와 수렴을 이룰 수 있다. 역내협력을 추진하는 계획과 조치를 공동으로 제정하고, 협력 중 발생한 문제를 협상을 통해 해결함으로써 실무적인 협력 및 대형 프로젝트 실행에 대한 정책적 지지를 제공할 수 있다.

시설 연결. 인프라 연결의 호련호통은 '일대일로'가 우선적으로 추진해야 하는 분야이다. 각국의 주권, 안전에 대한 우려를 존중하는 기반 위에서 연선국가들의 인프라 건설규획 및 기술표준시스템 간 연결을 강화시키고, 국제 핵심 통로를 함께 구축하며, 아시아 각 지역 및 아프리카-유라시아-아프리카 간의 인프라 네트워크를 점차 구축해야 한다. 인프라의 친환경적 건설 및 운영관리 강화를 통해 기후온난화가 건설과정에 미치는 영향을 충분히 살펴야 한다.

교통인프라의 핵심 통로, 주요 노드를 구축하고 중점 프로젝트를 진행시키기 위해서는 우선 미비한 도로구간을 보완하고, 병목현상이 벌어지는 도로구간을 뚫어야 한다. 그리고 도로안전 보호시설과 교통관리 설비를 완벽하게 갖춰야 하며, 도로의 통행수준을 향상시켜야 한다. 통합된 전체 운송 조율 메커니즘을 추진하고 국제통관, 노후장비 교체, 복합운송의 유기적 연결을 촉진시켜야 한다. 규범화된 운송규칙을 점차 형성하고, 국제운송의 편리화를 실현해야 한다. 또한 항만 인프라 시설을 건설하고 육로와 수로 간 복합운송 통로를 확보해야 한다. 항만을 협력해서 건설하고 해상항로 및 운항편수를 늘림으로써 해상물류정보화에 관한 협력을 강화해야 한다. 민간 항공사 간의 전면적인 협력 플랫폼과 메커니즘을 개발하고, 항공 인프라시설의 수준을 신속히 제고시켜야 한다.

에너지 인프라시설의 호련호통에 관한 협력을 강화해야 한다. 송유관과 가스관 등 운송로의 안전을 공동으로 지켜야 한다. 초국경적 전력망과 송전로를 깔아 역내 전력망을 업그레이드하고 개조하는 작업에 적극 협력해야 한다.

초국경적 광케이블 등 통신 네트워크를 함께 구축하여 국제통신의 호련호통 수준을 높이고 정보 실크로드를 원활하게 해야 한다. 쌍방 광케이블을 신속히 구축하며 대륙 간 해저 광케이블 프로젝트를 계획하고, 공중(위성)정보체계를 보완함으로써 정보교류와 협력을 확대해야 한다.

무역 원활. 투자무역 협력은 '일대일로' 건설에서 중요한 내용을 차지한다. 투자무역의 편의성 제고문제를 해결하기 위해 노력해야 하고, 투자와 무역 장벽을 제거하여 역내와 각국의 양호한 사업환경을 구축해야 한다. 그리고 연선국가 및 지역과 함께 자유무역지대를 상의하여 만들고 협력의 잠재력을 일깨움으로써 협력이라는 '케이크'를 크게 잘 만들어야 한다.

연선국가는 정보 교환, 관리감독 및 법집행 보조 등의 세관협력을 강화하는 동시에 검역, 인가, 표준계량, 통계정보 등 부문의 양자 및 다자 간 협력도 강화해야 한다. 세계무역기구의 '무역편리화협정'을 발효시키고 실행해야 한다. 국경지대 항만의 통관시설 조건을 개선시키고, 국경지대 항구의 '단일창구'를 신속히 건설함으로써 통관 비용을 감소시키고 통관 능력을 제고시켜야 한다. 수요공급 체인의 안전과 편리에 대한 협력을 강화하고, 초국경적 관리감독 프로세스의 조화를 추진하며, 검역증서의 인터넷 대조 검사를 통해 '인증된 경영자(AEO)' 간 상호인증을 전개하도록 해야 한다. 그리고 비관세장벽을 낮추어 기술적 무역조치의 투명도를 제고하여 무역자유화의 편의성 수준을 향상시켜야 한다.

무역의 영역을 확장하여 무역구조를 최적화하고, 새로운 성장 지점을 발굴하여 무역균형을 촉진시킨다. 새로운 무역방식을 개발하여 초국경 전자상거래 등 신비즈니스 영역을 발전시킨다. 서비스무역의 활성화 시스템을 갖추고, 전통무역을 공고화 및 확대하면서 현대서비스무역을 대대적으로 발전시킨다. 그리고 투자와 무역을 유기적으로 결합시킴으로써 투자를 통해 무역의 발전을 이끌어 내야 한다.

투자 편리화의 과정을 가속화하고 투자의 장벽을 제거해 나가야 한다. 쌍방 투자보호협정을 강화하고 이중과세방지협정을 통해 투자자의 합법적 권익을 보호해야 한다.

상호투자 영역을 확장하여 농업·임업·목축업·어업, 농업기계와 농산품 생산가공 등 영역의 협력을 심화시켜야 한다. 바다 양식, 원양어업, 수산품 가공, 해수 담수화, 해양생물 약물 제한, 해양 프로젝트 기술, 환경보호 산업과 해상레저 등의 분야에서 적극 협력해야 한다. 석탄, 천연오일 가스, 금속광물 생산 등 전통 에너지자원 탐색 및 개발에 관한 협력을 확대하고 수력 발전, 원자력 발전, 풍력 발전, 태양 에너지 등 청정, 재생가능 에너지에 관해 적극 협력해야 한다. 또한 현지나 근방에서 바로 에너지자원을 가공할 수 있도록 협력하고, 에너지자원 협력의 통합적 산업 사슬을 형성해야 한다. 에너지자원의 심층 가공기술, 장비 및 서비스에 관한 협력도 강화해야 한다.

신흥산업의 협력을 추진한다. '장점과 단점의 상호보완, 상호이익과 원원(互利共贏)'의 원칙에 따라 연선국가들은 차세대 정보기술, 생물, 새로운 에너지자원, 신재료 등 신흥산업 영역에서의 협력을 심화시키고 창업투자 협력메커니즘을 구축해야 한다.

산업체인의 분업적 배치를 최적화함으로써 상·하 산업체인과 연관산업의 협동발전을 추진한다. 연구개발·생산·판매 시스템을 장려하여 역내산업 유닛의 능력과 종합적 경쟁력을 제고시킨다. 서비스업의 상호개방 정도를 확대하여 역내 서비스업의 발전을 가속화한다. 투자협력의 새로운 모델을 모색하고, 국외 경제무역 협력지대 및 초국경 경제협력지대 등 각종 산업지대의 공동건설을 장려한다. 산업 클러스터 형성을 촉진시킨다. 투자무역상 생태문명 이념이 중요해진바, 생태환경, 생물 다양성 및 기후변화 대응에 관한 협력을 강화함으로써 친환경 실크로드를 함께 건설해 나간다.

중국은 각국 기업들이 중국에 투자하는 것을 환영한다. 국내기업이 연선국가 인프라 구축에 참여하고 산업에 투자하는 것을 권장한다. 속지주의에 따른 기업 경영 및 관리를 촉진시킬 것이며, 현지의 경제 발전, 취업 기회의 증가, 민생의 개선을 적극 도울 것이다. 사회적 책임을 주동적으로 다함으로써 생물 다양성과 생태 환경을 엄격히 보호할 것이다.

자금 융통. 자금융통은 '일대일로' 건설을 위한 중요한 지지기반이다. 금융협력을 심화시키고 아시아화폐 안정 시스템, 투자융자 및 신용 시스템의 구축을 추진한다. 연선국가 양자 간 화폐 교환, 결산의 범위와 규모를 확대한다. 아시아 채권시장의 개방과 발전을 추진한다. 아시아인프라 투자은행, 브릭스개발은행의 기획과 수립을 공동추진한다. 관련국들과 상하이협력기구 융자기구 건립에 관한 논의를 진행해야 한다. 실크로드 기금을 신속히 설립하고 운영해야 한다. 중국–아세안(東盟) 은행 연합체와 상하이협력기구 은행 연합체 간 실무적 협력을 심화시키고, 신디케이트 론(syndicate loan), 은행 신용공여 등 방식을 통해 다자간 금융협력을 전개한다. 연선국가 정부와 신용등급이 비교적 높은 기업 및 금융기구들이 중국에서 인민폐 채권을 발행하는 것을 지지한다. 조건에 부합하는 중국 국내 금융기구와 기업들은 국외에서 인민폐 채권과 외화 채권을 발행할 수 있으며, 연선국가에서 사용할 자금을 모으는 것을 권장한다.

금융감독에 관한 협력을 강화한다. 쌍방 간 관리감독 협력에 관한 양해각서를 체결하고, 역내 고효율적 관리감독 조율 메커니즘을 점차 수립해 나갈 것이다. 리스크 대응과 위기 처리 제도를 보완한다. 역내 금융리스크 조기경보 시스템을 구축하고 초국경적 리스크와 위기 처리에 대응하는 교류협력 메커니즘을 구축한다. 신용조회 관리부처, 신용조회기구 및 등급평가기구 간 초국경적 교류와 협력을 강화한다. 실크로드 기금과 각국 주권기금의 역할을 충분히 발휘함으로써 상업적 주식투자 기금과 사회자금이 '일대일로' 중점 프로젝트의 건설에 유입되도록 한다.

민심 상통. 민심 상통은 '일대일로' 구축에서 사회적 기반의 역할을 한다. 실크로드의 우호협력 정신을 계승 및 발양하고 문화 교류, 학술 교류, 인재 교류, 매체 협력, 청년 및 여성 교류, 자원봉사 서비스 등 활동을 광범위하게 전개함으로써 양자 및 다자 간 협력을 위한 견실한 민심 기반을 마련한다.

서로 유학생 규모를 확대하고 학교 설립에 협력한다. 중국은 매년 연선국가 만 명의 학생에게 정부장학금을 제공한다. 연선국가 간에 문화의 해, 예술제, 영화제, TV 주간, 도서 전시회 등 활동을 서로 전개하고, 방송 프로그램과 우수 드라마 작품의 창작 및 번역작업을 협력하여 진행한다. 세계문화유산을 공동으로 신청하고 세계유산보호 작업도 함께 진행한다. 연선국가 간 인재교류 협력을 심화시킨다.

관광레저에 관한 협력을 강화한다. 여행규모를 확대하고 여행장려 주간, 홍보의 달 행사 등을 서로 개최한다. 그리고 실크로드의 특색을 지닌 국제 우수여행 코스와 여행상품을 함께 개발하고, 연선 각국 관광객의 비자 간편화를 추진한다. 21세기 해상실크로드 크루즈 여행 사업을 협력하여 추진하며, 스포츠 교류활동을 적극 전개하고 연선국가의 중요한 국제 스포츠 행사 유치를 지지한다.

주변국과의 전염병 정보 교환, 예방 및 치료법 교류, 전문인재 육성 등의 분야에서 협력을 강화한다. 돌발적으로 발생하는 공공위생이슈에 대한 대응능력을 향상시킨다. 관련국에 의료 지원 및 응급 구조를 제공하고 여성과 아동의 건강, 장애인의 회복 및 에이즈·결핵·학질 등 주요 전염병에 관한 실무적 협력을 전개한다. 전통의약 분야의 협력을 확대시킨다.

과학기술 협력을 강화하여 공동실험실(연구센터), 국제기술이전센터, 해상협력센터를 함께 설립한다. 과학기술자들 간 교류를 촉진시키고 중대한 과학기술 연구에서의 난관을 같이 극복하여 과학기술의 혁신능력을 함께 제고시켜 나간다.

기존 자원을 통합하여 청년취업, 창업훈련, 직업기술 개발, 사회보장 서비스, 공공행정 관리 등 공동 관심사에 관한 연선국가와의 협력을 적극 추진한다.

정당과 의회의 교량역할을 충분히 발휘시켜 연선국가 간 입법기구, 주요 당파와 정치조직 간 우호적 왕래를 강화한다. 도시 교류와 협력을 전개한다. 연선국가의 주요 도시들 간 서로 우호관계 맺는 것을 환영한다. 인문교류를 중심으로 실무적 협력을 대폭 강화함으로써 더 많은 활발한 협력 사례를 만든다. 연선국가 싱크탱크 간 공동연구 및 공동 포럼 개최를 환영한다.

연선국가의 민간기구 간 교류와 협력을 강화한다. 중심은 기층 민중에 둔다. 교육 의료, 빈곤 해소, 생물다양성과 생태보전 등 각종 공익 자선활동을 광범위하게 전개하여 연선 빈곤 지역의 생산 및 생활조건을 개선시킨다. 문화매체의 국제교류 협력을 강화하고 인터넷 플랫폼을 적극 이용한다. 새로운 매체도구를 통해 조화롭고 우호적인 문화생태 및 여론 환경을 조성한다.

5 협력 메커니즘

현재 세계경제가 빠르게 융합되어 발전하는 가운데 지역협력도 바야흐로 힘차게 발전하고 있다. 기존의 양자·다자간 협력기제를 적극적으로 이용하여 '일대일로' 건설을 추진하고 지역협력의 활력 있는 발전을 촉진한다.

양자 협력을 강화하여 다차원, 다방면의 소통과 협상을 전개하고 양자 관계의 전면적 발전을 추진한다. 협력 MOU 혹은 협력계획의 체결을 추진하여 여러 양자협력의 시범을 세운다. 양자 간 공동업무 메커니즘을 수립하고 '일대일로' 건설을 추진하는 실행 방안과 로드맵에 대해 연구한다. 기존의 연합위원회, 협상위원회, 지도위원회, 관리위원회 등의 쌍무기제의 역할을 발휘토록 하여 협력프로젝트의 실시를 협조적으로 추진한다.

다자협력 메커니즘의 역할을 강화한다. 상하이협력기구(SCO), 중국-ASEAN('10+1'), 아태경제협력기구(APEC), 아시아·유럽정상회의(ASEM), 아시아협력대화(ACD), 아시아 교류 및 신뢰구축회의(CICA), 중국·아랍국가연맹 협력포럼, 중국-걸프협력회의 전략대화, 메콩강 경제권(GMS) 경제협력, 중앙아시아 지역경제 협력(CAREC) 등 기존 다자협력 기제를 적극 활용하고, 관련 국가 간 소통을 강화하여 더 많은 국가와 지역이 '일대일로' 건설에 참여하도록 한다.

연선국가 지역과 소지역(次區域)에 관련된 국제포럼, 전시회 및 보아오 포럼, 중국-ASEAN 박람회, 중국-ASEM 박람회, 유라시아 경제포럼, 중국국제투자무역협상회 및 중국-남아시아 박람회, 중국-아랍 박람회, 중국 서부지역 국제박람회, 중국-러시아 박람회, 첸하이(前海) 협력포럼 등 플랫폼의 건설적 역할을 지속적으로 활용한다. 연선국가의 지방, 민간에서 '일대일로' 역사문화유산을 발굴하는 것을 지지하며 전문투자, 무역, 문화교류 활동을 공동개최하고 실크로드(돈황) 국제문화박람회, 실크로드 국제영화제와 도서전을 개최하도록 한다. 또한 '일대일로' 국제고위급포럼을 설립할 것을 제안한다.

6 중국 각 지역의 개방추세

'일대일로' 건설을 추진하는 데 중국은 국내 각 지역의 비교우위를 충분히 발휘할 것이고 더욱 적극적이고 주도적인 개방 전략을 실행할 것이다. 그리고 동부, 중부, 서부 지역 간 상호작용과 협력을 강화하고 경제의 개방수준을 전면적으로 제고한다.

서북과 동북지역. 신장(新疆)의 독특한 지역우위와 서쪽을 향한 중요 거점으로서의 역할을 발휘하고, 중앙아시아, 남아시아, 서아시아 등 국가와의 교류·협력을 심화시킨다. 실크로드 경제벨트의 중요한 교통허브, 비즈니스물류와 문화과학교육의 중심을 형성하여 실크로드 경제벨트의 핵심지구를 건설한다. 산시(陝西), 간쑤(甘肅)의 종합경제문화 우위와 닝샤(寧夏), 칭하이(靑海)의 민족 및 인문 우위를 발휘하고, 시안(西安)을 내륙 개혁개방의 새로운 거점으로 구축하며 란저우(蘭州), 시닝(西寧)의 개발과 개방을 가속화한다. 그리고 닝샤를 내륙 개방적 경제시험구로 건설을 추진하여 중앙아시아, 남아시아와 서아시아 국가를 향한 통로, 비즈니스물류 허브, 중요 산업과 인문교류의 기지로 만든다. 네이멍구(內蒙古)는 러시아와 몽골을 연결하는 지역우위를 발휘하도록 하고, 헤이룽장(黑龍江)과 러시아 간의 철도와 지역철도망을 보완하며 헤이룽장, 지린(吉林), 랴오닝(遼寧)이 러시아 극동지역과 해륙복합운송 협력을 개선하도록 하고, 베이징-모스크바 고속철도 건설을 추진하여 북쪽 개방의 주요 창구로 건설한다.

서남지역. ASEAN과 대륙과 해양으로 서로 인접한 광시(廣西)의 독특한 우위를 발휘하여 북부만(통킹만) 경제구와 주강(珠江)-서강(西江) 경제벨트의 개방과 발전을 가속화하며, ASEAN 지역을 향한 국제통로를 구축하고 서남, 중남지역의 개방과 발전의 새로운 전략지점을 만들어 21세기 해상실크로드와 실크로드 경제벨트가 서로 유기적으로 연결되는 중요한 게이트웨이를 형성한다. 윈난(雲南)의 지역우위를 발휘하여 주변 국가와의 국제운송회랑 건설을 추진하며, 메콩강 소지역경제협력(GMS)의 새로운 고지를 만들어서 남아시아, 동남아를 향한 배후센터가 되도록 한다. 티벳(西藏)이 네팔 등 국가와의 변경무역(邊境貿易) 및 여행문화 협력을 추진하도록 한다.

연해지역과 홍콩·마카오·대만. 장강삼각주, 주강삼각주, 해협양안(海峽兩岸)과 환발해(環渤海) 등 경제지구의 높은 경제 개방도, 강한 경제력과 뚜렷한 배후효과의 우위를 이용하고, 중국(상하이) 자유무역시험구의 건설을 빠르게 추진하며, 푸젠(福建)을 21세기 해상실크로드의 핵심구로 건설하는 것을 지지한다. 선전 첸하이(深圳前海), 광저우 난사(廣州南沙), 주하이 헝친(珠海橫琴), 푸젠 핑탄(福建平潭) 등 개방협력구의 역할을 충분히 발휘하여 홍콩·마카오·대만과의 협력을 심화시키고 광동-홍콩-마카오(粵港澳) Greater Bay Area를 만든다. 저장(浙江) 해양경제발전시험구, 푸젠 Blue Economy 시험구와 저우산(舟山) 군도 신구 건설을 추진하며, 하이난(海南) 국제여행도서에 대한 개발과 개방 강도를 높인다. 또한 상하이, 톈진, 닝보-저우산, 광저우, 선전, 잔장(湛江), 산터우(汕頭), 칭다오, 옌타이(煙臺), 다롄(大連), 푸저우(福州), 샤먼(廈門), 취안저우(泉州), 하이커우(海口), 싼야(三亞) 등 연해도시의 항만건설을 강화하는 동시에 상하이와 광저우 등 국제공항의 허브 기능도 강화한다. 개방확대와 개혁심화를 통해 새로운 개방적 경제체제 메커니즘을 창조하고 과학혁신의 힘을 키워 국제협력경쟁에 참여하고 이를 이끄는 새로운 우위를 형성하여 '일대일로', 특히 21세기 해상실크로드 건설의 선도자, 주력군이 되도록 한다. 해외교포 및 홍콩, 마카오 특별행정구의 독특한 우위를 발휘하여 그들로 하여금 '일대일로' 건설에 적극적으로 참여하도록 한다. 그리고 대만지역을 '일대일로' 건설에 참여할 수 있도록 적절한 대책을 마련하도록 한다.

내륙지역. 내륙지역의 광활한 토지, 풍부한 인력자원, 비교적 튼튼한 산업기반을 활용하여 장강중류 도시군, 청두·충칭 도시군, 중원도시군, 후허하오트(呼和浩特)·바오터우(包頭)·오르도스(鄂爾多斯)·위린(榆林) 도시군, 하얼빈(哈爾濱)·창춘(長春) 도시군 등 중점 지역에 의존해서 지역 간의 교류협력과 산업클러스터의 발전을 추진한다. 충칭을 서부개발·개방의 중요 거점으로 만들며 청두, 정저우(鄭州), 창사(長沙), 난창(南昌), 허페이(合肥) 등을 내륙 개방형 경제지역으로 만든다. 장강 중상류지역과 러시아 볼가강 연안 연방지구와의 협력을 빠르게 추진한다. 그리고 중국·

유럽 수송로의 철도운송, 세관의 통관협력기제를 수립하여 '중국·유럽 블록트레인' 브랜드를 창조하며, 국내외 및 동부·중부·서부를 연결시키는 운송로를 구축한다. 정저우, 시안 등 내륙 도시의 공항과 국제 내륙항(陸港) 건설을 지지하며, 내륙항과 연해·연변 세관의 통관 협력을 강화하고 초국경무역의 전자상거래 서비스 시범지역을 설치한다. 세관 특수 감독구역의 배치를 최적화하고, 가공무역 모델을 혁신하고 연선국가와의 산업협력을 심화시킨다.

7 중국의 적극적 행동

지난 1년여 간 중국정부는 적극적으로 '일대일로' 건설을 추진해 왔으며 연선국가와의 소통·협상을 강화하고 그들과의 실질적 협력을 추진했다. 그리고 일련의 정책조치를 실행하여 조기성과를 이루기 위해 노력하고 있다.

고위층이 이끄는 '일대일로' 건설 추진. 시진핑 주석과 리커창 총리 등 국가 지도자는 차례로 20여 개 국가를 방문하고, 상호연계소통(互聯互通)을 강화하기 위한 파트너 관계 대화, 중국-아랍 협력포럼 제6차 장관급 회의에 참석하여 양자관계와 지역발전 문제에 관해서 관련 국가정상과 정부수뇌들과 여러 차례 회담을 진행했다. 이를 통해 '일대일로'의 심층적 함의와 긍정적 의미를 자세히 설명하고 '일대일로'를 함께 건설하는 데 광범위한 공감을 이루었다.

협력 MOU 체결. 일부 국가와 '일대일로' 공동건설에 관한 협력 MOU를 체결했으며, 일부 인접 국가들과 지역협력, 변경협력 MOU 및 경제무역협력 중장기 발전계획을 체결했다. 그리고 일부 인접 국가들과 지역협력계획을 연구 편성했다.

프로젝트 건설 추진. 연선국가와의 소통·협상을 강화하여 기초인프라의 상호 연계와 소통, 산업투자, 자원개발, 경제무역협력, 금융협력, 인문교류, 생태보호, 해상협력 등 영역에서 조건이 성숙된 중점 협력 프로젝트를 추진하였다.

정책적 보완조치. 중국정부는 국내의 각종 자원을 통합·조정하고 정책적 지원을 강화하고 있다. 아시아인프라투자은행(AIIB) 건설을 추진하고, 실크로드 기금 설립을 제안하였으며, 중국-유라시아 경제협력기금의 투자 기능을 강화하고 있다. 은행카드의 청산기관이 국제청산업무를 전개하고, 지불기구가 국제지불업무를 전개하도록 추진하고 있다. 그리고 투자무역의 편리화를 적극적으로 추진하고 있으며, 지역통관 일체화 개혁도 추진하고 있다.

플랫폼의 역할 발휘. 각지에서 '일대일로'를 주제로 하는 여러 국제회의, 포럼, 세미나와 박람회를 성공적으로 개최하여 상호 간의 이해 증진, 공동의 인식 달성, 협력 심화에 중요한 역할을 수행했다.

8 아름다운 미래의 공동창조

'일대일로'를 함께 건설하자는 것은 중국의 창의이자 중국과 연선국가의 공동 희망사항이다. 새로운 기점에서 '일대일로' 공동건설을 계기로 중국은 연선국가와 함께 평등하게 협상하고, 각 방의 이익을 고려하여 각자의 요구가 반영되도록 하며, 손을 잡고 더 큰 범위에서 더 높은 수준의 깊이 있는 대개방(大開放), 대교류(大交流), 대융합(大融合)을 추진할 것이다. '일대일로' 건설은 개방적이고 포용적이며 세계 각국과 국제·지역기구의 적극적인 참여를 환영한다.

'일대일로'를 공동건설하는 길은 목표 조정, 정책 소통을 위주로 하여 의도적인 일치성을 추구하지 않고 융통성과 탄력성을 갖추는 것이며, 다원적으로 개방적인 협력과정이다. 중국은 연선국가와 같이 '일대일로'의 협력내용과 방식을 부단히 보완하고 로드맵과 노선도를 함께 제정하기를 원하며 연선국가의 발전과 지역협력 계획에 적극적으로 맞출 것이다.

중국은 연선국가와 같이 기존의 양자·다자 및 지역·소지역(次區域) 협력기제의 틀 아래 협력연구, 포럼 전시회, 인력훈련, 교류방문 등 여러 방식을 통해 연선국가가 '일대일로' 공동건설의 함의, 목표와 임무 등에 대한 진일보한 이해와 공감을 촉진하려 한다.

중국은 연선국가와 같이 점진적으로 시범 프로젝트 건설을 추진하며, 양자·다자적 이익을 모두 다 배려할 수 있는 일련의 프로젝트를 공동으로 확정하여, 각 방이 인정하고 조건이 성숙된 프로젝트에 대해 빨리 실행하고 조속히 좋은 성과를 거두길 바란다.

'일대일로'는 상호 존중과 신뢰의 길이고, 협력으로 이익을 함께 누리게 하는 길이며, 각자의 문명을 서로 배워가는 길이다. 연선국가와 한 마음으로 협력하여 함께 곤경을 헤쳐 나가면 반드시 실크로드 경제벨트와 21세기 해상실크로드의 새로운 역사를 창조할 수 있을 것이며 연선국가의 인민에게 '일대일로' 공동건설의 성과를 함께 누리게 할 수 있을 것이다.

일대일로 다이제스트

초판 1쇄 발행 | 2016년 1월 25일
초판 2쇄 발행 | 2016년 7월 5일

지은이 | 성균중국연구소 편저
책임편집 | 이희옥 · 서정경
발행인 | 강희일 · 박은자
발행처 | 다산출판사
디자인 | 민하디지털아트 (02)3274-1333

주소 | 서울시 마포구 대흥로 6길 8 다산빌딩 402호
전화 | (02)717-3661
팩스 | (02)716-9945
이메일 | dasanpub@hanmail.net
홈페이지 | www.dasanbooks.co.kr
등록일 | 1979년 6월 5일
등록번호 | 제3-86호(윤)

이 책의 판권은 다산출판사에 있습니다.
잘못된 책은 구입하신 서점에서 바꾸어 드립니다.
저자와의 협의하에 인지첨부는 생략합니다.

ISBN 978-89-7110-510-8 93340
정가 15,000원